Dans les mêmes éditions

- NAS E. BOUTAMMINA, « Musulmophobie - Origines ontologique et psychologique », Edit. BoD, Paris [France], décembre 2009.
- NAS E. BOUTAMMINA, « Les Jinn bâtisseurs de pyramides…? », Edit. BoD, Paris [France], janvier 2010.
- NAS E. BOUTAMMINA, « Jésus fils de Marie ou Hiyça ibn Māryām ? », Edit. BoD, Paris [France], décembre 2010.
- NAS E. BOUTAMMINA, « Moïse ou Moūwça ? », Edit. BoD, Paris [France], janvier 2010.
- NAS E. BOUTAMMINA, « Abraham ou Ibrāhiym ? », Edit. BoD, Paris [France], février 2010.
- NAS E. BOUTAMMINA, « Connaissez-vous l'Islam ? », Edit. BoD, Paris [France], mars 2010.
- NAS E. BOUTAMMINA, « Mahomet ou Moūhammad ? », Edit. BoD, Paris [France], mars 2010
- NAS E. BOUTAMMINA, « Le Jinn, créature de l'invisible », Edit. BoD, Paris [France], janvier 2011.
- NAS E. BOUTAMMINA, « Français musulman - Perspectives d'avenir ? », Edit. BoD, Paris [France], mai 2011.
- NAS E. BOUTAMMINA, « Judéo-Christianisme - Le mythe des mythes ? », Edit. BoD, Paris [France], juin 2011.
- NAS E. BOUTAMMINA, « Les contes des mille et un mythes - Volume I », Edit. BoD, Paris [France], juillet 2011.
- NAS E. BOUTAMMINA, « Y-a-t-il eu un temple de Salomon à Jérusalem ? », Edit. BoD, Paris [France], aout 2011.
- NAS E. BOUTAMMINA, « Les contes des mille et un mythes - Volume II », Edit. BoD, Paris [France], novembre 2011.
- NAS E. BOUTAMMINA, « Les ennemis de l'Islam - Le règne des Antésulmans - Avènement de l'Ignorance, de l'Obscurantisme et de l'Immobilisme », Edit. BoD, Paris [France], février 2012.
- NAS E. BOUTAMMINA, « Le secret des cellules immunitaires - Théorie bouleversant l'Immunologie [The secrecy of immune cells - Theory upsetting Immunology] », Edit. BoD, Paris [France], mars 2012.
- NAS E. BOUTAMMINA, « Le Livre bleu - I - Du discours social », Edit. BoD, Paris [France], juillet 2014.
- NAS E. BOUTAMMINA, « Le Rétablisme », Edit. BoD, Paris [France], mars 2015. 2e édition.

Collection Anthropologie de l'Islam

- NAS E. BOUTAMMINA, « Apparition de l'Homme - Modélisation islamique - Volume I », Edit. BoD, Paris [France], septembre 2010.
- NAS E. BOUTAMMINA, « L'Homme, qui est-il et d'où vient-il ? - Volume II », Edit. BoD, Paris [France], octobre 2010.
- NAS E. BOUTAMMINA, « Classification islamique de la Préhistoire - Volume III », Edit. BoD, Paris [France], novembre 2010.
- NAS E. BOUTAMMINA, « Expansion de l'Homme sur la Terre depuis son origine par mouvement ondulatoire - Volume IV », Edit. BoD, Paris [France], décembre 2010.

Collection Œuvres universelles de l'Islam

- NAS E. BOUTAMMINA, « Les Fondateurs de la Médecine », Edit. BoD, Paris [France], septembre 2011.
- NAS E. BOUTAMMINA, « Les Fondateurs de la Chimie », Edit. BoD, Paris [France], octobre 2013.
- NAS E. BOUTAMMINA, « Les Fondateurs de la Pharmacologie », Edit. BoD, Paris [France], novembre 2014.

Nas E. Boutammina

Comprendre la Renaissance

-

Falsification et fabrication
de l'Histoire de l'Occident

L'abbé de Cluny Pierre le Vénérable [1092-1156] déclare : « *Qu'on donne à l'erreur mahométane le nom honteux d'hérésie ou celui, infâme, de paganisme, il faut agir contre elle, c'est-à-dire écrire. Mais les latins et surtout les modernes, l'antique culture périssant, suivant le mot des Juifs qui admiraient jadis les apôtres polyglottes, ne savent pas d'autre langue que celle de leur pays natal. Aussi n'ont-ils pu ni reconnaître l'énormité de cette erreur ni lui barrer la route. Aussi mon cœur s'est enflammé et un feu m'a brûlé dans ma méditation. Je me suis indigné de voir les Latins ignorer la cause d'une telle perdition et leur ignorance leur ôter le pouvoir d'y résister ; car personne ne répondait, car personne ne savait. Je suis donc allé trouver [en 1142, en Espagne] des spécialistes de la langue arabe qui a permis à ce poison mortel d'infester plus de la moitié du globe. Je les ai persuadés à force de prières et d'argent de traduire d'arabe en latin l'histoire et la doctrine de ce malheureux et sa loi même qu'on appelle Coran. Et pour que la fidélité de la traduction soit entière et qu'aucune erreur ne vienne fausser la plénitude de notre compréhension, aux traducteurs chrétiens j'en ai adjoint un Sarrasin. Voici les noms des chrétiens : Robert de Chester, Hermann le Dalmate, Pierre de Tolède ; le Sarrasin s'appelait Mahomet. Cette équipe après avoir fouillé à fond les bibliothèques de ce peuple barbare en a tiré un gros livre qu'ils ont publié pour les lecteurs latins. Ce travail a été fait l'année où je suis allé en Espagne et où j'ai eu une entrevue avec le seigneur Alphonse, empereur victorieux des Espagnes, c'est-à-dire en l'année du Seigneur 1141.* »

Introduction

Déjà au Moyen-Âge [du IXe au XVe siècle], la traduction en version latine des ouvrages scientifiques, théologiques, littéraires ne se présente-t-elle pas comme un phénomène stratégique systématique accompli par une armée d'exécutants à l'initiative des autorités politiques et religieuses ?

L'événement capital de l'Histoire de l'Occident chrétien a été un projet politico-théologico-financier grandiose murement réfléchi et orchestré par des *Stratèges* [*monarques, notables, humanistes, Eglise*].

Les pouvoirs fixent et financent des artistes [peintres, sculpteurs, architectes], des aventuriers de l'esprit [*Humanistes*] formés aux écoles spirituelles et temporelles qui fabriquent les livres et utilisent leurs compétences linguistiques, rhétoriques et un outil révolutionnaire : l'*Imprimerie*.

Ces érudits imaginent et créent un *contenant* : l'« *Antiquité classique* » [gréco-romaine] et bien entendu, son *contenu* : la « *Culture gréco-romaine* » ; enfin, ses *auteurs* : les « *penseurs grecs* ». Cette propagande ô combien ingénieuse et magistrale a été immortalisée sur de nombreux supports et notamment par l'Art pictural !

La fresque de Raphaël [*Raffaello*] Sanzio à la Renaissance [XVe-XVIe siècle], en est un exemple patent. Sous l'appellation de l'*Ecole d'Athènes*, cette fresque va nous servir de trame de fond afin d'analyser cette ahurissante « *entreprise historique* », patrimoine culturel de l'Occident. Évidemment, cette représentation est enseignée dans le programme scolaire du premier cycle des études du second degré et à l'entrée des grandes Ecoles.

I - La Société de la Grèce antique[1]

Toutes les sociétés antiques et particulièrement la société grecque et romaine pataugeaient dans le bourbier de la mythologie, de la superstition et des légendes !

La Science et la mythologie sont antinomiques ; de même la magie, la fable et la *Connaissance rationnelle.* La mythologie se définit comme un phénomène culturel complexe composé de récits mettant des êtres surnaturels, chargés de symboles qui narrent la genèse du monde, des dieux, la création des animaux, des hommes, l'origine des traditions, des rites et de certaines formes de l'activité humaine. Ces récits sont le produit de l'Ignorance. De même, la superstition est la croyance du sentiment mythologique qui exprime une foi dans des forces invisibles et inconnues et qui peuvent être influencées par des objets et des rites [offrandes, prières].

Tirer des lois générales d'une observation des phénomènes naturels est inconcevable si la conception intellectuelle du monde est figée dans la mythologie, la superstition et les légendes !

Les croyances antiques véhiculèrent des idées d'autant plus fausses qu'elles furent de conception humaine primitive. L'Histoire [scientifique] démontre l'univers intellectuel grec et romain solidifié dans leur croyance. Incontestablement, l'Egypte et la Mésopotamie furent les maîtres culturels naturels de la Grèce et de Rome.

Maintes idées facétieuses sont transmises par l'Histoire Orthodoxe, celles, par exemple, de nous imposer à croire que la Grèce et par elle, Rome, furent les pays de prédilection de la littérature, de la culture, de la haute moralité et des sciences, qu'ils transmirent aux musulmans, simples copistes, qui, à leur tour les léguèrent à l'Occident !

La Grèce, pas plus que Rome ne connurent la science et la morale [démocratie, justice sociale, etc.] pour l'unique et simple raison : ils étaient dans l'incapacité intellectuelle de s'en faire une idée !

---

[1] Nas E. Boutammina, « Les contes des mille et un mythes - Volume II », Edit. BoD, Paris [France], novembre 2011.

Pour que la recherche et la découverte de l'intimité de la matière puissent se manifester, il faut se défaire de la mythologie, de la superstition, des légendes et du culte des héros, ce qui était impossible dans la culture et le mode de vie gréco-romains. De plus, le relèvement moral et les réformes sociales en sont le prologue. Les Grecs et les Romains furent dans une indisposition d'esprit incompatible avec la recherche scientifique et son application pratique : le progrès civilisationnel !

A - La « société » grecque

Lorsque les historiens, les pédagogues, les enseignants et en fait, toute la littérature évoquent la Grèce et Rome, une atmosphère empreinte d'émotion les encourage à exposer avec fanfaronnade la culture hellénique, en particulier scientifique.

LES GRANDES DATES SELON L'OCCIDENT DE L'HISTOIRE DES SCIENCES

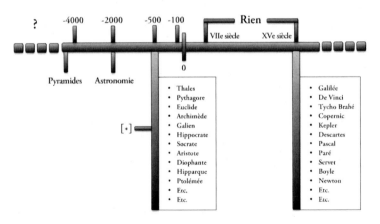

[*] *Aucune trace, ni aucune preuve n'existe de la présence des personnages Pythagore, Thalès, Aristote, Hippocrate, Galien, Archimède, etc. De plus, il n'existe aucun indice, ni aucun témoignage prouvant leurs écrits et qu'ils sont les auteurs de ceux qu'on leur attribue !*

Le tableau ci-dessus est très riche d'enseignements. On remarque qu'un vide considérable de plus de dix-sept siècles n'a pas l'air de susciter la moindre inquiétude ni des scientifiques [savants], ni des spécialistes de l'histoire, ni des chercheurs !

Dès lors, l'historiographie européocentriste du savoir se présente comme une suite d'événements historiques, une continuation entre l'Antiquité grecque et la Renaissance !

Les sciences et la culture provenant de la Grèce, les *Pythagore, Thalès, Aristote, Archimède,* etc. demeurent une confection semblable à celle des personnages évangéliques comme l'Eglise en virtuose sait en fabriquer. Le seul vestige culturel de la Grèce n'est rien d'autre qu'une tradition orale fortement axée sur la mythologie et les légendes agraires qu'on nomme la *Philosophie* ; ainsi que la *statuaire*[2] dont les produits inondaient certains temples et les demeures hellénisées. La philosophie qui constitue la dialectique grecque a pour entité l'*hédonisme* et le *sophisme* !

B - La pensée anti-scientifique

Pour les Grecs [et toutes les sociétés antiques], la plus minime des généralisations empiriques s'exprime par une interprétation mythologique. Si les lois de la nature incarnent des divinités ou des démons, leurs observations sont vaines car la conception même de l'idée s'engageant au-delà des faits demeure inconnue. Dès lors, les théories scientifiques qui les étayent n'auraient aucune existence. Elles ne pourraient pas servir à s'informer du cours de la nature, n'auraient aucun pouvoir explicatif et en conséquence guère d'utilité.

Une société de culture mythologique et magique est une société anti-scientifique. L'image du savant parvenant à des découvertes scientifiques sur une conception mythique de l'esprit est ici complètement rejetée !

C - La société gréco-romaine comme modèle civilisationnel

L'Antiquité gréco-romaine fut admise et proclamée en Occident [France, etc.] comme étant d'excellents modèles de gouvernement, d'exemples de « *République* », de peuples très attachés à la liberté, au savoir, bref *civilisés*. Tous les écrits louent la « *démocratie athénienne* » sans esprit critique, ni retenue, en contradiction même à toute vérité établie par l'étude sérieuse de l'Histoire.

Chaque rédacteur de manuel analysait ses institutions dans les moindres détails, le régime des assemblées toutes-puissantes, le « *contrôle* » par les citoyens naturellement « *vertueux* » ; tout en taisant généralement, par un accord tacite, les rigueurs de l'esclavage, la citoyenneté réservée à un si petit nombre, la corruption politique et les effroyables pratiques démagogiques ; tout en ignorant l'exploitation éhontée des

---

[2] La plupart des sculptures disséminées dans les avenues des villes italennes [entre autre], autour des monuments, dans les musées, etc. datent de la Renaissance.

colonies, les razzias d'hommes et de richesses, les répressions sanglantes infligées aux rebelles désarmés et aux vaincus. Ainsi, l'hallucination de la société européenne est marquée par une vision, celle d'une période de libertés et de créations inédites représentée par cette « *Antiquité classique exemplaire* ». Puis, après une longue période dans un état comateux et une existence végétative, enfin, la « *Renaissance* » apparut miraculeusement réveillant les hommes de l'Occident qui métamorphosèrent leur attitude devant la vie et l'univers en puisant leur « *culture* » et leur « *civilisation* » dans le puits de l'Antiquité gréco-romaine.

1 - Apports de la société grecque à l'Humanité

La Grèce antique a toujours été présentée dans l'Histoire contemporaine comme ayant une importance ou des proportions culturelles ou « *civilisationnelles* » plus grandes qu'elles n'en ont véritablement. En réalité, la caractéristique de la société de la Grèce antique, pompeusement dénommé « *civilisation* », peut se résumer sans trop exagérer à :

1. *la pêche à la sardine*
2. *l'élaboration du fromage de brebis*
3. *la cuillette des olives*

II - La conception gréco-romaine de l'Univers

L'esprit, la pensée, la culture et la littérature qui constituent et définissent la société gréco-romaine furent limités et axés uniquement sur leurs croyances mythologiques, fondements de leurs explications de la nature et de la conception intellectuelle de l'Univers !

A - *Lois physiques et décrets mythologiques*

La connaissance hellénique définie par la mythologie fut une période où d'importants faits se déroulèrent où les dieux s'activèrent personnellement aux affaires humaines.

L'historiographie hellénique qui est présentée par l'*Histoire orthodoxe*[3] demeure une compilation de chroniques légendaires comme le démontrent, par exemple, les fabulations du roi Minos et de la mise à mort du Minotaure par le héros Thésée ; en réalité, cela correspond à la lutte pour l'hégémonie en mer Egée où Mycènes occupa Cnossos.

L'expansion territoriale de Rome intégra non seulement des mœurs et des habitudes originaires des pays conquis, mais également des divinités qui héritaient des mêmes honneurs que les dieux attachés à l'Etat romain. La reconnaissance des nouvelles divinités s'ajoutait au panthéon. A mesure que l'Empire s'étendait, des sanctuaires se développaient à Rome tels que ceux de Castor, Pollux, Diane, Minerve, Hercule, Vénus, Mithra, Attis, Isis, Ahriman. Le caractère anthropomorphique, les attributs et les mythes des divinités romaines et grecques importantes s'intégraient de manière plus prononcée.

Le rituel romain distinguait une trentaine de dieux d'origine de l'Etat romain ou *dii indigetes* dont leurs noms et leur nature furent décrits et honorés par les prêtres et les fêtes du calendrier.

Les divinités nouvelles nommées *dii novensides* ou *novensiles* furent introduites pendant la période historique. A chaque étape de toute activité [agricole, domestique, familiale, etc.] fut l'occasion d'invoquer au cours de rituels une divinité particulière.

---

[3] *Histoire orthodoxe.* Histoire imaginée au *Moyen-Age*, compilée, écrite et diffusée pendant la *Renaissance*, institutionnalisée à l'*époque moderne* [*Siècle des Lumières*] et vulgarisée à l'*ère contemporaine* par les autorités de l'Eglise [le bras séculier et les nantis] et qui constitue l'Histoire et l'historiographie officielles de l'Occident chrétien.

Les dieux auxiliaires ou associés étaient célébrés en même temps que les dieux principaux. Le culte primitif romain et grec fut le *polydémonisme* et non le polythéisme qui fut inclut par la suite au panthéon. Leurs noms et fonctions ou *numen* de l'être [pouvoir] se manifestaient de manière très spécialisée.

La fonction et le culte des *dii indigetes* démontrent que les Grecs et les Romains appartenaient à des peuplades agricoles qui affectionnaient la violence et la guerre. Leurs divinités dont les rites et les offrandes furent célébrés scrupuleusement incarnaient les nécessités pratiques de la vie quotidienne. Le trio Jupiter, Mars et Quirinus étaient au premier rang du panthéon romain dont leurs prêtres furent les plus élevés en grade, puis Janus et Vesta.

B - Culture irrationnelle, magique, superstitieuse

A partir des religions primitives du peuple de Crète, émigré du Sud-Est vers 3000 av. J.C, la mythologie grecque se développa. Les croyances et pratiques rituelles mythologiques des Grecs déterminent leur culture. La mythologie grecque est un assemblage de fables et de légendes relatif aux dieux qui se développa essentiellement à partir du VIIe siècle av. J.C. Selon les historiens et les hellénistes, les poètes Hesiode [v. VIIIe-VIIe siècle av. J.C.] et Homère rassemblèrent l'ensemble de la connaissance grecque dans leurs *recueils*.

L'ignorance de ces peuplades leur fit croire que des esprits habitaient tous les objets naturels dont certains qu'ils nommèrent *fétiches* possédaient des pouvoirs magiques. Par la suite, ces croyances constituèrent un patrimoine culturel composé d'un ensemble de mythes, de superstitions et de légendes où intervenaient des objets naturels, des animaux et des dieux à forme humaine.

Si l'on croit à l'œuvre attribuée à Hésiode, celle-ci reste un document essentiel sur la connaissance, la société, les mentalités et les croyances de la Grèce qui restèrent inchangées jusqu'à la dissolution du pays dans l'oubli. Il énonce dans ses *textes* les mythes grecs qu'il systématise en complétant les nouvelles divinités inconnues dans les poèmes homériques. Hésiode décrit la création du monde sorti du chaos, la genèse, la généalogie et les aventures des dieux ainsi que l'ensemble des filles de Zeus, le père des dieux, nées de mères humaines.

Tous les commentateurs affirment que la composition de l'œuvre de Homère [v. IXe siècle av. J.C. ?] provient de la tradition culturelle à la lumière des connaissances de l'époque. De plus, les découvertes archéologiques notamment celles de H. Schliemann [1822-1890] indiquent que l'essentiel de la culture décrite par Homère n'était pas inventée mais véhiculée par la culture populaire. En conséquence, les épopées restent des documents illustrant ces époques.

On établit qu'Homère s'illustre comme étant le père de toute la littérature grecque [historiographie, philosophie] que toutes les générations suivantes suivirent. Les Grecs expliquèrent eux-mêmes le développement de leur mythologie qui est leur interprétation de l'Univers et de ses lois. Les historiens et les hellénistes étayent leurs écrits par d'innombrables auteurs.

Un certain Prodicos de Ceos [v. Ve siècle av. J.C.] enseigna que les dieux personnifiaient les phénomènes naturels, tels que le soleil, la lune, les vents et l'eau.

Un autre, Hérodote [v. 484-425 av. J.C.] chroniqueur grec affirmait que les rituels grecs étaient un héritage culturel des Egyptiens.

L'âge hellénistique [323 *av. J.C.*] *ne produit aucun changement à la connaissance grecque qui demeura la philosophie des dieux et de leurs mythes* !

Par la mythologie, les Grecs expliquaient la faiblesse de l'homme vis à vis des pouvoirs considérables et terrifiants de la nature. Ils certifiaient l'immortalité de leurs dieux qui contrôlaient tous les aspects de la nature. Dès lors, ils reconnaissaient que leur existence dépendait totalement de la volonté de leurs divinités.

C - Les dieux et le partage du monde - Les dieux gréco-romains « artisans de l'Univers »

Les dieux grecs et romains se caractérisent par un anthropomorphisme et des sentiments humains. La mythologie gréco-romaine est une création humaine primitive, isolée et ignorant de ce fait la révélation ou un enseignement spirituel ; l'inexistence de code écrit [livre sacré] et de structure formelle du type gouvernement religieux renforcent l'ineptie de cette croyance.

Selon le « *savoir* » grec, le mont Olympe, situé en Thessalie est le lieu où résidaient les dieux qui constituaient une société hiérarchisée en termes d'autorité et de pouvoir. Les dieux parcouraient de manière autonome le monde et s'associaient à l'un des éléments suivants : le ciel, la mer et la terre.

La mythologie intervenait dans tous les aspects de la vie des Grecs qui érigeaient dans chaque cité des temples où ils vénéraient un ou plusieurs dieux. L'adoration des dieux fut régulière et prenait souvent une proportion particulière lors d'importantes cérémonies supervisées par les grands prêtres.

Par l'oralité, les Grecs s'initiaient à la « *Philosophie* » qui est l'apprentissage de la mythologie. Ainsi, les récits des dieux que l'on transmettait, contribuaient à la pratique fervente du culte.

L'absence d'un système gouvernemental religieux officiel poussait la majorité des Grecs à vénérer des lieux sacrés tels que Dodone, Olympie qui furent dédiés à Zeus et à Delphes consacré à Apollon. Les Grecs s'informaient de leur avenir en consultant un *oracle* dans un temple. Chaque site sacré disposait d'un ensemble de prêtres qui furent généralement des personnalités officielles de la communauté aptes à interpréter les révélations des dieux. Certains cultes se déroulaient par des prières et des sacrifices ; d'autres furent licencieux et orgiaques.

Le surnaturel est le fondement mental, social et culturel des Grecs et des Romains qui l'appliquaient à leurs croyances et à leurs rituels jusqu'à la période où le christianisme supplanta les religions originelles de l'Empire au début du Moyen-Age. L'origine culturelle est inconnue, mais les Romains assimilèrent la majeure partie de la mythologie grecque, égyptienne, perse et de nombreuses autres croyances.

Les personnages comme M.T. Varro ou Varron [116-27 av. J.C.] et P.O. Naso ou Ovide [43 av. J.C.-v. 17], Theophraste [v. 372-287 av. J.C.], Plutarque [v. 46-v. 120], Strabon [v. 63 av. J.C. - v. 24 apr. J.C.], etc., rapportent tous ces faits dans leurs « *écrits* ».

L'irrationnel, la superstition et les légendes sont les éléments principiels même de ce peuple inculte foncièrement agricole [puis pêcheur] qu'est le peuple grec. Comme dans les autres sociétés, l'écriture est l'apanage des prêtres et de l'aristocratie guerrière. Si les langues grecque ou latine eurent une littérature écrite rare, en revanche, elles possèdent une culture orale traditionnelle : le folklore, les us et coutumes en témoignent.

III - Les « *penseurs grecs* » et leurs « *écrits* »

A - Les Grecs [et Romains] à culture exclusivement orale

A juste titre, la *Koinè* est un dialecte « *social* » ou « *sociolecte* » qui caractérise la forme de langue usitée par un groupe d'individus comme les *prêtres*, les *notables* et les *officiers militaires* qui formaient les *Eupatrides* des cités grecques [et romaines]. Les *Eupatrides* eurent en commun des particularités sociales telles qu'un niveau d'instruction semblable, l'appartenance à la même classe sociale ou l'exercice d'une même profession [gouverneur, chef administratif, magistrat, général des armées, etc.].

L'activité « *littéraire* » de la période hellénistique n'est que compilation et fixation de quelques textes [sur planche revêtue de gypse, etc.], en qui sont classés et qu'on imite servilement. Les quelques « *érudits* » s'adressent à un public d'auditeurs cultivés, les Eupatrides, très restreints, disséminés géographiquement mais disposant d'une langue élitiste commune, la *Koinè,* parmi les dialectes locaux. La quasi totalité de la population grecque est illettrée et inculte. Fidèles à leurs illustres prédécesseurs, les poètes reprennent leurs thèmes. Ainsi, la *poésie hellénistique* est une poésie lyrique, épique, allusive et imprégnée de récits mythiques et de légendes à transmission orale. Les écrivains de talent, issus des Eupatrides fixèrent et propagèrent ce dialecte « *littéraire* » standard [sur support lithique, tablette en bois, principalement].

Ainsi, le dialecte toscan, par exemple, employé par F. Petracco ou F. Pétrarque [1304- 1374], poète et humaniste italien, domina tous les autres dialectes italiens et devint la langue écrite en Italie. De même, le dialecte haut allemand, dans lequel M. Luther [1483- 1546] traduisit la Bible, s'imposa comme allemand standard. Les écrits du poète G. Chaucer [1343-1400] constituèrent le fondement de la langue anglaise.

La ligne de partage entre différents dialectes est délicate à établir, en principe, la différence du rang social liée aux mœurs et au langage demeure une séparation et l'intelligibilité mutuelle entre locuteurs est un critère. La société grecque est foncièrement illettrée. En effet, l'écriture est l'apanage des prêtres, des nobles et des « scribes » au service de l'Etat. Discriminatoire et esclavagiste, elle impose naturellement une barrière entre deux locuteurs de classes distinctes et donc de parlers différents qui ont de la peine à se comprendre et donc à échanger des idées fussent-elles primitives ou basiques. Conséquemment, le développement intellectuel qui n'a de sens qu'en ce qu'il devient un moteur au service du progrès social et aux échanges d'idées dans une égalité et un respect mutuel, avec toutes les couches sociales, reste donc dans les sociétés grecques inexistant !

La connaissance de l'Univers fut pour les Grecs et les Romains, une interprétation intellectuelle uniquement et exclusivement mythologique. Chaque dieu responsable d'un élément ou phénomène naturel détient une autorité qui explique ses pouvoirs sur l'homme et la nature !

Le concept de « civilisation » que nous dépeignent les historiens et les latino-hellénistes est diamétralement opposé à la réalité des mœurs de la société gréco-romaine !

B - Etude de cas : « Ecole d'Athènes »

1 - Raffaello Sanzio dit Raphaël

Raffaello Sanzio plus connu sous le nom de Raphaël[4] [1483-1520] est nommé officiellement peintre de la papauté en 1508. Raphaël affirme des buts politiques qu'il partage avec Jules II. Il réalise la fresque entre 1509 et 1512 pour les appartements de Jules II[5].

---

[4] H. BOUQUET, « *Raphaël, l'homme de génie* ». Edition Benevent, 2008.
[5] GIULIANO DELLA ROVERE [1449-1513] fut Pape de 1503 à 1513 sous le nom de JULES II. Il s'est arrogé des missions temporelles et spirituelles. Préoccupé par le Pouvoir et l'équilibre des puissances en Italie, très

2 - Ecole d'Athènes observation concise

La fresque de Raphaël intitulée, plus tardivement au XVIIIe siècle, « l'*École d'Athènes* », se définie à la fois comme une œuvre d'art et comme un document historique. L'*Ecole d'Athènes* de Raphaël est l'une des fresques les plus connues du peintre et la plus emblématique de la Renaissance italienne. C'est une grande représentation de 7.70 mètres de longueur sur 5.00 mètres de hauteur. Scène *symbolique* mais qui se veut avant tout *historique* et *propagandiste*, elle regroupe les grandes figures de la pensée de la Grèce antique. La fresque date de 1510. Elle décore la « *Chambre de la Signature*[6] » ou « *Stanza* » du palais du pape Jules II au Vatican à Rome, le haut-lieu du pouvoir papal. La *Stanza* était l'endroit où le pape recevait les Ambassades et signait ses *brèves*[7] ainsi que ses *bulles*[8] d'où le nom de « *Chambre de la Signature* » qui d'après divers historiens de l'Art faisait partie intégrante de la bibliothèque privée du pape. Sur chaque mur de la pièce Raphaël représenta une vaste synthèse sur l'idéologie antique et la pensée chrétienne de la Renaissance. La Stanza fait partie actuellement du musée du Vatican.

L'*Ecole d'Athènes* est, selon le peintre Raffaello [ou Raphaël], une vaste synthèse des idées de la culture hellénique et de la pensée chrétienne de la Renaissance. Selon l'artiste, la fresque symbolise la recherche du vrai, l'équilibre entre la Foi et la Raison.

La fresque réunit les figures majeures de la pensée antique dans un décor inspiré par les projets de Donato di Angelo dit Bramante [1444-1514], l'un des grands architectes de la Renaissance et concepteur de la nouvelle basilique du Vatican. La peinture comporte soixante personnages si l'on y incorpore Apollon [dieu de la poésie et de la musique] et Minerve [la déesse de l'intelligence et du savoir] dans leurs niches. Au centre de la peinture *Platon* et *Aristote*, sur les marches *Diogène*, à gauche *Pythagore*, au premier plan *Héraclite*. Raphaël peint les personnages de la Grèce classique et les portraits de ses contemporains. Platon prend les traits de Léonard de Vinci [1452-

---

rusé, il use de moyens détournés pour arriver à ses fins. Il élimine tour à tour César Borgia, les Véntiens, et les Français de la Romagne et du Milanais, accroissant simultanément le territoire des États pontificaux.

[6] *L'École d'Athènes* indique la pensée grecque et la recherche du Vrai. La fresque du second mur de la Stanza symbolisait la « *Dispute du Saint sacrement* » qui représente la victoire de la Théologie sur la pensée antique. Le troisième mur est consacré à la « *Justice* » ; enfin, le quatrième symbolise la « *Poésie* ».

[7] *Brève* ou *bref*. Lettre émanant du pape ou de la Pénitencerie, plus courte que la bulle et rédigée sans préambule.

[8] *Bulle*. Décret du pape plus développé que le bref ; décision du pape sur des matières importantes et rédigée en forme solennelle.

1519], Héraclite ceux de Michelangelo di Lodovico Buonarroti Simoni dit Michel-Ange [1475-1564].

a - La représentation des arts libéraux

Les spécialistes de l'histoire[9] de l'Art voient dans cette fresque une représentation des sept arts libéraux. A gauche, au premier plan la grammaire, l'arithmétique et la musique ; à droite la géométrie et l'astronomie. Les deux groupes au premier plan symbolisent la science des nombres sous ses deux aspects, musical et astronomique.

---

[9] A. Chastel, « *L'Art italien* », 1956. Réédit. 1995. - « *Chronique de la peinture italienne à la Renaissance, 1250-1580* », 1983.

IV - Les erreurs des fabricants de penseurs grecs et de la culture hellénique

A - Analyse succincte de la fresque « Ecole d'Athènes »

L'analyse de cette fresque de Raphaël permet de dégager quelques grandes caractéristiques de la Renaissance.

Il n'est nullement question ici de faire une critique d'art [perspective, géométrie, jeux de couleurs, de lumière, notion de « trompe-l'œil », effet de scène théâtrale, etc.], ni une explication de la technique de la peinture *a fresco,* mais de la phénoménologie propagandiste des hauts dignitaires de l'Eglise. En effet, d'une représentation artistique mythique et symbolique, on en fit un événement historique, une composition de faits authentiques.

La représentation du temple de la science par les hommes illustres de la Grèce antique se situe dans une perspective historique magistrale[10], méthodiquement reliée au présent par des correspondances entre les personnages de l'Antiquité et les contemporains de Raphaël[11].

Ainsi, cet artiste-peintre en regroupant tous les « penseurs » de l'Antiquité grecque, en leur prêtant les visages de certains de ses contemporains veut marquer les esprits avec une visée politico-historique. Il s'agit là de fixer dans les consciences la continuité historique entre l'Antiquité gréco-romaine et la Renaissance occidentalo-chrétienne !

L'Ecole d'Athènes symbolise tout l'héritage revendiqué, en particulier par les penseurs et les artistes de la Renaissance italienne, puis de l'Occident chrétien en général. A Rome, le Vatican est la capitale spirituelle et temporelle et le centre culturel de toute la Chrétienté. Cette fresque est aussi un manifeste de l'Académie de Florence qui en forme de phalanstère[12]

---

[10] D. ARASSE, C. CASTANDET & S. GUEGAN, « *Les Visions de Raphaël* ». Éditions Liana Levi, Paris, 2004.

[11] *Platon* a les traits de Léonard de Vinci, *Héraclite* ceux de Michel-Ange, *Euclide* ceux de Bramante, l'enfant derrière *Epicure* est Federico Gonzagua [1500-1540] ; le jeune homme habillé de blanc est Francesco della Rovere [1414-1484]. Il est couronné pape en 1471 sous le nom de Sixte IV ; *Zoroastre* est semble-t-il Pietro Bombo [1470-1547 - Cardinal et écrivain]. Raphaël lui-même s'est peint en jeune homme au béret noir près de Giovanni Antonio Bazzi dit Sodoma [1477-1549 - Artiste peintre] à l'extrême droite.

[12] *Phalanstère*. Groupe de personnes vivant en communauté, poursuivant une même tâche ou unies par des intérêts communs.

et de laboratoire entreprit l'imagination et la fabrication de l'héritage antique, la « culture hellénique » et de ce fait conçut la Renaissance. Celui-ci est un vaste programme de falsification, de fraude, de mystification, de dissimulation, de recel et de plagiat de la culture de l'infidèle. La République de Florence incarne la mythique République d'Athènes. Voilà ce qu'est réellement la Renaissance !

La place d'Ibn-Rushd latinisé *Averroès* près d'Epicure et en arrière de Pythagore, la tête inclinée, la main sur le cœur penché sur lui en lui vouant un salut révérenciel. Averroès qui se *courbe* devant Pythagore ne laisse aucune équivoque : il s'agit d'un signe de soumission. Le sens commun, si peu soit-il, veut qu'il soit à proximité d'Aristote dont il est supposé être le *Grand Commentateur*. Alors pourquoi derrière Pythagore qui examine, selon les spécialistes de l'histoire et les hellénistes, un *livre* qui traite, selon eux, de la musique ? Est-ce à dire que pour Raphael, Averroès symbolise un passeur oriental de la culture hellénique, un copiste musulman qui doit s'incliner devant le maître Pythagore et de là devant la culture de la Grèce antique ?

Hormis Ibn-Rushd [*Averroès*], « *copiste* » et « *passeur* » d'Aristote en Occident, l'absence des penseurs musulmans de la scène de la *Connaissance* et de la *Culture* est indubitable.

B - *Quelques traducteurs[13] célèbres de la culture de la Civilisation de l'Islam Classique* [CIC]

1 - Gerbert d'Aurillac [945/950-1003]

Originaire d'Auvergne [Massif central - Centre-sud de la France], Gerbert d'Aurillac[14] fut pape[15] sous le nom de Sylvestre II [999-1003][16]. Jeune, il entra en tant qu'*oblat*[17] au monastère *bénédictin*, l'abbaye Saint-Géraud d'Aurillac qui se développa

---

[13] Pour être informé de quelques-unes des traductions, se conférer au tableau : « LES TRADUCTEURS ET QUELQUES-UNES DE LEURS TRADUCTIONS »

[14] A. OLLERIS, « Vie de Gerbert », in Œuvres de Gerbert, Clermont, Paris, 1867.

[15] F. PICAVET, « Gerbert, un pape philosophe, d'après l'histoire et d'après la légende », Paris, 1897.

[16] L. THEIS, « Histoire du Moyen Âge Français », Edit. Perrin, Paris, 1992.

[17] *Oblat*. Dans le monachisme chrétien [Eglises catholique et orthodoxe] désigne une personne qui s'*offre* [latin *oblatus* : offert] au service de Dieu. Il s'agit de laïcs ou de clercs, qui demeurent dans le monde ou dans un monastère, mais sans prononcer de vœux.

parallèlement à celle de *Cluny*[18] qui prit la direction. C'est là qu'il se consacra aux *arts libéraux* [*trivium* et *quadrivium*].

En 963, le comte Borrell II de Barcelone fait étape à l'abbaye d'Aurillac afin d'honorer les reliques de saint Géraud [fondateur de l'abbaye]. En interrogeant ce dernier sur le savoir des abbayes catalanes, le comte Borrell témoigne l'excellence de ces monastères ; l'abbé persuade le comte de prendre avec lui Gerbert pour y parfaire sa formation[19].

À cette époque, le *Khalifa* [*Califat*] omeyyade est à son apogée et la cour de Cordoue est le plus grand centre intellectuel d'Europe : la bibliothèque du khalife [calife] Al-Hakam II [915-976] contient des dizaines de milliers de volumes. La réputation des savants de Cordoue est unverselle, énormément de leurs œuvres sont connues et traduites de l'arabe en latin. Au monastère de Ripoll [communauté autonome de Catalogne, province de Gérone], le vaste *scriptorium* est dirigé par Arnulf [948-970]. Une armée de moines anonymes recopie inlassablement des ouvrages scientifiques [astronomie, arithmétique, géométrie, musique, etc.] préalablement traduits par les traducteurs. Gerbert d'Aurillac poursuit son instruction dans les abbayes catalanes de Ripoll et de Vich où il apprit la langue arabe. Dès lors, il développa son savoir en sciences.

Gerbert d'Aurillac alla approfondir ses connaissances en mathématiques à Bougie [Algérie] auprès des savants berbéro-andalous dans les sciences et notamment les mathématiques de l'illustre andalou A.H. Al-Qalsadi [m. 890] et la physique de Abou-Jafar Al-Khazin [m. 961], des frères Banou-Moussa Ibn-Shakir [IXe s.], etc. comme l'ont fait et le feront ses coreligionnaires, par exemple, Léonardo Fibonacci [1175-1250]. Émerveillé par la culture de l'Islam, il œuvra à instaurer en se basant sur le modèle musulman un renouveau de l'Occident médiéval sur les bases scientifique et politique. Selon certains auteurs[20] Gerbert d'Aurillac introduit les chiffres *alqalsadiens*[21] en Europe[22]. A. Gerbert se distingue par ses traductions dans le domaine scientifique. C'est ainsi qu'il traduit en latin divers ouvrages notamment mathématiques où sont consignés toutes sortes d'objets [globe terrestre, compas, horloges mécaniques, etc.], de

---

[18] J.H. PIGNOT, « Histoire de l'Ordre de Cluny depuis la fondation de l'abbaye jusqu'à la mort de Pierre le Vénérable », Tome I, Autun 1868.

[19] E. LALOU, « Sources d'histoire médiévale, IXe - milieu du XIVe siècle », Paris, 1992.

[20] D'autres auteurs prétendent que c'est Léonardo Fibonacci [1175-1250] qui les y fit pénétrer en Occident chrétien.

[21] T-H. MARTIN, « Les origines de notre système de numération », Revue archéologique, XIIIe année.

[22] M. SOUTIF, « La diffusion de la numérotation décimale de position », tiré du *Colloque ocean indien au carrefour des Mathématiques arabes, chinoises, européennes et indiennes*.

termes techniques et d'énoncés [axiomes, théorèmes du point, de la ligne droite, des angles et des triangles ; côté perpendiculaire à la base, hypoténuse, aire du triangle équilatéral, volume de la sphère, aire des figures régulières : cercle, hexagone, octogone inscrit et conscrit… ; volume de la sphère, du prisme, du cylindre, du cône, de la pyramide, etc.]. En mécanique [horlogerie, automates, etc.], il se sert des travaux des frères Banou-Moussa Ibn-Shakir [IXè siècle] qui mirent au point l'invention de l'échappement avec foliot ou balancier circulaire. En musique, il utilise les travaux de M. Al-Farabi [lat. *Alpharabius* - 872-950] tels que : *théorie musicale*, les *accords* et les *intervalles, division des sons d'un monocorde, variété* et *proportion des sons, divisions : tons, demi-tons, bémols et dièses*, formant les *modes musicaux*, etc.

2 - Constantin l'Africain [XIe siècle]

Constantin l'Africain[23], moine *séculier*[24] lettré originaire de Carthage [Tunisie] passa la première partie de sa vie en Afrique du Nord [sphère berbéro-andalouse] à s'adonner à l'étude de la culture scientifique. La seconde partie de sa vie, il l'a passée en Italie. L'arrivée de Constantin l'Africain vers 1077 marque l'apogée de la célèbre *Ecole de Médecine de Salerne*. A la suite de ses nombreux voyages où il rapporte quantité d'ouvrages médicaux des maîtres musulmans, et grâce à ses traductions et adaptations en latin [aidé par divers traducteurs restés anonymes], Constantin l'Africain a contribué de façon décisive à l'élargissement du savoir médical dans l'Occident latin.

Plus tard, il incorpore l'*Ordre des Bénédictins*. C'est là qu'il se consacre jusqu'à la fin de sa vie à la traduction et aux commentaires en latin des œuvres des grands maîtres perso-berbéro-andalous des Sciences médicales qu'il débuta auparavant à Salerne[25] : M.I.Z. Ar-Razi [lat. *Razès ou Rhazès* -865-925], A.I.A. Mawçili [Xe siècle], O. Ibn-Imran [m. 908], A.J. Ibn Al-Jazzar [ou Ibn Al-Dchessar, lat. *Algazirah*, -m.1009], Abou Al-Qasim Zahrawi [*Abulcasis* ou *Albucasis* -936-1013], A.H. Ibn-Sina [lat. *Avicenne* -980-1037], A. Ibn-Al-Abbas Al-Majusi [lat. *Haly Abbas* -m. 995], etc. Ces traductions existent toujours dans les grandes bibliothèques européennes [Italie, Allemagne, France, Belgique, Angleterre, Espagne, etc.]. Elles servirent comme références pédagogiques et universitaires jusqu'au XVIIIe siècle.

---

[23] M. BARIETY & C. COURY, « Histoire de la Médecine ». Edit. Fayard Editeur 1963.

[24] *Séculier*. Qualifie des personnes ayant des engagements particuliers vis-à-vis de Dieu et de l'Église selon des statuts différents, mais dont la caractéristique essentielle est la vie dans le *siècle* et non en communauté.

[25] H. SCHIPPERGES, « Constantinus Africanus », in *Biographisch-Bibliographisches Kirchenlexikon (BBKL)*, Band 16, Herz.

Pierre le Diacre[26] [1107-1159] moine bénédictin du *Mont Saint-Cassin*[27] de la première moitié du XIIe siècle cite Constantin l'Africain dans son écrit : « *De Viris Illustribus* » en ces termes : « *Constantin quitta pourtant cet endroit, gagna le monastère du Mont-Cassin où l'abbé Desiderius fut heureux de l'accueillir et où il se fit moine. Dans ce monastère, il traduisit un très grand nombre de textes* [*des maîtres musulmans*] ».

Constantin l'Africain est l'un des plus grands *plagiaires*[28]. La majeure partie des œuvres qu'il traduisit, il les renomme de son *patronyme*[29].

3 - Alfan de Salerne [1010-1085]

Homme de lettres, érudit et religieux bénédictin originaire de la « *Mezzogiorno*[30] » [« *le Midi* »] d'une famille noble. Moine à l'Eglise de Sainte-Sophie à Bénévent [Campanie] et au monastère du Mont-Cassin [région de Latium]. Alfan de Salerne[31] est promut abbé puis, en 1058, il devient archevêque de Salerne.

Arabophone confirmé, il étudie à la *Medica Salernitana Schola* [*Ecole de Médecine de Salerne*], alors sous domination de Professeurs musulmans qui dispensaient les Sciences médicales. Initié à la médecine des maîtres musulmans [M.I.Z. Ar-Razi - lat. *Rhazès*- 865-925, A.H. Ibn-Sina - lat. *Avicenne* - 980-1037, A.M. Ibn Zuhr - lat. *Avenzoar*- 1013-1162, Abou Al-Qasim Zahrawi - lat. *Abulcasis* ou *Albucasis*,- 936-1013, A. Ibn Al-Jazzar - lat. *Algazirah*- m. 1009, etc.], il se consacra à traduire leurs œuvres en latin [et en grec][32]. « *De Quattuor humoribus* [«*Sur les quatre humeurs* »] », « *De Pulsibus* [« *Des pulsations* »] en sont quelques unes.

---

[26] Pierre le Diacre est un bibliothécaire de l'abbaye du Mont-Cassin a rédigé « *Viris Illustribus* » qui contient l'un des textes dondateur de la légende de Constantin l'Africain. Archives médiévales de la *Bibliothèque nationale de France*.

[27] L'abbaye du Mont-Cassin se situe au sommet du mont éponyme, à 80 km à l'ouest de Naples, entre Rome et Naples. Il fût un célèbre centre de traduction et de copie des des œuvres des savants musulmans.

[28] Une étude systématique plus poussée sur les traductions et le plagiat des œuvres des savants musulmans serait nécessaire pour démanteler une fois pour tout le mythe de la gloriole des érudits de l'Occident chrétien de la *Renaissance* et du *Siècle des Lumières*. Bons nombres de traités furent traduits et plagiés en latin sous le patronyme de Constantin l'Africain. A.J. Ibn Al-Jazzar, I. Ibn-Imran, A. Zahrawi, A.I.A. Mawçili, A. Ibn-Al-Abbas Al-Majusi, M.I.Z. Ar-Razi pour ne citer que ceux-là ont été dépouillés de leurs œuvres par le plagiaire Constantin l'Africain.

[29] A. BEN MILED, « Ibn Al Jazzar, Constantin l'Africain ». Ed. Salammbô, Tunis, 1987.

[30] Il s'agit de l'ensemble des régions péninsulaire et insulaire qui correspondent au sud de l'Italie ou Italie méridionale.

[31] A. PETERS-CUSTOT, « Les Grecs de l'Italie méridionale post-byzantine - Une acculturation en douceur », Col. Ecole française de Rome, 2009.

[32] B. RUGGIERO, « Principi nobiltà e Chiesa nel Mezzogiornolongobardo [l'esempio di S. Massimo di Salerno] », Naples, Istituto di Storia midiovale e moderna, 1973.

C'est Alfan de Salerne qui invita le célèbre moine traducteur Constantin l'Africain [1015-1087] à la *Medica Salernitana Schola* où en collaboration, ils se mirent à l'oeuvre pour traduire les Sciences médicales des maîtres musulmans et de se constituer ainsi une des plus importantes bibliothèques médicales de la Chrétienté. Poète reconnu, Alfan de Salerne est considéré comme le plus renommé de l'Italie du XIe siècle.

4 - Adélard de Bath [1080 - v. 1160]

Adélard de Bath[33] est un moine bénédictin d'origine anglaise. Arabophile, il consacra la majeur partie de sa vie à la traduction d'œuvres scientifiques [mathématiques, médecine, botanique, etc.] et littéraires [essais, poésie, théologie, etc.] des penseurs musulmans. Il est célèbre pour ses versions latines de la culture perso-berbéro-andalouse et pour son éloge de l'érudition musulmane contre l'*autocratie* des magisters, des pédants latins de son époque. Par sa culture inculquée par *l'Ecole musulmane,* il ouvre la voie intellectuelle, et donc de la Connaissance, à des hommes tels que Robert Grosseteste [1175-1253] et Roger Bacon [1214-1294].

On connait peu de la vie de A. de Bath[34]. Membre de la suite de l'évêque de Bath et Wells, Jean de Villula [1088-1122], appelé encore Jean de Tours. A. de Bath fit ses études à Tours, puis professât à Laon [Picardie]. Il se rendit en Italie méridionale et en Sicile pour s'instruire sur la culture musulmane. Toujours pour parfaire ses connaissances et se constituer un vivier livresque des sciences fondées par les savants musulmans qu'il va traduire ultérieurement, il entreprit des voyages[35] en Tolède, à Antioche, à Bagdad, à Damas.

a - La studia musulmanum

A son retour à Bath [ville du comté de Somerset, au sud-ouest de l'Angleterre], l'auteur établit à l'intention de ses étudiants et de ses protecteurs de nombreuses traductions latines d'ouvrages des penseurs musulmans[36] probablement avec l'aide de Pierre Alphonsi [1062-1140]. A. de Bath[37] n'a de cesse de confronter à la culture

---

[33] A.E.H. SWAEN, « Adelard of Bath, *De cura accipitrum* », Edit. Groningen [NL], 1937.
[34] L. COCHRANE, « *Adelard of Bath : The First English Scientist* », Londres, 1995.
[35] A. DE BATH, « Questions naturelles »
[36] C. FOZ, « *Le traducteur, l'Église et le roi [Espagne, XIIe et XIIIe siècles]* », Arras & Ottawa, 1998, s. v. « *Adelard of Bath* », p. 45-46.
[37] C. FOZ, « Le Traducteur, l'Eglise et le Roi », Ottawa-Arras, Les Presses de l'Université d'Ottawa-Artoiis Presses Université, 1998, p.46.

traditionnelle de ceux qui s'en tiennent aux « *érudits* » latins, aux autorités ; il témoigne du choc que la découverte des travaux scientifiques musulmans a représenté pour le milieu des lettrés latins du XIIe siècle et des siècles suivants. Il rend compte aussi du conflit découlant de l'incompatibilité existant entre la lamentable culture des lettrés latin du XIIe siècle et les connaissances auxquelles ses travaux de traductions lui permirent d'acquérir.

A. de Bath[38] rétorque à ses adversaires en ces termes : « *Les maîtres musulmans m'ont appris une chose, c'est à me laisser guider par la raison, tandis que toi tu es ébloui par l'apparence de l'autorité et guidé par d'autres brides* [*qui ne sont pas celle de la raison*]. *Car, en réalité, à quoi sert l'autorité si ce n'est de bride ?* »

La plus ancienne traduction latine des travaux des mathématiciens M. Al-Khwarizmi [800-847], I.A. Abou-Kamil [m. 850] est compilée dans : « *Éléments d'Euclide* », « *Geometrica* », etc. Ses versions latines, sont une copie réalisée au Moyen-Age des « *Eléments d'Al-Mahani* » auquelle des rajouts, sous forme de compilation, des éléments d'autres mathématiciens [Thabit Ibn-Qurra [826-901], A. Ibn-Yusuf [835-912], A.M. Al-Karaji [953-1029], O. Khayyam [1050-1123], I.Y. Al-Maghribi Al-Samawal [1130-1180], etc.

5 - *Burgondio de Pise* [*1100-1193*]

Burgondio de Pise[39], juriste [*iudices publici*] est un traducteur originaire de Pise [Italie]. Il enseigne à Constantinople et à Paris. Il est versé dans la langue arabe qu'il utilisera afin de traduire les œuvres scientifiques musulmanes en grec et en latin, dont la connaissance lui procure une grande renommé.

6 - *Dominique Gundissalvi* [*1105-1181*]

Dominique Gundissalvi[40] [ou Gondisalvi, Dominicus Gundissalinus] était archevêque de Ségovie et un traducteur d'ouvrages des penseurs musulmans, depuis l'arabe vers le latin[41]. Il existe très peu d'informations sur sa vie, mais c'est à Tolède où il s'installe qu'à partir de 1152 jusqu'à sa mort, il traduit, notamment, A.H. Ibn-Sina [980-1037- lat. *Avicenne*], A.H. Al-Ghazali [1058-1111 - lat. *Algazel*].

---

[38] N. DANIEL, « *The Arabs and mediaeval Europe* », Londres & New York, 1979 [1re éd. 1975].

[39] P. CLASSEN, « *Burgundio von Pisa* », Heidelberg, 1974.

[40] « GUNDISSALVI » in *Dictionnaire d'Histoire et de Géographie Écclésiastique*, vol. XXII. [Grégoire-Haelgisperger], Paris, Librairie Letouzey et Ané, 1988 col. 1167-8.

[41] A. RUCQUOI, « Gundisalvus ou Dominicus Gundisalvi », *Bulletin de philosophie médiévale*, XLI, 1999.

Sous l'impulsion du cardinal Raymond de Tolède, les traducteurs d'obédience juive et chrétienne étudiaient et traduisaient systématiquement un nombre important de textes des penseurs musulmans. Aidé du juif Salomon, de Johannes Avendauth [ou Ben-Daoud] et Jean de Séville Hispanus [Ioannes de Sevilla Hispanus - 1150-1215] qui lui succéda comme archidiacre de Cuéllar en 1193 ; c'est ce dernier qui traduisit de l'arabe en roman castillan et c'est Dominique Gundissalvi qui les traduisait en latin[42].

7 - Herman le Dalmate [1110-1154]

Herman de Carinthie[43] [Herman le Dalmate ou *Sclavus Dalmata*] est un lettré versé dans les sciences fondées par les savants musulmans : *mathématiques, astronomie, etc.* Il est originaire d'Istrie dans le duché de Carinthie [Autriche]. Il étudia à Chartres[44]. Il se rendit en Espagne où il apprit l'arabe et devint un traducteur émérite, ce qui lui permit de traduire en latin divers ouvrages scientifiques musulmans. C'est là-bas qu'il rencontra Robert de Chester [Robert de Ketton], un autre traducteur talentueux.

L'abbé de Cluny[45], Pierre le Vénérable [1092-1156] exhorta Herman à traduire et à « *écrire* » sur la vie et l'oeuvre de Mahomet. Il en sortit : « *De generatione Mahumet. Doctrina Mahumet* ». Sous les directives de l'abbé de Cluny, Herman de Dalmate et Robert de Chester, entre autre, furent mandatés pour s'instruire de la langue arabe et des sciences des savants musulmans à Bagdad et à Damas. Constantinople est une étape pour la récolte des manuscrits musulmans et pour le perfectionnement du grec. Mais c'est dans les bibliothèques en Espagne [1138] qu'ils s'instruisent de la culture scientifique et littéraire en étudiant les manuscrits des maîtres musulmans [astronomie, mathématiques, chimie, etc.]. Pierre le Vénérable qui admira sa profonde connaissance ainsi acquise confia à Herman de Carinthe la traduction de divers manuscrits des œuvres scientifiques musulmanes englobées sous le nom de « *Corpus de Tolède* » ou « *Corpus toledanum* ».

---

[42] B. PATAR, « *Dictionnaire des philosophes médiévaux* », FIDES Presses philosophiques, Longueil, Québec, Canada, 2006.

[43] A-J. CLERVAL, « *Hermann le Dalmate et les premières traductions latines des traités arabes d'astronomie au Moyen Âge* », Picard, Paris, 1891.

[44] L'école épiscopale de Chartres, fondée au VIe siècle, était de la fin du XIe siècle à la première moitié du XIIe siècle un centre intellectuel d'importance majeure. L'enseignement dispensé dans cette école était principalement puisé à travers les œuvres scientifiques et littéraires des penseurs musulmans.

[45] A. GERHARDS, « *L'abbaye de Cluny* », éditions Complexe, 1992.

Hermann le Dalmate [46] fit une traduction des tables astronomiques d'Al-Khwarizmi. Il traduit également de l'arabe vers le latin une vingtaine d'œuvres dont « *L'Introduction générale à l'astronomie* » d'Albumasar [47] [787-886] « *Ila ilm ahkam al nujum*] » en 1140 et « *De l'astrolabe* ». Les traductions de Herman le Dalmate furent imprimées généralement sous le titre : « *Liber introductorius in astronomiam Albumasaris, Abalachii* » à Augsburg en 1489 et à Venise en 1495 et 1506. L'auteur autrichien tout en occupant des fonctions d'enseignant poursuit ses activités de traducteur.

Herman le Dalmate[48] a contribué par ses travaux de traduction à une plus grande diffusion de la culture scientifique et littéraire chez les intellectuels occidentaux qui se sont ainsi instruit de cette somme de connaissances révolutionnaires et tout à fait considérables.

8 - *Gérard de Crémone* [*1114-1187*]

Gérard de Crémone[49] [ou Gerardo Cremonensis ou encore G. Carmonensis] fut l'un des traducteurs médiévaux le plus célèbre et le plus prolifique de textes médicaux et scientifiques des savants musulmans. Chef de file des traducteurs, ses travaux de traductions eurent une influence considérable dans toute la chrétienté qui découvrait ainsi la pensée fantastique de la *Civilisation de l'Islam Classique* [CIC].

Dès sa jeunesse Gérard de Crémone attiré par l'éclat que jetaient les sciences parmi les Musulmans d'Espagne, se rendit à Tolède. Là, il étudia l'arabe, et ayant à sa disposition dans cette langue un nombre considérable d'ouvrages de Sciences, savoirs nouvellement crées par les penseurs musulmans et qui n'existaient pas parmi ses compatriotes. Il se mit à traduire de l'arabe au latin ce qu'il pouvait, et se mit à cette tâche avec une ardeur incomparable.

Gérard de Crémone est né à Cremona [Crémone] en Lombardie [région d'Italie septentrionale, située au sud de la Suisse]. Durant sept ans, il apprit l'arabe. De 1157 à

---

[46] C. Burnett, « Hermann of Carinthia », in *History of Twelfth-century Western Philosophy*, Cambridge University Press, 1988.

[47] J. M. Abou Mashar Al-Balkhi [lat. *Albumasar* ou *Apomasar* - 787-886] est un mathématicien et astronome d'origine perse établi à Bagdad. Il est le diciple A.Y. Al-Kindi [801-866]. Nombre de ses œuvres furent traduites en latin et étaient bien connues des érudits européens durant tout le Moyen-Age.

[48] F. Sanjek, « *Herman le Dalmate (v. 1110-apr. 26-II-1154) et la connaissance de l'Islam dans l'occident médiéval* », *Revue d'histoire ecclésiastique*, 1993, vol. 88, n° 2, Université catholique de Louvain (Belgique).

[49] R. Lemay, « Gerard of Cremona », in C. C. Gillispie (dir.), *Dictionary of Scientific Biography*, New York, vol. XV.

1187, il obtint un *canonicat* [fonction de *chanoine*[50]]. Il s'est établi à Tolède [Espagne] vers 1150 près de la source de la culture universelle et centre de la pensée mondiale[51].

Il est difficile de déterminer le nombre des traductions effectuées par Gérard de Crémone. Quoi qu'il en soit, il en fit un grand nombre et cela dans diverses disciplines. Lors de la traduction, un grand nombre de mots et d'expressions arabes [la nomenclature scientifique et technique a été créée à cette occasion par les fondateurs des Sciences] dont G. de Crémone ne pouvait trouver d'équivalences ou n'existaient pas en latin furent laissés tels quels[52] ou alors tout simplement latinisés[53].

En comparant les textes originaux aux traductions de G. de Crémone, la plupart des auteurs affirment que ces dernières sont très imparfaites. Sa technique reste très littérale, il calque les mots ou expressions scientifiques ou les conserve tels quels.

D'ailleurs, la façon même dont on traduisait au XIIe et le XIIIe siècle, il était impossible de rendre parfaitement le sens de l'auteur, et de mettre une parfaite synonymie entre les termes arabes et latins. En effet, l'extrême pauvreté linguistique du latin ne pouvait rivaliser avec l'idiome du Coran. C'est pour cette raison qu'on allait à Tolède à la recherche de professeurs de langue arabe pour s'y instruire. La plupart des traducteurs se sont également mis à transcrire [outre en latin et en grec] leurs travaux dans les langues *vernaculaires*[54] [catalan, anglais, français, allemand, italien, etc.] En général, le traducteur n'étudiait pas avec méthode et il n'acquérait jamais une connaissance approfondie de la langue arabe. De plus, le traducteur ne possédait d'une manière générale qu'une connaissance très superficielle, voire aucune notion de la matière scientifique sur laquelle il travaillait. Roger Bacon [1214-1294], un autre

---

[50] Dignitaire ecclésiastique faisant partie du chapitre d'une cathédrale, d'une collégiale, ou de certaines basiliques, tenu à l'office du chœur et jouissant parfois d'une *prébende*.
Prébende. Revenu ecclésiastique provenant à l'origine du partage de la *mense capitulaire* et destiné à l'entretien d'un chanoine séculier, mais qui peut être attribué à un autre clerc ou même transféré à un laïc.
[51] D. JACQUART, « L'école des traducteurs », in L. Cardaillac [dir.], Tolède XIIe-XIIIe siècle. Musulmans, chrétiens et juifs, Paris, Autrement, 1991.
[52] Par exemple le mot « Canon » [« Canonis »] qui provient de « Qanun » signifiant *loi* [de « Al-Qanun fi Al-Tibb » - « Le Canon de la Médecine »].
[53] Par exemple les termes « cataracte » qui provient de « Qatara » [écoulement, s'écouler]; « clinique » qui provient de « Ikliniki » [examen direct] ; « calea, caleo » [sous cette forme toutes les expressions avec le suffixe « calo »] qui provient de « shâ'âla ou chahala » [chaleur, soif ardente}.
[54] *Vernaculaire*. On appelle langue vernaculaire la langue locale communément parlée au sein d'une communauté, d'un pays. Ce mot s'emploie généralement en opposition avec le terme langue *véhiculaire*. Par exemple, lorsque la liturgie catholique était en latin, elle était la même dans le monde entier : le latin servait de langue liturgique *véhiculaire*. Dans le même temps, l'enseignement de la religion s'effectuait en langue locale, la langue *vernaculaire*.

traducteur plus exercé et plus doué, en étudiant diverses traductions en ressortit les erreurs et les défauts.

Fortement imprégné de la culture scientifique des maîtres musulmans, Gérard de Crémone sut évaluer ce trésor intellectuel et civilisationnel[55]. Il sut surmonter la barrière linguistique qui en interdisait l'accès aux Latins. Environ soixante-dix ouvrages[56] ont été traduits par ses soins : trois traités de dialectique, dix-sept ouvrages de géométrie [Al-Qalsadi - m. 890-, Jabir ibn-Aflah -1100-1160-, I. Al-Zarqali -lat. *Azarquiel* -1029-1087-, A.A. Al-Farghani -lat. *Alfraganus* -805-880-, etc.], douze livres d'astronomie, onze volumes de littérature [belles-lettres, théologie, essais, etc.], vingt et un traités de médecine [*Avicenne, Rhazès, Abulcasis, Avenzoar, Albumasar* ou *Apomasar*, etc.], trois de chimie [*Geber, Rhazès*], etc. Gérard revint à Crémone et meurt en 1187, à l'âge de 73 ans.

9 - *Eugène de Sicile ou de Palerme* [1130-1202]

Eugène de Sicile est un officier général de rang élevé dans la marine militaire du royaume de Sicile. Très peu d'informations subsistent sur cet amiral d'origine grecque. Cependant, une chose est sûre, il était un arabophone chevronné, ce qui lui permit de s'illustrer en tant que traducteur. Ainsi, diverses œuvres de savants musulmans furent traduites en grec, en latin et en l'occurrence, les traités d'optique de O. Ibn Al-Haytham, latinisé *Alhazen* [965-1039].

Il est considéré également comme poète et chroniqueur. A ce propos, certains auteurs le confondent avec un certain Hugo Falcandus [seconde moitié du XIIe siècle].

10 - *Walcher de Malvern* [m. 1135]

Walcher de Malvern, membre du prieuré de Malvern [1120-1135] se passionna pour les sciences des savants musulmans qu'il étudia en Espagne[57]. Traducteur reconnu, il retourne en Angleterre [1091] imprégné de connaissances mathématiques, notamment astronomiques et accompagné d'instruments [astrolabe, sextant, etc.][58]. Il

---

[55] H. HUGONNARD-ROCHE, « *Les œuvres de logique traduites par Gérard de Crémone* », in Pierluigi Pizzamiglio [ous la direction de], Gerardo da Cremona, Crémone, 1992.

[56] Certaines des traductions de G. de Crémone sont aussi attribuées à Dominique Gundisalvi ou à Jean de Séville Hispalensis, Limiensis et à Jean de Séville Hispanus.

[57] C.H. HASKINS, « *Etudes de l'histoire de la science médiévale* », Harvard University Press, 1927.

[58] S.C. MC CLUSKEY, « *Astromomies et des cultures dans l'Europe médiévale précoce* », Cambridge University Press, 1998.

n'hésite pas dans ses traductions en version latine à altérer les textes originaux. Par exemple, il transcrit les unités de mesure géométrique [angles, degrés, minutes] non plus en chiffres *alqalsadiens* [« *arabes* »] mais en chiffres romains.

11 - *Daniel de Morley* [*1140-1210*]

Daniel de Morley[59], lettré d'origine anglaise a été à l'instar de son compatriote et contemporain Alfred de Sareshel [fin XIIe siècle - début XIIIe siècle] une des grandes figures de l'introduction du savoir des penseurs musulmans en occident au XIIe siècle. Il est issu d'une famille de la *Gentry*[60] du Norfolk [comté du Sud-est de l'Angleterre].

Il fit ses études à Oxford, ensuite à Paris mais décida finalement d'aller à Tolède étudier la langue arabe, passage obligatoire afin d'acquérir les sciences et l'enseignement des œuvres des savants musulmans. Ce sont, en particulier, les disciplines du *quadrivium* [61] qui l'enthousiasmait et l'Université de Tolède les dispensait remarquablement. C'est dans cette dernière qu'il fit la connaissance de Gérard de Crémone [114-1187], l'un des représentants les plus éminents de cette école. Les échanges et les travaux de traduction entre les deux hommes furent importants.

A la fin de sa vie, il rentre à Norfolk rapportant avec lui quantité de traités scientifiques qu'il a traduit. A la demande de l'évêque de Norwich, il rédige « *Philosophia* », une compilation de traités scientifiques qu'il a accumulé lors de son parcourt intellectuel à la lumière des travaux des érudits musulmans. Très peu d'informations sur sa vie et les traductions de ses traités scientifiques nous sont parvenues. Il en compila une partie sous le titre de « *Liber de naturis inferiorum et superiorum* [« *De la création du monde* »] » ou « *Philosophia* »[62]. Cet ouvrage comporte des traités de mathématiques, d'astronomie, de géométrie fruits de son travail de traducteur. Cette œuvre est la seule qui nous soit parvenue de Daniel de Morley.

---

[59] C. BURNETT, « The Introduction of Arabic Learning into England. The Panizzi lectures, 1996. London : British Library, 1997

[60] *Landed gentry*. Appellation donnée à la bonne société anglaise, et notamment à la noblesse non titrée. Elle est de bonne éducation et « *a des valeurs* ». Les membres de la gentry sont légalement des gentlemen, esquire, et peuvent recevoir des décorations, titres de noblesses, héréditaires ou viagier [chevaliers, baronnets].

[61] *Quadrivium*. Terme qui désigne l'ensemble des quatre sciences mathématiques : arithmétique, géométrie, astronomie et musique.

[62] *British Library*, « *Liber de naturis inferiorum et superiorum* ». Iluminated Manuscripts. Collect Britain.

12 - Jean de Séville Hispalensis [1150-1215]

Jean de Séville Hispalensis [Ioannes de Sevilla Hispalensis], fût vraisemblablement archidiacre de Cuéllar [Espagne] en 1180, puis évêque de Segorbe [province de Castelló] collaborateur de Dominique Gundisalvi [1105-1181] avec lequel il a traduit divers ouvrages. Il participa avec le philosophe et traducteur écossais Michael Scot [1175-1232] à différentes traductions de savants musulmans tels que : A.H. Al-Ghazali [lat. *Algazel* - 1058-1111], « *Incohérence des philosophes* » ; M. Al-Khwarizmi [800-847], « *Livre de la pratique de l'arithmétique* ». Grâce à ce dernier ouvrage, Jean de Séville Hispalensis fût le premier à introduire l'*algèbre* en Occident et à la faire découvrir.

13 - Michael Scot [1175-1236]

Michael Scot [ou Michaelus Scotus] originaire d'Ecosse était un philosophe scolastique médiéval. Il étudia la médecine, la chimie et l'astronomie, disciplines fondées par les maîtres musulmans. Il est devenu célèbre en traduisant de l'arabe les œuvres scientifiques [littérraires -belles-lettres- et théologiques]. Son cursus scolaire demeure inconnu. Il a grandi chez son oncle qui l'envoya dans une université à l'étranger. En effet, aucune université n'existe en Ecosse jusqu'au XVe siècle. Avant de se rendre à Tolède, il travaillait comme traducteur ; il enseignait la langue et la « littérature » latines qu'il avait bénéficié dans le cadre de la formation cléricale et latine élémentaire. M. Scot appartenait au clergé bien qu'il ne semble appartenir à aucun ordre religieux.

Dans la sphère de l'Espagne musulmane, Tolède était une des villes culturelles les plus renommées. Une armée de traducteurs connus y œuvrait [Jean de Séville, Hermann de Carinthie, Adélard de Bath, Gérard de Crémone, etc.]. En 1217, Michael Scot acheva la traduction d'un ouvrage astronomique « *Al-Kitāb fi al-hay'ah* » d'Alpetragius.

N. E. Al-Betrugi [N. E. Ibn-Ishaq Al-Bitruji ou Abou Ishak ibn al-Bitrogi] latinisé *Alpetragius*[63]. Astronome et lettré berbéro-andalou [m.1204], il était le disciple de A.B.M. Ibn-Tufayl[64]. Dans son traité [*Kitāb fi al-Hay'ah*], il met en place la théorie

---

[63] D. JACQUART, « Quelle histoire des sciences pour la période médiévale antérieure au XIIIe siècle ? ». In *Cahiers de civilisation médiévale* (n°153-154), Janvier-juin 1996. La recherche sur le Moyen Age à l'aube du XXIe.

[64] A.B.M. IBN-TUFAYL EL-QAYÇI [1110-1185], originaire de Grenade. Latinisé *Abubacer*, il était un lettré, astronome, médecin et mathématicien.

des *orbites planétaires*[65] comme étant de natures épicycles et excentriques. Ses « *Principes d'astronomie* » furent plagiés [ainsi que ceux de N.E. At-Tusi -1201-1274-, I.J. Al-Battani - 856-929-, etc.] par les célèbres copistes N. Copernic [1473-1543], G. Galilée [1564-1642], J. Kepler [1571-1630]. Ces lois de N.E. Al-Betrugi permettent de déterminer par le calcul le mouvement orbital planétaire.

M. Scot traduit à Tolède le traité de zoologie « *Kitāb al-hayawān* » de A.O. Al-Jahiz [776-869] et d'autres traités dans cette même discipline de Yahya Ibn Al-Bitriq [m. IXe siècle][66] les « *maqālāt* [*Traités*] ».

Ces traductions furent plagiées par Saint Albert le Grand [Albrecht von Bollstädt - 1200-1280] sous une compilation : « *De animalibus* ». D'origine allemande, A. le Grand était un dominicain qui se consacra principalement à l'enseignement et à l'étude des scieneces naturelles [zoologie, botanique, etc.] ainsi qu'à la chimie qu'il puisa dans les œuvres traduites en latin et en grec des savants musulmans [Rhazès, Geber].

M. Scot traduisit la littérature du grand érudit M. Ibn-Rushd [lat. *Averroès* -1126-1198] sous les titres de « *De anima* », « *De caelo et mundo* » et « *Metaphysica* ». Ces traductions de l'arabe « *De sensu et sensato* » démontrent de très bonnes connaissances linguistiques de la part de M. Scot[67].

En 1220, M. Scot quitte Tolède pour Bologne en exerçant la médecine. En 1224, il est nommé archevêque de Cashel en Irlande mais renonce à ce siège. En 1227, L. Fibonacci le présente à Frederic II empereur germanique [1212 à 1250] où il devint le traducteur attitré à sa cour. À la demande de ce dernier, maints ouvrages scientifiques [médecine, astronomie, zoologie, etc.] furent traduits en latin tels que, par exemple, « *Abbrevatio de animalibus*[68] » de A.H. Ibn-Sina [*Avicenne* - 980-1037][69]. Il demeura au service de l'empereur Frédéric II jusqu'à sa mort en 1235.

---

[65] En mécanique céleste, une orbite est la trajectoire que dessine dans l'espace un corps autour d'un autre corps sous l'effet de la gravitation. L'exemple classique est celui du Système solaire où la Terre, les autres planètes, les astéroïdes et les comètes sont en orbite autour du Soleil. De même, des planètes possèdent des satellites naturels en orbite. Actuellement, beaucoup de satellites artificiels sont en orbite autour de la Terre.

[66] YAHYA IBN AL-BITRIQ, « *Kitab al-Sumumat wa-daf madarriha* [Livre sur les poisons et leurs dangers] »

[67] « *Averroès et l'averroïsme* ». Maisonneuve et Larose, 2002.

[68] Un autre titre « *De arte venandi cum avibus* [De l'art de chasser au moyen des oiseaux*] est le texte d'un manuel de fauconnerie de A.H. Ibn-Sina rédigé en latin.

14 - Leonardo Fibonacci [1175-1250]

L. Fibonacci [Leonardo Pisano ou Léonard de Pise][70] a effectué la majeure partie de son éducation à Bougie [*Bugia - Bejaïa* - Algérie] car son père Guilielmo Bonacci représentait les marchands de la *République de Pise*[71]. Bougie était à cette époque un grand centre commercial et un foyer intellectuel renommé. C'est là que L. Fibonacci apprit la langue arabe et s'instruit des mathématiques auprès des maîtres musulmans. Il traduit leurs œuvres [en latin et en toscan] qu'il rapporta à Pise en 1198[72] en même temps que les chiffres inventés par le célèbre mathématicien andalou A.H. Al-Qalsadi [m. 890][73], la notation algébrique, etc. La vie de Fibonacci demeure inconnue à partir de 1228.

Les ouvrages de L. Fibonacci ne sont que des traductions des œuvres de mathématiciens musulmans [A.H. Al-Qalsadi -m. 890-, I.A. Abou-Kamil -850-930-, Thabit Ibn-Qurra [ou I. Ibn Sinan] -908-946-, etc.] qu'il plagiait sous son patronyme. Ainsi, il traduisit : « *Liber abaci* [1202] » ou « *Le livre des calculs* ». Traité sur l'*arithmétique*[74], le calcul décimal permettant la *comptabilité*[75]. Ce livre n'est autre que la copie des travaux de A.H. Al-Qalsadi. D'ailleurs, il est rédigé en grande partie de droite à gauche ; « *Practica Geometrie* [1220][76] ». C'est un livre de géométrie et de trigonométrie. Un autre traité : « *Liber quadratorum* [1225] » ou « *Livre des cercles* » est un livre de problèmes numériques. Enfin, le « *Flos* [1225] », traité regroupant des solutions aux problèmes posés par Giovanni de Palerme, philosophe de la Cour de Frédéric II, lors d'un *concours* de mathématiques.

---

[69] J. FERGUSON, « *Bibliographical Notes on the Works of M. Scot* », in *Records of the Glasgow Bibliographical Society*, 1931.

[70] F. WOEPCKE, « Recherches sur plusieurs ouvrages de Léonard de Pise, découverts et publiés par Balthasar Boncompagni », Éd. Imprimerie des sciences mathématiques et physiques, Rome, 1859.

[71] *République de Pise*. État indépendant axé sur la cité toscane de Pise à la fin du Xe siècle et le XIe siècle. Elle croît jusqu'à devenir une puissance économique, un comptoir commercial dont les marchands dominent le commerce méditerranéen et italien pendant un siècle, avant d'être supplantée par Gênes.

[72] Certains auteurs attribuent l'introduction des chiffres qalsadiens au moine Gilbert d'Aurillac [950-1003] qui étudia également les sciences mathématiques à Bougie. Il devint plus tard pape Sylvestre II [999-1003].

[73] Les *chiffres qalsadiens* improprement dénommés chiffres « *arabes* ».

[74] A noter que tout l'Occident se servait de chiffres romains et faisait des calculs sur l'*abaque* [cadre garni de fils de fer passant à travers des boules qu'on déplace suivant les chiffres qu'on veut additionner].

[75] *Comptabilité*. Discipline pratique consistant à schématiser, répertorier et enregistrer les données chiffrées permettant de représenter et de qualifier, pour un agent ou une entité, aussi bien l'ampleur de son activité économique que ses conséquences sur l'inventaire de son patrimoine.

[76] « *Scritti di Leonardo Pisano* volume II », contenant « *Practica Geometriae* », texte latin édité par Baldassare Boncompagni [1862]. University of Michigan.

Par ses traductions qu'il publie en son nom, L. Fibonacci introduit le système *alqalsadien* en Europe sans jamais citer ses sources. Ce système n'a aucune équivalence. Beaucoup plus puissant et plus rapide que la notation romaine, et L. Fibonacci le savait. Le *système alqalsadien* trouve d'abord une certaine résistance car le public ne saisissait plus les calculs qu'effectuaient les commerçants. En 1280, Florence alla jusqu'à interdire l'usage des chiffres alqalsadiens par les banquiers. On considérait que le « 0 » produisait la confusion et des difficultés au point qu'ils baptisèrent ce système « *cifra* », qui dérive du nom arabe *zéro* [*çifr* qui signifie *vide, zéro*].

L. Fibonacci[77] est plus connu de nos jours pour un de ses problèmes conduisant aux nombres et à la *suite*[78] qui portent son nom, mais qui en réalité ne sont que le plagiat des travaux de I.A. Abou-Kamil tirés de ses œuvres « *Fihrist* » et « *Al-Taraif* »[79]. Son travail de traducteur et de copiste sur la théorie des nombres des mathématiciens musulmans fut très largement étudié pendant les deux siècles qui suivirent sa mort. Ses travaux de traducteur et de copiste sont désormais très utilisés, de nos jours, en finance de marché, et en particulier en analyse technique.

15 - Robert Grossetête ou Grosseteste [1175-1253]

Robert Grossetête [ou Grosseteste ou encore Robert de Lincoln], lettré d'origine anglaise, prêtre *séculier*[80] proche de l'Ordre des Franciscains, était un évêque de Lincoln [ville du comté de Lincolnshire, en Angleterre].

R. Grosseteste[81] étudia à Oxford et à Paris. Chancelier de l'université, il occupa le poste d'enseignant au *studium* [Université] franciscain d'Oxford [1230]. Roger Bacon [1214-1294] fût un étudiant assidu de ces lieux. Passionné de grec dont il encouragea l'étude, il s'initia à la langue arabe, l'idiome des Sciences et de la culture à cette époque dont il traduit divers ouvrages en grec et en latin. Les travaux du célèbre O. Ibn Al-Haytham [latin. *Alhazen* -965-1039-], le fondateur de l'Optique [rayons directs, rayons réfléchis, rayons déviés, formation de l'arc-en-ciel, lentilles, miroirs, loupe, réfraction de la lumière, couleur, etc.] furent ainsi traduits et plagiés sous son

---

[77] J.J. O'CONNOR & E. F. ROBERTSON, « Leonardo Pisano Fibonacci », in *MacTutor History of Mathematics archive*, université de St Andrews.
[78] kn=kn-1+kn-2 ; tels que,1,2,3,5,8,13,21,….
[79] M. STEINSCHNEIDER, « Hebräische Übersetzungen »
[80] *Séculier*. Qualifie des personnes ayant des engagements particuliers vis-à-vis de Dieu et de l'Église selon des statuts différents, mais dont la caractéristique essentielle est la vie dans le siècle et non en communauté.
[81] A. C. CROMBIE, « *Robert Grosseteste and the Origins of Experimental Science, 1100-1700* », Oxford, Clarendon Press, 1971.

patronyme. Il traduit également des traités de mathématiques [géométrie, arithmétique, etc.] et d'astronomie.

16 - Giles de Santarém [1185-1265]

G. de Santarém était un prêtre portugais de l'*Ordre des Dominicains*. Il existe très peu d'informations sur sa vie. Il étudia la langue arabe et la médecine à l'Ecole Santa Cruz de Coïmbra [ville universitaire la plus ancienne située au centre du Portugal, à l'origine créé par les musulmans], qui contenait de nombreux originaux et traductions de traités médicaux des maîtres perso-berbéro-andalous. Il se rendit à Tolède et, enfin, à Paris où il exerça la médecine. G. de Santarém traduit en latin divers ouvrages médicaux dont ceux du célèbre M.I.Z. Ar-Razi [latin. *Rhazès* -865-925-] et de Y. Ibn-Masawaiyh[82] [IXe siècle].

17 - Raymond de Tolède [XIIe siècle]

Francis Raymond de Sauvetât[83] [ou Raymond de Tolède - XIIe siècle] a été archevêque français de Tolède [1125-1151]. Moine bénédictin[84] à ces débuts, c'est en tant qu'évêque qu'il fonda avec Pierre le Vénérable, abbé de l'Abbaye de Cluny, l'Ecole de traduction de Tolède en 1135. Cette dernière fonctionna sous l'égide d'un collège de traducteurs de textes scientifiques, littéraires, etc. de l'arabe au latin.

18 - Marc de Tolède [XIIe siècle]

Très peu d'informations nous sont parvenues de la vie de Marc de Tolède[85] sauf qu'il fut chanoine à la cathédrale de Tolède et qu'il maîtrisait la langue arabe. Il fut chargé par l'archevêque de Tolède Rodrigo Jimenez de Rada [1170-1247] de traduire le Coran [1209-1210][86] ainsi que le traité de théologie de Ibn-Tumart « *Aqida* »[87].

---

[82] J.-C. VADET, « Ibn Masawayh », in The Encyclopaedia of Islam, 2nd edition. Edit. by H.A.R. GIBBS, B. LEWIS, Ch. PELLAT, C. Bosworth & al., 11 vols. Leiden : E.J. BRILL, 1960-2002, vol. 3.

[83] A. GONZALEZ PALENCIA, « *El arzobispo Don Raimundo de Toledo y la escuela de traductores* », Barcelona, Labor, 1942.

[84] K. MÜHLEK, « Raimund von Toledo », in *Biographisch-Bibliographisches Kirchenlexikon (BBKL)*, Herzberg 1994.

[85] M-T. D'ALVERNY, « Marc de Tolède, médecin et islamologue », in IX Centenario de la Reconquista de toledo [1085-1985]. Actos del Congreso 1985, Tolède, Instituto de Estudios Visigotico Mazarabes-Toldo, 1985.

[86] M-T. D'ALVERNY, « Deux traductions latines du Coran au Moyen Âge », in Archives d'histoire doctrinale et littéraire du Moyen Âge, XXII-XXIII [1947-1948].

Son travail de traduction du Coran se différencie de celui de Robert de Ketton par une plus grande fidélité au texte de départ.

Il fut l'auteur de traductions de livres médicaux de célèbres médecins musulmans entre autre de M.I.Z. Ar-Razi [lat. *Rhazès*- 865-925], A.H. Ibn-Sina [lat. *Avicenne* - 980-1037], A.M. Ibn-Zuhr [lat. *Avenzoar*- 1013-1162].

19 - *Platon de Tivoli* [*XIIe siècle*]

Platon de Tivoli[88] [Plato Tiburtinus ou Platone da Tivoli], originaire de Tivoli [Latium - Italie] est un traducteur italien attaché au centre de traduction de Tolède. Il s'intéressa particulièrement à l'astronomie et aux mathématiques qu'il apprit auprès de maîtres musulmans. Arabophone, il traduit en latin divers œuvres dans ces deux disciplines[89] comme : « *Tetrabiblos* » et le « *Livre de l'astrolabe* [astronomie] » et « *Traité de géométrie* ».

20 - *Hugues de Santalla* [*XIIe siècle*]

Hugues de Santalla[90] [Hugo Sanctallensis, Hugo Strellensis, Hugo de Santalia] est un prêtre d'origine espagnole [Tarazona]. Arabophone émérite, il traduit en version latine divers traités scientifiques de savants musulmans [chimie, mathématiques, astronomie, etc.][91].

21 - *Pierre de Poitiers* [*XIIe siècle*]

Moine bénédictin de l'abbaye de Cluny, il traduit sous la directive de l'abbé Pierre le Vénérable [1092-1156] qui créa une équipe de traducteurs [dont Robert de Chester est l'un des membres] qui transcrivirent le Coran [Qour'ān] en latin : « *Lex Mahumet pseudoprophete* », ainsi que des ouvrages du géographe A.Y. Al-Kindi [801-866 - lat. *Alkindus*].

---

[87] M.T. D'ALVERNY & G. VAJDA, « Marc de Tolède, traducteur d'Ibn-Tumart », Al-Andalus, 17 [1951].

[88] C. FOZ, « *Le traducteur, l'Église et le Roi : Espagne, XIIe et XIIIe siècle* », Ottawa, 1998.

[89] G. MARTINEZ, « *Traductions, traducteurs : de l'arabe au latin* », *Dictionnaire encyclopédique de Moyen Âge*, vol. II, Paris, 1997.

[90] C. FOZ, « *Le traducteur, l'Eglise et le Roi. Espagne, XII° et XIII° siècles* », Presses de l'Université d'Ottawa, 1957.

[91] R. LEMAY, « *Dans l'Espagne du XIe siècle. Les traductions de l'Arabe au latin* », *Annales ESC*, 18, 1963.

22 - Alfred de Sareshel [fin XIIe-début XIIIe siècle]

Alfred de Sareshel[92] était un philosophe et traducteur d'ouvrages de savants musulmans. Peu d'informations existent sur ce personnage médiéval, seulement qu'il était originaire d'Angleterre [Shareshill dans le Staffordshire] et qu'il se rendit à Tolède [1190-1200] rejoindre le cercle des traducteurs [Gérard de Crémone, Michael Scot, Daniel de Morley, etc.]. A la fin de sa vie, il occupa la fonction de chanoine de la cathédrale de Lichfield [début XIIIe siècle]. Alfred de Sareshel[93] traduit en latin divers ouvrages médicaux des maîtres A.H. Ibn-Sina [lat. *Avicenne*], M.I.Z. Ar-Razi [lat. *Razès*], etc.

23 - Roger Bacon [1214-1294]

Théologien de l'*Ordre des Franciscains*, R. Bacon[94] fut un lettré d'origine anglaise qui a été le plus influent du XIIIe siècle dans la chrétienté. Il a étudié les arts à Oxford [grade de *maître ès-arts* - « *magister in artibus* »], puis à Paris en tant qu'enseignant [Faculté des Arts]. R. Bacon[95] se mit avec assiduité à apprendre la langue arabe qui lui permet de s'orienter vers la traduction et l'acquisition des sciences des maîtres musulmans.

En 1267, à la requête du pape Clément IV, il rédige « *Opus minus* [1265] », « *Opus majus* [1268][96] », « *Opus tertium* [1270] », où il défend la nécessité de *copier* les sciences musulmanes, de les prescrire et de les assimiler dans tout l'Occident chrétien. A son retour à Oxford en 1247, il se dédie aux études expérimentales [poudre à canon, etc.], à l'aide des traités et des méthodes légués par les maîtres musulmans fondateurs des sciences sous l'égide du traducteur Robert Grossetête [1175-1253].

Les thèses révolutionnaires de la pensée islamique révélées par R. Bacon[97] au niveau de la science [observation, méthode expérimentale, etc.] révolutionnèrent l'esprit de la chrétienté. Certaines pratiques de l'occultisme, de la magie [*alchimie*][98] lui valent d'être condamné pour hérésie[99] [« *nouveautés suspectes* » - « *novitates suspectas*[100] »] par les

---

[92] B. PATAR, « Dictionnaire abrégé des philosophes médiévaux ». Edit. Les Presses philosophiques, 2007.

[93] « Oxford Dictionary of National Biography »

[94] E. CHARLES, « Roger Bacon, sa vie, ses ouvrages, ses doctrines d'après les textes inédits », 1861.

[95] P. SIDELKO, « The Condemnation of Roger Bacon, Journal of Medieval History ». 1996.

[96] S. JEBB, « Opus majus [Œuvre majeure], 1267 », in-ful., 1733.

[97] J. HACKETT & T.S. MALONEY, « A Roger Bacon Bibliography », New scholasticism 61, 1987.

[98] De 1275 à 1280, il rédigea « Secretum secretorum [« Le secret des secrets »] », ouvrage d'occultisme.

[99] L. THORNDIKE, « A History of magic and experimental science », 8 vol., Columbia Universitu Press, t. II.

franciscains, d'être interdit d'enseignement et mit en résidence surveillée au couvent des franciscains de Paris [1277-1292].

R. Bacon[101] s'imprégna totalement des travaux d'Optique de O. Ibn Al-Haytham [lat. *Alhazen* -965-1039-] dont il plagia bon nombre de ses découvertes [réfraction de la lumière, prisme, magnitude des objets célestes, arc-en-ciel, etc.] et inventions [miroirs, chambre noire ou « *camera obscura* », verre grossissant, télescope, lunettes de vue, etc.].

R. Bacon[102] s'activa avec frénésie aux travaux de traduction et de rédaction [commentaire] en grec et en latin des œuvres des savants musulmans [A.H. Ibn-Sina - *Avicenne*-, M. Ibn-Rushd -*Averroès*-, O. Ibn Al-Haytham -*Alhazen*-, O. Khayyam[103] - 1050-1123-, etc.], dans le domaine de la médecine, des mathématiques, de la physique, de l'astronomie, de la chimie qu'il organisa en une vaste encyclopédie : « *Compendium philosophiae[104]* ».

24 - Campanus de Novare [1220-1296]

Johannes Campanus de Novare[105] [ou *Giovanni Campano*] lettré arabophone d'origine italienne, il étudia l'astronomie et les mathématiques des savants musulmans dont il traduit leurs œuvres en latin. Il était *chapelain*[106] au service du pape Urbain IV[107], puis médecin personnel du pape Boniface VIII[108]. Il entreprit des voyages au Moyen-Orient et en Espagne pour affiner sa culture et à se fournir en ouvrages des savants musulmans.

---

[100] G. MOLLAND, « Roger Bacon and the Hermetic Tradition in Medieval Science », Vivarium, XXXI. 1993.

[101] J. HACKETT, « Roger Bacon and the sciences », Leyde, Brill, 1997. Studien und Texte zur Geistesgeschichte des Mittelaters.

[102] E. GILSON, « La Philosophie au Moyen Âge », Payot, 2° éd. Revue 1962.

[103] Le système du calendrier. Méthode de mesure du temps par sa division en années, mois et jours, dont l'organisation est réglée par des facteurs astronomiques, climatiques.

[104] T.S. MALONEY, « Compendium studii philosophiae [Abrégé des études philosophiques - 1271-1272] ». Edit. 1988.

[105] A. LO BELLO, Anthony « Campanus. *The commentary of Al-Nayrizi on Book I of Euclid's Elements of geometry, with an introduction on the transmission of Euclid's Elements in the Middle Ages* », Boston : Brill Academic.

[106] *Chapelain*. Prêtre desservant une chapelle autonome.

[107] Pape URBAIN IV ou JACQUES PANTALEON [1195-1264].

[108] BONIFACE VIII ou BENEDETTO CAETANI [1235-1303].

J. Campanus[109] publia en 1260 une traduction en latin de divers traités de géométrie des mathématiciens musulmans tels que : Thabit Ibn-Qurra [836-901], I.A. Abou-Kamil [850-930], A.H. Al-Qalsadi [m. 890], etc., où il incorpora comme à l'accoutumé et à l'instar de ses coreligionaires l'expression « *Euclide* », terme alors très en vogue auprès des copistes des scriptoriums des abbayes. Dans le domaine de l'astronomie, il traduit et plagiat les traités des astronomes et mathématiciens andalous Jabir Ibn-Aflah[110] [1100-1160], I. Al-Zarqali [latin. *Azarquiel* -1029-1087-], ainsi que A.A. Al-Farghani [latin. *Alfraganus* -805-880-], N.E. At-Tusi [1201-1274][*111*].

25 - Arnaud de Villeneuve [1235-1311]

Arnaud de Villeneuve [ou Arnaud de Vilanova][112], originaire de Catalogne, était un célèbre traducteur des œuvres scientifiques des maîtres musulmans. Sa vie et ses œuvres restent parsemées de troubles. Il semble avoir fait ses études de médecine et de chirurgie enseignées par les musulmans renommés en Espagne et qu'il a pratiqué à Barcelone[113]. Il devint le médecin personnel du roi d'Aragon Pierre III le Grand vers 1281. A la mort de ce dernier [1285], il se rendit à Montpellier puis à Paris où il occupa un poste d'enseignement des sciences médicales et botaniques.

Arnaud de Villeneuve[114] jouissait d'une grande réputation à la cour du pape Boniface VIII [1294-1303][115] en tant que médecin attitré de la papauté. Il associe à ses

---

[109] J.D. NORTH, « The eastern origins of the Campanus [Prime Vertical] method. Evidence from al-Bīrūnī ». *Horoscopes and history*. The Warburg Institute, University of London.

[110] JABIR IBN-AFLAH est l'inventeur du *torquetum*. Il s'agit d'un instrument de mesure astronomique médiéval conçu pour saisir et convertir des mesures faites dans trois ensembles de coordonnées : horizontal, équatorial, et écliptique. Le *torquetum* [ou *turquet*] permettait de calculer la position de corps célestes et de fixer l'heure et la date.

[111] Traité sur la mécanique céleste de N.E. AT-TUSI expliquant le mouvement des planètes autour de la Terre. Ce savant décrit également un *planétarium*. Ses travaux et découvertes furent plagiés par N. Copernic, G. Galilée, N. Kepler qui se les attribuèrent.
Planétarium. Dôme présentant une reproduction du ciel avec ses constellations et ses étoiles.

[112] B. HAUREAU, « Arnauld de Villeneuve », in Histoire littéraire de la France, 28, 1881.

[113] E. LALANDE, « La vie et les œuvres de maître Arnaud de Villeneuve », 1896, Phénix, 2003.

[114] Accusé d'hérésie par l'Université de Paris en 1299 à cause de ses prises de position idéologiques et religieuses [réformes de l'Eglise] qui l'exposèrent au bûcher et sauvé in extremis par son protecteur, le pape Clément V [1264-1314]. Sa grande réputation d'alchimiste lui attira encore des ennuis auprès de l'Inquisition et il fut à nouveau emprisonné à Paris [1309]. La Sorbonne brûla ses ouvrages philosophiques. Afin d'échapper aux inquisiteurs, il se réfugia en Sicile, à la cour de Frédéric le Beau, puis à Naples où l'accueillit avec faveur le roi Robert.

[115] BONIFACE VIII ou BENEDETTO GAËTANI, 198e pape, né à Anagni, d'une famille bourgeoise originaire de la Catalogne, mais qui avait pris rang dans la noblesse italienne.

connaissances médicales proprement dites sa passion pour l'astrologie qui le conduit à une conception de la santé proche de celle du *guérisseur*[116] ou celle du magicien.

En 1311, lors de son voyage pour Avignon à l'appel du pape Clément V [1264-1314][117], il meurt par noyade dans les eaux, au large de Gênes. Arnaud de Villeneuve a été indubitablement à l'origine de la bulle pontificale de 1309 qui stipule que dans la formation médicale, il sera nécessaire de s'imprégner de la connaissance d'une quinzaine de traités médicaux des Maîtres musulmans.

Arnaud de Villeneuve[118] traduit les traités de chmmie de Jabir Ibn-Hayyan [lat. *Geber* - 721-815] et de M.I.Z. Ar-Razi [lat. *Razès ou Rhazès* -865-925-] et diffuse leurs découvertes telles que : les *acides* [sulfurique, muriatique, nitrique, etc.], le principe de la *distillation* [essence de *térébenthine*[119], alcool, etc.], *extraction* des principes odorants et sapides des végétaux [cosmétique, médecine], etc.

La traduction des œuvres de *Chimie*[120] des maîtres musulmans, *Geber* et *Rhazès*, et leur rationalisme furent incompréhensibles pour le traducteur Arnaud de Villeneuve. En effet, ce dernier, à l'instar de ses coreligionnaires, il transforme la *Science de la Chimie* en *Art de l'Alchimie*[121] où dominent l'occulte, l'irrationnel et la magie[122]. Cette conception de la *chimie* fut le cas pour tous ceux qui l'approchaient dans la chrétienté[123] avant et après lui[124].

---

[116] *Guérisseur.* Personne qui guérit, en dehors de l'exercice légal de la médecine, par des procédés magiques ou empiriques, en vertu de dons mystérieux ou à l'aide de recettes personnelles.

[117] Clément V ou Bertrand de Got ou de Goth ou d'Agoust était le 200e pape. Il était originaire du petit bourg voisin de Villandreau [diocèse de Bordeaux].

[118] R. VERRIER, « Études sur Arnauld de Villeneuve », Leyde, 2 vol., 1947-1949.

[119] *Térébentine.* Résine semi-liquide, très odorante, que l'on recueille par gemmage de certains conifères et des térébinthes et dont on tire de nombreux produits [baumes, collophane, vernis, cires] et des substances pharmaceutiques.

[120] *Chimie.* Science qui a pour objet la connaissance des corps, de leurs propriétés, de leur action moléculaire les uns sur les autres et des transformations qui en résultent.

[121] *Alchimie.* Art occulte du Moyen-Âge chrétien consistant en la recherche de la transmustation des métaux en or : la *pierre philosophale* [*lapis in similitudine et tactu*].

[122] A. CALVET, « La tradition alchimique latine [XIIIIe-XVe siècle] et le corpus alchimique du pseudo-Arnaud de Villeneuve », *Médiévales*, 52, printemps 2007.

[123] A. CALVET, « Les alchimica d'Arnaud de Villeneuve à travers la tradition imprimée [XVIe-XVIIe siècles]. Questions bibliographiques », in D. Kahn et S. Matton [éd.] - « *Alchimie : art, histoire et mythes* », 1995.

[124] L. THORNDIKE, « History of Magic and Experimental Science, vol. II », 1934.

26 - Jean de Capoue [1262-1269]

Arabophone reconnu, Jean de Capoue[125], d'obédience juive et d'origine italienne, s'est *converti* au Christianisme ; il fut un traducteur chevronné. Il a travaillé à Rome comme traducteur durant le pontificat du pape Boniface VIII [1235-1303][126].

Son travail le plus connu est l'œuvre du fabuliste musulman A. Ibn Al-Muqaffa [714-759] intitulée « *Kalilah wa Dimna* » qui fut traduite en latin sous le titre de « *Humanae Vitae Directorium* » et qu'il dédia au cardinal Matteo Orsini Rubeo [ou Matteo Rosso Orsini - 1230-1305][127]. Il s'agit d'un ensemble de courts récits allégoriques qui servent d'illustration à une vérité morale, une critique politique ou une observation sociale. Cette traduction a été la source de travail de Jean de la Fontaine [1621-1695] qu'il plagia sous l'appellation des « *Fables* ».

27 - Léon l'Africain [1488-1548]

Hassan Al-Wazzan connu sous le nom de Léon l'Africain[128] est originaire de Grenade en Andalousie. A la conquête de la ville par les Rois catholiques, en 1492, sa famille quitte l'Espagne et se rend à Fès [Maroc] où il se consacre aux études théologiques. Il accompagne parfois son oncle qui était ambassadeur lors de ses missions diplomatiques. Plus tard, il s'engage dans la voie de la diplomatie et voyage beaucoup [Maghreb, Afrique subsaharienne, Arabie, Egypte, Constantinople, etc.].

A son retour du pèlerinage à la Mecque, en 1518, le bateau sur lequel il naviguait fut capturé par des corsaires chrétiens de l'Ordre de Saint-Jean qui pratiquait la *course*[129]. Pedro di Bobadilla le lieutenant de cette Organisation offrit son captif, Hassan al-Wazzan, comme *présent* au pape Léon X [1475-1521][130]. Son statut de captif ne lui donnait guère le choix, lorsque le pape le fit catéchiser puis le baptisa sous

---

[125] M. ZONTA, « Giovanni da Capua (Iohannes de Campana, de Campanie, de Capoue) », in Dizionario degli Italiani Biografico, vol. LV, Rome : Istituto dell'enciclopedia italiana.

[126] V. PUNTONI, « Directorium Humanae Vitae alias Parabolae Antiquorum sapientum ». Pise, Ex Officina Nistriana, 1884.

[127] A. ZUCCAGNI-ORLANDINI, « Corografia fisica, storica e statistica dell'Italia e delle sue isole ». Firenze, presso gli Editori, 1845, vol. XI.

[128] Z. OUMELBANINE, « L'Afrique au miroir de l'Europe : fortunes de Jean-Léon l'Africain à la Renaissance ». Coll. Travaux d'Humanisme et Renaissance, CCXLVII, Genève, Librairie Droz, 1991.

[129] *Course*. Pratique de la guerre maritime consistant, de la part d'un belligérant, à donner à de simples particuliers l'autorisation d'armer en guerre des navires de commerce pour courir sus aux navires de l'autre belligérant [Soufflier].

[130] Léon X de son vrai nom Jean de Médicis [Giovanni di Lorenzo de Medici] fut pape de 1513 à 1521.

le nom de Jean-Léon de Médicis dit « Léon l'Africain[131] ». Ce dernier reprit la croyance de ses ancêtres, l'Islam, à la fin de sa vie. Les qualités de lettré dont il fit preuve le conduisirent, tout naturellement à apprendre l'italien, le latin, et à enseigner la langue arabe à Bologne. Il devint l'un des traducteurs attitrés du pape Léon X.

Sur demande du pape, Léon l'Africain[132] fit traduire divers ouvrages des penseurs musulmans dans diverses disciplines [géographie, histoire, etc.]. Le travail le plus connu qu'il effectua est d'ordre *géopolitique*[133]. Il s'agit de « *Cosmographia de Affrica* [Description de l'Afrique] ouvrage géopolitique [géographie, sociologie, etc.] de l'Afrique, publiée à Venise par F. Anvers en 1556, et en français à Lyon par J. Temporal en 1556 sous le titre de « *Recueil de voyage* »[134].

28 - *Theodor Buchmann* [*1504-1564*]

Theodor Buchmann[135] [ou Theodor Bibliander] était un théologien suisse [Zurich] *réformé*[136], philologue, orientaliste et arabophone. Il s'est rendu célèbre par sa traduction du Coran, travail révolutionnaire et très controversé pour son époque. Il[137] prend part aux critiques religieuses qui agitent la chrétienté : déconsidération de l'Eglise catholique et des autorités romaines qu'il contredit lors du *concile de Trente*[138] soutenant l'Eglise anglicane d'Angleterre comme un exemple de libertés chrétiennes ; il discrédit le Pape qu'il considère comme étant l'Antéchrist. Il s'oppose catégoriquement au *calvinisme*[139]. Il inscrit ses idées dans la pensée d'Erasme [1467-1536]. En 1543, T. Buchmann[140] fait éditer la version latine du *Coran*[141], jadis

---

[131] N. ZEMON-DAVIS, « Léon l'Africain. Un voyageur entre deux mondes ». Traduit par D. Peters, Payot, 2007.

[132] F. POUILLON, « Léon l'Africain ». Paris, Karthala, 2009.

[133] L. MASSIGNON, « Le Maroc dans les premières années de XVIe siècle - Tableau géographique d'après Léon l'Africain », édité en 1906, réédité en 2006.

[134] D. RAUCHENBERGER, « Johannes Leo der Africaner, Seine Beschreibung des Raumes zwischen Nil und Niger nach dem Urtext ». Wiesbaden, 1999.

[135] H. LAMARQUE, « *Le Coran à la Renaissance. Plaidoyer pour une traduction. Introduction, traduction et notes de Henri Lamarques* », éd. Presses universitaires du Mirail, Toulouse, 2007.

[136] *Réforme*. Mouvement religieux du XVIe siècle [protestantisme].

[137] ÉMIL EGLI, « Biblianders Leben und Schriften », in *Analecta Reformatoria*, n° 2, 1901, p. 1-144

[138] T. BUCHMANN, « *De legitima vindicatione Christianismi* [1553] »

[139] *Calvinisme*. Doctrine religieuse réformée de J. Calvin [1509-1564].

[140] HARTMUT BOBZIN, « Über Theodor Biblianders Arbeit am Koran [1542/1543] », *in Zeitschrift der Deutschen Morgenländischen Gesellschaft*, n°136, 1986.
W. KILLY, « *Literaturlexicon* », vol. 1, éd. Bertelsmann, p. 491-492

[141] T. BUCHMANN, « *Machumetis Saracenorum principis eiusque successorum vitae ac doctrina ipseque Alcoran* », Johannes Oporin, Bâle, 1543, 1550.

traduite par Robert de Ketton mais qu'il rectifie en incluant une préface de P. Mélanchton[142] [1497-1560], l'ami de Martin Luther. Cette traduction du Coran entraîna l'incarcération de son imprimeur bâlois[143], Jean Oporin [ou Oporinus]. Désormais, les érudits de la chrétienté auront accès au *texte* fondateur de l'Islam. Cette publication est suivie de réfutations, de commentaires et d'observations sur la vie et les mœurs des musulmans. Cette version latine sera à l'origine, entre autres, d'une série de traductions en provenance également des milieux réformateurs.

29 - *Postel Guillaume* [*1510-1581*]

Postel Guillaume de son vrai nom G. P. Barentonius Doleriensis, originaire de la Manche. Un des principaux représentants de la Renaissance. Il s'adonne aux mathématiques et aux langues étrangères dont l'arabe, langue qui véhicule les sciences. A ce propos, il réalise la première grammaire arabe, une première dans la chrétienté. De 1535 à 1537, il fait parti d'une délégation diplomatique à Constantinople. De ce voyage, il rapporte de précieux manuscrits scientifiques des maîtres musulmans qui vont servir pour la traduction. Postel Guillaume retourne au Proche-Orient d'où il rapporte à nouveau des manuscrits musulmans et des traductions en syriaque. Il se rend à nouveau à Venise quémander la raison de sa mise à l'Index. Il s'ensuit un procès qui s'achèvera par sa condamnation comme *amens* [fou]. Il retourne en France où il sera enfermé définitivement à Saint-Martin-des-Champs jusqu'à sa mort pour *scandale*.

30 - *Quelques traducteurs juifs*

Innombrables sont les Juifs qui traduisirent les œuvres des savants musulmans de la langue arabe en version hébraïque, latine et grecque. Ils permirent, de manière significative, la transmission de la culture de la *Civilisation de l'Islam Classique* [CIC] à l'Occident chrétien. Voici quelques figures juives parmi ces traducteurs [du Moyen-Age à la Renaissance][144].

---

[142] Philipp Melanchthon [ou P. Mélanchthon] de son vrai nom Philipp Schwarzerd, est un humaniste et un réformateur protestant d'origine allemande. Il est célèbre pour la rédaction en 1530 de « *Confession d'Augsbourg*».

[143] Johannes Oporinus est son appellation en latin. Cet érudit enseigna le latin à l'université de Bâle. Il était l'assistant du suisse Philippus Theophrastus Aureolus Bombastus von Hohenheim dit Paracelse [1493-1541].

[144] Les traducteurs d'origine juive furent encore nombreux au *Siècle des Lumières*.

a - Petrus Alphonsi [1062-1140]

Moïse Sephradi ou Petrus Alphonsi[145] [ou Peter Alfonsi ou Moïse Sephradi], médecin, théologien et astronome espagnol [Aragon] d'origine juive formé dans les *Ecoles musulmanes*. On rapporte qu'il se convertit au christianisme et fut baptisé sous le nom de de Petrus Alfonsi [Pierre Alphonsi] et se met au service en tant que premier médecin de cour [*archiatre*] du roi Alphonse Ier de Castille [1073-1134].

J. Tolan mentionne dans son livre[146] que les textes Alfonsi ont été reçus avec enthousiasme par les érudits occidentaux et qu'il est devenu un auteur d'une grande autorité servant de référence. Il a traduit de nombreux ouvrages d'auteurs musulmans qui connurent un grand succès dans la chrétienté[147].

P. Alphonsi grâce à ses traductions en latin a donné une impulsion importante à l'essor de la pensée occidentale[148]. Il se rendit pendant plusieurs années en Angleterre pour occuper la fonction de professeur en *arts libéraux*[149] et médecin à la cour d'Henri Ier d'Angleterre [1068-1135].

L'introduction des traductions des sciences musulmanes, surtout les mathématiques et l'astronomie[150] [I.J. Al-Battani - 856-929, A.R. Al-Birouni - 973-1048], dans le West Country au monastère de Malvern [1120] par P. Alfonsi a contribué à l'épanouissement intellectuel et culturel dans cette région et dans le reste du Royaume-Uni. Il a fait part à Walcher de Malvern, un autre traducteur [m. 1135] de sa version en astronomie concernant les éclipses. Il intitule « *De dracone* », sa traduction en latin où il transcrit les mouvements des étoiles. De même, « *De*

---

[145] En l'honneur du saint patron [Pierre ou Petrus] et de son protecteur et parrain, il prit le nom de Petrus Alfonsi ou Peter Alfonso.

[146] J. Tolan, « *Petrus Alfonsi and his Medieval Readers* [*Petrus Alfonsi et ses lecteurs médiévaux*] que», Edit. University Press of Florida, Gainesville 1993.

[147] J. Tolan, « Les Relations entre les pays d'Islam et le monde latin du milieu du Xème siècle au milieu du XIIIème siècle », Bréal, Paris, 2000.

[148] C. Leone, « Alphunsus de Arabicis eventibus. Studio ed edizione critica », Roma, Accademia Nazionale dei Lincei, 2011. Atti della Accademia Nazionale dei Lincei. Anno CDVIII - Classe di Scienze morali, storiche e filologiche. Memorie. Serie IX - Volume XXVIII - Fascicolo 2.

[149] A l'époque médiévale, les arts libéraux désignaient par *Trivium* les disciplines que sont la grammaire, la rhétorique et la logique. Le *Quadrivium* correspondant aux mathématiques, à la géométrie, à la musique et à l'astronomie qui sont des domaines d'études d'origine musulmane. Ainsi, l'ensemble de ce programme [*Trivium* & *Quadrivium*] constituait *les sept arts libéraux* du cursus universitaire médiéval en Occident chrétien.

[150] Un vaste corpus de la littérature, des milliers de manuscrits, dans le domaine de l'astronomie [comme dans le reste des disciplines scientifiques] reste malheureusement aujourd'hui éparpillé à travers le monde [bibliothèques, musées, collectionneurs, etc.], dont la plupart n'a été ni lue ou cataloguée.

Astronomia », est une autre traduction qui contient une grille astronomique selon les calendriers musulmans et latins. Avec ces derniers et à l'aide d'un *astrolabe*, il était possible de trouver, avec précision, les positions ascendantes du soleil, de la lune, et des planètes connues à cette époque. La gloire de Alfonsi repose principalement sur les belles-lettres, une collection de nouvelles et de contes composée en latin au début du XIIe siècele. Ce travail intitulé « *Disciplina clericalis*[151] » destiné à l'enseignement des études cléricales est un recueil de nouvelles et de fables provenant des contes des *Mille et une nuits*[152] [*Sinbad le marin, Aladdin et la lampe merveilleuse*, etc.] qui servit de modèle aux auteurs médiévaux qui l'ont transformés en folklore hellénique [*Esope*].

P. Alfonsi avait non seulement une grande érudition du christianisme et du judaïsme, mais il était aussi très versé dans l'Islam. De la connaissance de celui-ci [judaïsme], il rédigea « *Dialogus contra iudaeos* », un manuscrit à but polémique, c'est à dire qu'il s'en servit comme un moyen de réfuter le judaïsme aux yeux des chrétiens[153].

b - Jean de Séville [1090-1150]

Abraham Ben Levi Ibn-David [Ibn-Daoud], d'origine juive de la ville de Séville se convertit au Christianisme et fut baptisé sous le nom de Jean de Séville [Johannes Hispanus ou Jean de Luna]. Versé dans les mathématiques, il s'instruit de cette discipline auprès de *maîtres ès mathématiques* musulmans. Maîtrisant à merveille la langue arabe, il se consacre à la traduction d'œuvres de mathématiciens.

Jean de Séville entre au service de l'archevêque de Tolède Raymond de Toulouse [ou Raymond de Tolède - 1125-1152] qui l'engagea à traduire en latin les ouvrages des scientifiques musulmans, en l'occurrence ceux des sciences mathématiques et médicales [« *Secretum secretorum - Livre des secrets* »]. Jean de Séville travaillait en collaboration avec d'autres traducteurs. Il occulta l'historique de son vécu à Tolède dès lors qu'il fût au service de l'archevêque Raymond de Tolède. Il traduit un traité d'arithmétique du célèbre mathématicien berbéro-andalou A.H. Al-Qalsadi [m. 890] et fût ainsi le premier en Occident à mentionner les chiffres *alqalsadiens* ainsi que le *zéro*[154].

---

[151] Université de Genève, « Étude et édition des traductions françaises médiévales de la *Disciplina Clericalis* de Pierre Alphonse »

[152] *Mille et Une Nuits* [*Kitāb alf laylah wa-laylah*] est une collection de contes populaires compilée en arabe au cours de la période de la *Civilisation de l'Islam Classique* [VIII-XIIIe siècle].

[153] « *Alfonsi Petrus*, Oxford Dictionary of National Biography »

[154] Certains auteurs penchent pour Gerbert d'Aurillac et d'autres pour L.éonard Fibonacci.

c - *Farradj Moïse ben Salem [1250-1280]*

Faradj Moïse ben Salem[155] [Girgenti Farragut, Moïse Farachi de Dirgent ou Ferrarius ou Franchinus - lat. Faragius], femme médecin et traductrice juive originaire de Agrigente [Sicile - Italie]. Faradj ben Salem se mit au service de Charles Ier de Naples [1226-1285] en tant que traductrice de l'arabe en latin des œuvres médicales des maîtres musulmans.

d - *Ibn Tibbon famille[156] [XIIe siècle]*

La famille Ibn Tibbon dont les membres sont parfois appelés les *Tibbonides*, est une famille de rabbins provençaux dont la principale activité est la traduction en hébreu d'ouvrages des savants musulmans, jouant ainsi un rôle important dans la transmission des savoirs culturels musulmans. Les Tibbonides ont vécu essentiellement dans le Sud de la France aux XIIe et XIIIe siècles. Plusieurs membres de cette famille se sont rendus célèbres, en particulier Juda Ibn Tibbon, son fils Samuel Ibn Tibbon, et le fils de celui-ci, Moshe Ibn Tibbon.

o *Juda ben Saul Ibn Tibbon [1120 -1190]*

Considéré comme le père des traducteurs juifs, il était médecin. Originaire de Grenade qu'il quitta en 1150, fuyant les persécutions espagnoles, et se rendit au sud de la France. Il a traduit de l'arabe divers traités littéraires [Grammaire, belles-lettres, poésie, etc.].

o *Samuel Ibn Tibbon [1150-1230]*

Il était le fils de Juda ben Saul. Il traduisit divers écrits médicaux dont « *Tegni* » de Ali Ibn-Ridwan ; « *Meteora* » de A.R. Al-Biruni [973-1048].

o *Moshe Ibn Tibbon [m. 1283]*

Fils de Moïse Ibn Tibbon, médecin de formation, il était fidèle à la tradition familiale des Tibbonides. Il a traduit de nombreuses œuvres de savants musulmans dans divers domaines scientifiques : mathématiques, astronomiques [I. Al-Zarqali, O.

---

[155] D. CAMPBELL, « Arabie médecine et son influence sur le Moyen Age, Vol. 1. ». Londres, Trübner. 1926. Réédité par Routledge, 1974, 2000.

[156] « *Jewish Encyclopedia* »

Ibn Al-Haytham, etc.], et en particulier médicaux [Ibn-Sina, Ibn-Rushd, Ar-Razi, A.K. Al-Mawçili, etc.]. Les traductions on été effectuées en version latine et hébraïque.

e - Léon Tuscus [XIIe siècle]

Secrétaire et traducteur attitré de l'empereur de Byzance Manuel Comnène [1118-1180]. Léon Tuscus[157] fit d'importantes traductions de l'arabe en grec et en latin d'œuvres scientifiques et littéraires musulmanes. Vers le milieu du XIIe siècle, il alla se fixer à Constantinople.

C - L'Ecole de traducteurs de Tolède

L'*Ecole des traducteurs de Tolède*[158], c'est par cette expression qu'est décrit généralement le groupe de *chercheurs* ayant œuvré ensemble dans la ville de Tolède au cours des XIIe et XIIIe siècles, afin de traduire en latin de nombreuses œuvres littéraires et scientifiques[159] des penseurs musulmans appartenant à cette fabuleuse période civilisationnelle : la *Civilisation de l'Islam Classique*[160]. Cette politique de traduction se fit à la bibliothèqie de la Cathédrale de Tolède.

Au départ, l'école a été dirigée par l'archevêque Francis Raymond de Sauvetât [ou Raymond de Tolède - XIIe siècle] archevêque de Tolède de 1126 à 1151 qui a enclenché l'engouement pour la collecte et la traduction d'œuvres des penseurs musulmans [sciences, littérature, musique, architecture, théologie, etc.] de l'arabe en latin ou en grec[161]. Raymond de Tolède a mis en place et dirigé une équipe de traducteurs composés de Tolédans *mozarabes*[162], de lettrés juifs, d'enseignants musulmans des *madrassas*[163] et des moines bénédictins de l'*Ordre de Cluny*.

---

[157] A. DONDAINE, « Hugues Ethérien et Léon Tuscus », in Archives d'histoire doctrinale et littéraire du Moyen Âge, Paris, 1952.
[158] M.-T. D'ALVERNY, «Traductions et traducteurs »
[159] D. JACQUART, « L'influence de la médecine arabe dans l'Occident médiéval »
[160] E. GRANT, « Les fondements de la science moderne au Moyen-Age:. Leurs contextes religieux, institutionnels, et la propriété intellectuelle ». Cambridge University Press, 1996.
[161] C. BURNETT, « Programme de traduction arabe-latin à Tolède »
[162] *Mozarabe*. Chrétien [ne] espagnol [e] qui, pendant la domination berbéro-musulmane, avait conservé, en échange d'une allégeance, le libre exercice de son culte.
[163] *Madrassas* ou *Medersas*. Etablissement d'enseignement [facultés et universités actuelles] créé pour assurer l'enseignement supérieur [religieux, scientifique]. Une autre de leurs caractéristiques principales est que les enseignants y étaient nommés par l'État.

En conséquence, la bibliothèque de la cathédrale, qui avait été remise en état en vertu de commandes de Raymond, est devenue un centre de traductions d'une ampleur et d'une importance inégalées dans l'histoire de la culture occidentale[164].

Puis, sous le roi Alphonse X *le Sage* [ou *le Savant - Alfonso X el Sabio* - 1221-1284] qui ordonna que les traducteurs doivent produire leurs travaux, outre en langue véhiculaire, le latin [et le grec], une autre version en langue vernaculaire : le *castillan* [espagnole]. A titre d'exemples, des traités d'astronomie sont traduits et compilés sous le nom de *Tables alphonsines* [*Libros del saber de astronomia* et le *Libro de las cruzes*], un traité sur les jeux [*El libro de ajedrez, dados e tablas - Le livre des échecs, dés et tables*], des traités sur la poésie et la musique ; le livre de fables de A. Ibn Al-Muqaffa [714-759] « *Kalila wa Dimna* [*Calila e Dimna*][165] ».

Pour la traduction d'une même œuvre, généralement plusieurs personnes s'y consacraient. La couronne de Castille a subventionné à prix fort les traductions et engagea les traducteurs, les plus compétents en provenance de toute l'Europe à rejoindre l'*Ecole de Tolède*.

La décision du roi Alphonse d'abandonner le latin comme langue véhiculaire pour les traductions et d'utiliser une version vernaculaire révisée du *castillan* [mots et expressions arabo-berbères], a eu des effets notoires sur la naissance et le développement de la langue espagnole moderne supranationale. En effet, cette entreprise linguistique promulguée par le roi, la constitution d'une version révisée de la langue castillane que, bien que composée d'un important vocabulaire scientifique et technique, sa syntaxe a été rationalisée afin d'être vulgarisée, tout en étant adapté pour les plus hautes expressions de la pensée.

1 - Histoire

Tolède [ou *Toledo*] faisait partie de l'espace direct de la culture musulmane en Espagne [dont le centre était Grenade et Cordoue] et, de ce fait, un important centre d'apprentissage de la langue arabe et de traduction. De nombreuses œuvres de la *Civilisation de l'Islam Classique* sont traduites, la plupart en latin ce qui va permettre à l'Occident chrétien d'appréhender la culture scientifique, technique, etc. L'Espagne musulmane, haut centre intellectuel mondial a été l'une des raisons essentielles pour lesquelles les lettrés européens se rendaient afin d'y étudier dès la fin du XIe siècle. De plus, la forte communauté des chrétiens de langue arabe, dénommés *mozarabes* étaient

---

[164] M. HERNANDO DE LARRAMENDI, « La traducción de literatura árabe Contemporánea ». Univ de Castilla La Mancha, 2000.

[165] R. TATON, « Histoire de la Science : sciences antique et médiévale, des origines à 1450 ». New York : Basic Books, 1963.

tout disposés à travailler sur les traductions. Tolède était également un havre de quêtes intellectuelles [scientifique, artistique, etc.] et spirituelles échappant aux persécutions ecclésiastiques qui règnaient partout dans le reste de l'Europe [hérésies].

Les chercheurs en provenance de pays tels que l'Italie, l'Allemagne, l'Angleterre ou les Pays-Bas, qui se sont installés à Tolède, afin de traduire des textes médicaux, religieux, littéraires, etc. sont retournés dans leur pays respectif avec les formidables connaissances acquises à partir de l'arabo-berbères[166].

Sous la direction d'Alphonse X, la méthode de traduction se transforma. En vertu de la nouvelle méthodologie, un traducteur, avec un expert dans plusieurs langues, dicte à partir de la langue de base [arabo-berbère] l'interprétation en espagnol pour le scribe qui la transcrit en version espagnole. Ensuite, le travail du scribe est rééxaminé par un ou plusieurs transcripteurs qui le fixent définitivement.

Sous la direction d'Alfonso, les lettrés juifs [Séfarades] très appréciés par le roi, ont acquis une réputation immense et joué un rôle prééminent dans l'Ecole de Tolède en raison de leurs aptitudes intellectuelles et de la maîtrise des deux langues les plus utilisées dans les traductions : *arabo-berbère* et *espagnol*. Le roi s'est entouré de traducteurs juifs en les gratifiant de médecins de la cour, et en les récompensant gracieusement.

2 - Le Corpus de Tolède

Le « *Corpus toledanum* » ou « *Collectio toledana* » dont la première édition fut imprimée en 1543 est une collection de traductions en latin de textes scientifiques [mathématiques, astronomie, chimie, médecine, géographie, pharmacologie, etc.] et littéraires [poésie, essais, lexicographie, théologie, etc.] islamiques par une commission de traducteurs réunie par Pierre le Vénérable[167] en 1141 à l'abbaye de Cluny[168].

La commission comprend pour les plus connus Herman le Dalmate, Robert de Chester [de Ketton], Pierre de Tolède, Pierre de Poitiers [alors secrétaire de Pierre le Vénérable] pour les plus connus ainsi que d'autres traducteurs de second rang.

La collection théologique comprend :

---

[166] G. SARTON, « Six Ailes: Les hommes de science de la Renaissance ». Bloomington, IN : Indiana Univ. 1957.

[167] A. GERHARDS, « *L'abbaye de Cluny* », Editions Complexe, 1992.

[168] D. IOGNA-PRAT, « *Ordonner et exclure. Cluny et la société chrétienne face à l'hérésie, au judaïsme et à l'islam 1000-1150* », Paris, 1998.

- Le *Coran* désigné sous le nom de « *Lex Sarracenorum* [*Loi des Sarrasins*] », « *Fabulae Sarracenorum* » traduit par Robert de Chester et qui explique la Création, Mahomet, les patriarches et prophètes musulmans, les sept califes.
- « *Liber generationis Mahumet* [*Kitāb nasab Rasul Allah*] de Said ibn-Umar, traduit par Herman le Dalmate : la « *Lumière prophétique* », d'Adam jusqu'à Mahomet.
- « *Doctrina Mahumet* » de M. A. ibn-Salam, traduit par Herman le Dalmate qui traite de la rencontre de Mahomet avec quatre juifs posant cent questions sur le judaïsme.
- « *Epistola Sarraceni* » et « *Rescriptum christiani* » traduction du manuscrit de Al-Kindi, « *Risala* » par Pierre de Tolède et Pierre de Poitiers.
- « *Lex Mahumet pseudoprophete* [*Loi du pseudo-prophète Mahomet*] »

Pierre le Vénérable[169] [1092-1156] déclare : « *Qu'on donne à l'erreur mahométane le nom honteux d'hérésie ou celui, infâme, de paganisme, il faut agir contre elle, c'est-à-dire écrire. Mais les latins et surtout les modernes, l'antique culture périssant, suivant le mot des Juifs qui admiraient jadis les apôtres polyglottes, ne savent pas d'autre langue que celle de leur pays natal. Aussi n'ont-ils pu ni reconnaître l'énormité de cette erreur ni lui barrer la route. Aussi mon cœur s'est enflammé et un feu m'a brûlé dans ma méditation. Je me suis indigné de voir les Latins ignorer la cause d'une telle perdition et leur ignorance leur ôter le pouvoir d'y résister ; car personne ne répondait, car personne ne savait. Je suis donc allé trouver* [*en 1142, en Espagne*] *des spécialistes de la langue arabe qui a permis à ce poison mortel d'infester plus de la moitié du globe. Je les ai persuadés à force de prières et d'argent de traduire d'arabe en latin l'histoire et la doctrine de ce malheureux et sa loi même qu'on appelle Coran. Et pour que la fidélité de la traduction soit entière et qu'aucune erreur ne vienne fausser la plénitude de notre compréhension, aux traducteurs chrétiens j'en ai adjoint un Sarrasin. Voici les noms des chrétiens : Robert de Chester, Hermann le Dalmate, Pierre*

---

[169] PIERRE DE MONTBOISSIER est connu sous le nom de Pierre *le Vénérable*. Il fut le neuvième abbé [Supérieur ecclésiastique exerçant sa juridiction sur une abbaye ou un monastère régulier] de Cluny à partir de 1122. Pierre le Vénérable voyagea beaucoup et joua un rôle diplomatique important [élection pontificale]. Son activité intellectuelle fait de lui un représentant important du XIIe siècle. Il déploya une équipe d'interprètes pour la traduction des œuvres des savants musulmans et notamment le Coran en latin : « *Lex Mahumet pseudoprophete* ». Célèbre comme polémiste virulent, il rédigera ensuite des traités pour réfuter les doctrines israélites et musulmanes. Il est aussi l'auteur d'un écrit contre les Juifs : « *Aduersus Iudæorum inueteratam duritiem* ». Pierre le Vénérable est le « *représentant d'un antijudaïsme et un anti-islam radical* ».
D. IOGNA-PRAT, « *Ordonner et exclure. Cluny et la société chrétienne face à l'hérésie, au judaïsme et à l'islam 1000-1150* », Paris, 1998, chapitre 10, pages 272-323.

de Tolède ; le Sarrasin s'appelait Mahomet. Cette équipe après avoir fouillé à fond les bibliothèques de ce peuple barbare en a tiré un gros livre qu'ils ont publié pour les lecteurs latins. Ce travail a été fait l'année où je suis allé en Espagne et où j'ai eu une entrevue avec le seigneur Alphonse, empereur victorieux des Espagnes, c'est-à-dire en l'année du Seigneur 1141[170]. »

Cette « *traduction* » du Coran est une entreprise qui n'a qu'un seul but : *polémique* !

Elle servit sous forme manuscrite jusqu'au XVIe siècle, puis fut imprimée, en 1543 à Bâle, par Théodore Bibliander [1504-1564] avec une préface de Martin Luther [1483-1546][171].

La traduction du Coran enclencha le long et prodigieux processus de traduction systématique des œuvres [scientifique, littéraire, artistique, théologique, etc.] des savants perso-berbéro-andalous !

Le Moyen-Âge fût l'âge d'or des traducteurs copistes latins !

---

[170] J. LE GOFF, « Les Intellectuels au Moyen Age », coll. *Le temps qui court*, Le Seuil, 1957.
[171] MARTIN LUTHER théologien allemand, professeur d'université, fondateur du *Protestantisme* père et réformateur de l'Église. Ses idées bouleversèrent les sociétés occidentales. Il renie l'autorité papale et l'intercession de l'Église.

Les traducteurs[172] et quelques-unes de leurs traductions

TRADUCTEUR	AUTEUR TRADUIT	TITRE DE L'ŒUVRE ORIGINELLE	TITRE DE L'ŒUVRE TRADUITE	DATE [173]
GERBERT D'AURILLAC 945/950-1003	A.H. AL-QALSADI M. 890	*Kashf al-Mahjûb min ilm al-Ghûbar*	*Libellus de numerorum divisione*	Xe siècle
		Kashf al-Djilbâb an Ilm al-Hisâb	*Consolation philosophique [De consolatione philosophiae]*	Xe siècle
			Epistola ad Adelbodum	Xe siècle
			Libellus de rationali et ratione uti	Xe siècle
	A.J. AL-KHAZIN M. 961	*Kitâb al-Mâsâil al-Adadiya*	*De geometria*	Xe siècle
		Mâtalib djûzziya, mayl al-Mûyûl al-Djûiya wa al- Mâtali fi al-Kûra al-Mûstakima	*Epistola ad Adelbodum*	Xe siècle
			De sphaerae constructione	Xe siècle
			Isagoge Geometriae, Liber geometriae artis	Xe siècle
CONSTANTIN L'AFRICAIN ou CONSTANTINO AFRICANUS XIE SIECLE	A. AL-MAJUSI[174] M. 995	*Al-Kitâb al Malaki*	*Constantini Africani Operum Reliquia*	XIe siècle
			Liber Pantegni	XIe siècle
		Kitâb al-Kamil fi al-Sinaha al-Tibbiya [« *Le Livre complet de la Médecine* »] *ou Kitâb al-Maliki* [*Le Livre Royal*[175]]	*Omnia opera Ysaac in hoc volumine contenta : cum quibusdam aliis opusculis : Liber de definitionibus. Liber de elementis. Liber dietaru[m] universalium : cum cōmēto petri hispani. Liber dietarum particularium : cum cōmento eiusdem. Liber de urinis cum commento eiusdem. Liber de febribus. Pantechni decem libri theorices : et decem practices : cum tractatu de gradibus*	XIe siècle

---

[172] La liste des auteurs et de leurs traductions dans ce tableau n'est aucunement exhaustive. Cette liste ne concerne pratiquement que les traductions en versionb latine et non celles en version vernaculaire d'Europe. Il serait utile pour l'Histoire des Sciences d'effectuer une recherche systématique de tous les traducteurs et de leurs traductions du début du *Moyen-Age* jusqu'au *Siècle des Lumières* [et peut-être au delà] et qui sont répertoriés dans la multitude de supports historiques [textes, manuscrits, ouvrages imprimés, etc.] disséminés dans toutes les bibliothèques et musés du monde [une partie presque insignifiante est actuellement numérisée]. Enfin, en ce qui concerne ce tableau, les traducteurs et quelques-unes de leurs traductions ne concernent que la période historique du Moyen-Âge jusqu'à la Renaissance, c'est à dire du IXe siècle jusqu'au XVIe siècle.

[173] La date correspond soit à la traduction manuscrite, soit à son impression lors de l'essor de l'imprimerie.

[174] E.G. BROWNE, « Arabian Medicine »

C. ELGOOD, « Medical History of Persia »

[175] P. DE KONING, « Trois traités d'anatomie arabe »

		medicinarum	
O.I. IBN-IMRAN M. 908	*Kitâb al-Malikhûliyâ* [*Livre de la Mélancolie*]	*De melancolia*	XIe siècle
A.J.A IBN AL- JAZZAR 898-980	*Zâd al-Musâfir wa tuhfatu al- qâdim* [*Viatique du Voyageur*]	*Viaticum peregrinorum* [*Viatique du Voyageur*]	XIe siècle
		Tractatus de egritudinibus juncturarum. De morbis puerorum. Aphorismorum ejusdem libri sex.	XIe siècle
		Viaticum	XIe siècle
		Gradibus	XIe siècle
		Synesius, de Febribus	XIe siècle
		De pulsibus	XIe siècle
		Librum duodecim graduum	XIe siècle
		Diaeta ciborum	XIe siècle
		Librum febrium	XIe siècle
		De interioribus membris	XIe siècle
		De coitu	XIe siècle
		Tegni	XIe siècle
		Microtegni	XIe siècle
	Kitâb Al-Baul» [*Livre sur l'urine*]	*De urina*	XIe siècle
	Maquala fi al-Joudhem	*Livre de la lèpre*	XIe siècle
	Kitâb al-Litimâd [*Livre des médicaments simples*]	*Liber Gradibus Simpleium* *De simplici medicamine*	XIe siècle XIe siècle
	Kitab al-Mi'da [*Livre sur l'Estomac*]	*Liber de stomacho*	XIe siècle
	Kitab al-Judham	*De elephantiasi*	XIe siècle
	Traité à un Sultan sur l'oubli	*De oblivione*	XIe siècle
A.Q. ZAHRAWI 936-1013	*Kitâb at-Taçrif li-man ajiza an al-talif* [*La Pratique Médicale ou « Antidotaire »*]	*De humana natura liber I.*	XIe siècle
		Ejusdem de elephantia liberI et de remediorum ex animalibus materia liber I	XIe siècle
		De Gynaecia [...]	XIe siècle
		Chirurgia	XIe siècle
		De humana natura liber I	XIe siècle
		De medicamine oculorum	XIe siècle
M.I.Z. AR-RAZI 864-925	*Kitâb al-Mansuri fi al- Tibb* [*Livre al-Mansuri de la Médecine*]	*Breviarium Constantini Viaticum*[176]	XIe siècle
		De morbispuerorum	XIe siècle Imp. 1511
		Parvum antidotarium ipsius	XIe siècle Imp. 1511
		Opera parva filii Zacharie filii arasi que in hoc parvo	XIe siècle Imp. 1510

---

[176] Ce traité est la traduction latine par CONSTANTIN L'AFRICAIN d'une partie de l'ouvrage arabe intitulée « *Zâd al-Mûsâfr* » attribué à I. Ibn Soleyman AL-ISRAILI, mais qui est en réalité l'œuvre de H. IBN AL-JAZZAR.

			volumine continentur sunt...	
	A.O. AL-JAHIZ 776-869	*Kitâb al Hayawan*	*Livre des animaux*	XIe siècle
PETRUS ALPHONSI 1062-1140	I.J. AL-BATANI 856-929	*Kitâb Marifât matâli al-Bûrûdj fi ma bayna arba al-Falâk [Traité sur le mouvement des étoiles et planètes]*	*De dracone*	XIIe siècle
	A.R. AL-BIRUNI 973-1048	*Alm Al-Zidj [« Science des tables astronomiques »]*	*De Astronomia*	XIIe siècle
	IBN AL-MOUQAFFA 720-756	*Kitâb Kalila wa Dimna [Livre de Kalila et Dimna]*	*Disciplina clericalis*	XIIe siècle
ADELARD DE BATH 1080-1160	A. AL-FARGHANI 805-880	*Al-Kâmil fi al-Astûrlab*	*De opere astrolapsus [Traité de l'astrolabe]»*	1149
	J. ABOU MA-SHAR AL-BALKHI 787-886	*Kitâb al Madkhal al-Khabîr ala'ilm ahkam al nujum*	*Introductorium magnum ad Astronomiam [Grande Introduction à la science de l'astronomie]*	1150
	A.O. AL-JAHIZ 776-869	*Kitâb al Hayawan*	*« De cura accipitrum ». De avibus [Traité des oiseaux]*	1160
			Quaestiones naturales seu physicae [Questions naturelles]	1105-1116
	M. AL-KHWARIZMI 800-847	*Kitâb al-Zidj*	*Ezich Elkauresmi, per Atelardum Bathoniensem ex arabico sumptus »*	XIIe siècle
			Regula Abaci	XIIe siècle
			Liber ysagogarum alchorismi in artem astronomicam, a magistro A. compositus.	XIIe siècle
	THABIT IBN-QURRA 836-901	*Kitâb al-qarastûn [Livre sur la balance]*	*Ysagoga minor Iapharis mathematici in astronomiam, per Adhelardum Bathoniensem ex arabico sumpta*	XIIe siècle
DOMINIQUE GUNDISSSALVI 1105-1181	M. AL-FARABI[177] 870-950	*Kitâb ihsâ' al-'ulûm [Inventaire des sciences]*	*De ortu scientiarum*	XIIe siècle
		Risâlafi ma'âni al-'aql [Épître sur l'intellect]	*De intellectu*	XIIe siècle
	A.H. AL-GHAZALI[178] 1058-1111	*Tahafut al-Falasifa [L'incohérence des philosophes]*	*Métaphysique*	XIIe siècle
			Logica et philosophia Algazalis Arabis [Les intentions des philosophes]	1145
	M. AL-	*Al-Kitâb al-Mukhtasar fi hisâb*	*« Liber de pratica arismetice*	XIIe siècle

---

[177] J. JOLIVET, « *Philosophie médiévale et arabe* », Vrin, 1995.
[178] J. T. MUCKLE, « *Algazel's Metaphysics* », Toronto, Saint Michael's College, 1933.

	KHWARIZMI 800-847	al-Jabbr wa al-Mûqâbâla	[Livre de la pratique de l'arithmétique]	
	A.H. IBN-SINA 980-1037	Kitab al-Shifa [Livre de la guérison] - Traité VI	De anima [Traité de l'âme][179]	XIIIe siècle Imp. 1508
		Le Livre de la science. Dânesh-Nâmeh	De scientiis [Traité sur les sciences][180]	XIIe siècle
			Physique	XIIe siècle
			Anaytica posteriora	XIIe siècle
			De Cælo [Traité du ciel]	XIIe siècle
		Al-Qanun fi al-Tibb [Le Canon de la Médecine]	Avicennae perhypatetici philosophi ad medicorum facile primi	XIIe siècle Imp. 1508
HERMANN LE DALMATE 1110-1154	J. M. ABOU MASHAR AL-BALKHI 787-886	Ila ilm ahkam al nujum [Introduction générale à l'Astronomie]	Liber introductorius in astronomiam Albumasaris, Abalachii[181]	1140
	A.R. AL-BIRUNI 973-1048	Alm Al-Zidj [« Science des tables astronomiques »]	Planisphère	1143
GERARD DE CREMONE ou CREMONENSIS[182] 1150-1187	A.H. IBN-SINA 980-1037	Al-Qanun fi al-Tibb [Le Canon de la Médecine][183]	Canonum liber	XIIe siècle
			Canonis libri V, ...in latinum	XIIe siècle
			Liber canonis primus [-quintus] quem princeps aboali abincenni de medicine edidit : translatum a magistro Gerardo cremonensi in Toledo ab arabico in latinum...	Imp. 1483[184]
			Expositio super tertia, quarta et parte quintae fen quarti Canonis Avicennae cum textu	XIIe siècle Imp. 1489
			Avicennae canonis libri V a Gerardo ex Arabico in Latinum translata. Libellus de viribus cordis	Imp. 1490
			Canonis libri I, III et IV Avicennae, in latinum translati a Gerardo Cremonensi, cum explanatione Jacobi de Partibus	XIIe siècle Imp. 1498

[179] S. VAN RIET, « Liber de anima seu de naturalibus », Louvain, Peeters, 1968-1972, 2 t.

[180] M. ALONSO, « Dominicus Gundissalinus : « De scientiis ». Texto latino », Madrid, C.S.R.S.C., 1954.

[181] Ouvrage imprimé à Augsburg en 1489 et à Venise en 1495 et 1506.

[182] Les traductions latines de G. DE CREMONE furent publiées en 1479 et reçurent 87 traductions dont certaines partielles. Il y eut plusieurs autres hébraïques. Les traductions médicales et en général scientifiques ont fait l'objet de l'adoption des mots techniques arabes [transcription] ou latinisés.

[183] La version arabe de cet ouvrage encyclopédique fut imprimée en 1546 sur les presses du Vatican.

[184] Imp. 1473 signifie que l'ouvrage a été imprimé en 1473. Chaque fois que la note Imp. est indiquée, cela veut dire « Imprimé en... ».

		[Précédé de : Johannes Lascaris. Jacobo Ponceau regio archiatro epistola]	
		Textus duarum primarum. Fen primi Avicennae in theorica	XIIe siècle Imp. 1507
		Liber canonis Avicenne reuisus & ab omni errore mendaque purgatus summaque cum diligentia impressus / [Translatus a Gerardo Cremonensi ab arabico in latinum]	XIIe siècle Imp. 1507
		Primus Avicennae Canon. Avicennae, medicorum principis, Canonum liber	XIIe siècle Imp. 1520
		Avicennae Liber Canonis	XIIe siècle Imp. 1562
		Libri Canonis quinque Avicennae...Libri in remedica omnes qui hactenus had nos pervenere...	XIIe siècle Imp. 1564
		Libri quinque Canonis medicinae [livre IV et V]	XIIe siècle Imp. 1593
		Livre des règles de la médecine	XIIe siècle Imp. 1593
		Abuali Alsheich' Ibn Sina vulgo Avicenna. Canon medicinae cum aliis opusculis...Avicenna	XIIe siècle Imp. 1593
	Al-Qanûn fi al-tibb - [Livre IV]	Materia medica	XIIe siècle
	Al-Qanûn fi al-tibb - [Livre V]	Canonis libri V Avicennae	XIIe siècle Imp. 1473
	Kitab al-Shifa [Livre de la guérison]	Traités sur la logique, la physique et la métaphysique. Poèmes sur l'âme humaine.	XIIe siècle Imp. 1593
A.M. IBN-ZUHR[185] 1091-1162	Kitâb al-Taysir fi al-Mûdawât wa al-Tadbir[186]	Liber Theierisi	XIIe siècle
M.I.Z. AR-RAZI[187] 864 - 925	Kitâb Mûlûki	Liber Regius	XIIe siècle
	Takqsim al-Hawl	Divisio morborum	XIIe siècle
	Kitâb al-Jadâri wa al-Hasba	De pestilentia. De varioli et morbillis	XIIe siècle

[185] G. SARTON, « Introduction to the History of Science »

G. COLIN, « Avenzoar, sa vie et ses oeuvres » - « La Tadhkira d'Abu al-Ala »

[186] A.M. IBN-ZUHR, « Kitâb al-Taysir fi al-Mûdawât wa al-Tadbir [Livre de la Thérapeutique médicale et alimentaire] »

[187] G. SARTON, « Introduction to the History of Science »

		Al-Fothûl fi al-Tibb	Liber aphorismorum	XIIe siècle
		Sirr al-Asrar	Secretum secretorum	XIIe siècle
		Al-Madkhal al-Tâ-limi[188]		
		Al-Maqâla fi al-Hassa fi al-Kola	De praeservatione ab aegritudine lapidis	XIIe siècle
		Kitâb al-Mansuri fi al-Tibb [Livre al-Mansuri de la Médecine]	Liber divisionu[m] tra[n]slatus... a magistro de arabico in latinum	XIIe siècle Imp. 1510
			Liber ad regem Almansorem	XIIe siècle
			Liber divisionum translatus... a magistro i de arabico in latinum... Breviarium Constantini dictum viaticum...	XIIe siècle Imp. 1510
			Opera parva Abubetri fili Zacharii fili Arasi que in hoc parvo voilumine continentur sunt : Liber ad Almansorem decem tractatus continens	XIIe siècle Imp. 1511
			Tractatus de egritudinibus junetutarum	XIIe siècle Imp. 1511
		Sirr al-Asrar Al-Madkhal al-Tâ-limi	Lumen luminum	XIIe siècle
			De aluminibus	XIIe siècle
			salis	XIIe siècle
			Septuaginta	XIIe siècle
	IBN-BATHLAN ou BUTLAN 1001-1066	Taqwim al-Sihhah [La préservation de la santé]	Tacuini sanitatis Elluchasem Elimithar... de sex rebus non naturalibus...conservandae sanitatis, recens exarati. Albengnefit De Virtibus medicinarum, 1 ciborum. Jac. Alkindus de rerum gradibus.[189]	XIIe siècle Imp. 1531
	A.Q. ZAHRAWI 936-1013	Kitâb at-Taçrif li-man ajiza an al-talif [La Pratique Médicale ou « Antidotaire »]	Chirurgia	XIIe siècle Imp. 1497
	I.J. AL-BATANI 856-929	Alm Al-Zidj	De Motu Stellarum De Scientia Stellarum	XIIe siècle
			Almageste	XIIe siècle
	I. AL-ZARQALI 1029-1087	Kitâb Al-Zidj	Tabulae Toletanae	XIIe siècle
	O. IBN AL-HAYTHAM 965-1039	Kitâb al-Manazir	De causis crepusculorum liber unus	Imp. 1542
		Kitâb al-Manazir - Livre I	De causis crepusculorum liber unus	Imp. 1542
			Opticae Thesaurus Alhazeni	XIIe siècle

[188] H.E. STAPLETON, R.F. AZO & M. HEDAYAT HOSEIN, « Memories of the Asian Society of Bengal »
[189] Ouvrage édité à Venise en 1490 et à Strasbourg en 1531.

			Arabis	
		Fi Sûrat al-Kûsûf	*Liber de crepusculis et nubium ascensionibus*	XIIe siècle
	M. AL-KHWARIZMI 800-847	*Al-Kitâb al-Mukhtasar fi hisâb al-Jabbr wa al-Mûqâbâla. Partie 1 à 6 - Partie 1 à 50*	*Liber Alchoarismi de algebra et almuchabola* [190]	XIIe siècle
	BANOU MOUSSA IBN-SHAKIR[191] IXE SIECLE	*Kitâb mari-fât mashat al-Askâl*	*Liber triumfratrium de geometria*	XIIe siècle
	A.Y. AL-KINDI 801-866	*Al-Mirâyât*	*De aspectibus*	XIIe siècle
		Kitâb Ahdâth al-Djaw wa al-Ard	*De causis diversitatum aspectus*	XIIe siècle
			Quia primos	XIIe siècle
			De gradibus » [Des degrés]	XIIe siècle
	THABIT IBN-QURRA 836-901	*Kitâb al-qarastûn* [*Livre sur la balance*]	*Liber de motu*	XIIe siècle
	J. M. ABOU MASHAR AL-BALKHI 787-886	*Kitâb al qirânāt* [*Livre des conjonctions*]	*De magnis conjunctionibus*	XIIe siècle
JEAN DE SEVILLE HISPALENSIS[192] 1150-1215	J. M. ABOU MASHAR AL-BALKHI[193] 787-886	*Kitâb al qirânāt* [*Livre des conjonctions*]	*« De magnis conjunctionibus [Des grandes conjonctions]* [194]	1130
		Kitâb al Madkhal al-Khabîr ala'ilm ahkam al nujum [*grand livre d'introduction à la science des étoiles*]	*Introductorium maius ad scientiam judiciorum astrorum [Introduction à l'astronomie]*	1133
		Kitâb Ahkam tahawil sini al-mawalid [*Livre des révolutions des années du monde*][195]	*Flores astrologiae [Les fleurs de l'astrologie]*	1135

---

[190] G. DE CREMONE ne traduit que la première partie, celle qui expose les six équations et leur résolution.

[191] Les frères [Mohamed [m. 872], Hassan et Ahmed] BANOU-MOUSSA IBN-SHAKIR, « Le livre des figures planes et sphériques ». Ces mathématiciens calculèrent l'aire du cercle, le rapport de la circonférence au diamètre, l'aire du triangle, etc.

[192] Des historiens affirment que toutes les traductions attribuées à Jean de Séville ne sont pas toutes de lui mais peuvent être celles de Jean de Séville Hispalensis.
C. BURNETT, « Abû Mas'har on Historical Astrology. The Book of Religions and Dynasties (On the Great Conjunctions) », Leyde, Brill, 2000.

[193] M. ABOU MASHAR AL-BALKHi latinisé *Albumasar* ou *Apomasar*, mathématicien et astronome d'origine perse et ayant vécu à Bagdad.

[194] KEIJI YAMAMOTO & C. BURNETT, « *Abû Ma`shar on Historical Astrology. The Book of Religions and* [*The Latin Versions : Albumasar, De Magnis Conjunctionibus*] ». *Latin Text*, Leiden - Boston - Köln : Brill, 2000 [Islamic Philosophy, Theology and Science, vols. XXXIII-XXXIV].

		Mudhâkarât fi'Ilm an-Nujûm [Dialogues sur les étoiles]	De excerpta de secretis[196]	XIIe siècle
A.S. IBN-UTHMAN AL-QABISI[197] M. 912		Al-madkhal ila sinaat ahkam al-nujum [Introduction à l'art de l'Astrologie - Conjonction des Planètes]	Introductorium ad scientiam astrologiae judicialis [Introduction à la science de l'astrologie judiciaire][198]	1135
			Alchabitii Abdilazi liber introductorius ad magisterium judiciorum astrorum	XIIe siècle
MICHAEL SCOT ou SCOTUS ou M. SCOT 1175-1232	AL-JAHIZ[199] 776-869	Kitâb al-Haywân[200]	Traité des animaux	1218
	R. AL-BIRUNI 973-1048	Kitâb al-Kânûn al-Masûdi fi al-Hâya-a wa al-Nûdjûm	Sphéricité d'Alpetragus	1217
			De procreatione et hominis physionomia opus	XIIIe siècle Imp. 1477
	A.H. IBN-SINA 980-1037	Al-Qanun fi al-Tibb [Le Canon de la Médecine]	Canonis libri V Avicennae	XIIIe siècle Imp. 1490
			Preclara prestantissimi viri totoque orbe terrarum clarissimi Ugonis Senensis	XIIIe siècle Imp. 1515
			Secundas Canon Avicennae cum exquisitissima	XIIIe siècle Imp. 1520
			Expliciunt preclarissima commentaria Tertii Canonis principis Avivennae. Fen XXII	XIIIe siècle Imp. 1522
			Mandato et sumptibus heredum	XIIIe siècle Imp. 1524
		Le Livre de la science. Dânesh-Nâmeh	De caelo et mundo	XIIIe siècle
			Abbrevatio de animalibus	XIIIe siècle
		Le Livre de la science. Dânesh-Nâmeh	De caelo et mundo	XIIIe siècle
			Abbrevatio de animalibus	XIIIe siècle
	M.I.Z. AR-RAZI 864-925	Kitâb al-Mansuri fi al-Tibb [Livre al-Mansuri de la	Liber de juncturarum egritudinibus puerorum ejusdem.	XIIIe siècle Imp. 1497

[195] D. E. PINGREE, « The Thousands Of Abu Ma'shar », Warburg Institute, London, 1968.

[196] D.M. DUNLOP, « The Mudhâkarât fi'Ilm an-Nujûm (Dialogues on Astrology) Attributed to Abû Ma'shar al Balkhî (Albumasar) », in Iran and Islam. In Memory of the Late Vladimir Minorsky, Ed. C.E. Bosworth, Edimbourgh, 1971.

[197] IBN-UTHMAN AL-QABISI [m. en 912], latinisé Alcabitius.

[198] C. BURNETT, K. YAMAMOTO & M. YANO, « Al-Qabisi [Alcabitus], The Introduction to Astrology. Editions of the Arabic and Latin texts and an English translation », Londres/Turin, The Warburg Institute/Nino Aragno Editore, 2004.

[199] YAKUT, « Irshâd »

S. DJABRI, « Al-Jahiz mûallim al-Akl wa al-Adab »

H. SANDUBI, « Adab Al-Jahiz »

[200] O. RESCHER, « Excerpte und Ubersetzungen aus den Schriften des Gahiz »

A.J. ARBERRY, « New Material on the Kitâb al-Fihrist of Ibn al-Nadim »

NAS E. BOUTAMMINA - COMPRENDRE LA RENAISSANCE - FALSIFICATION ET FABRICATION DE L'HISTOIRE DE L'OCCIDENT **80**

		Médecine]	*Aphorismi ipsius*	XIIIe siècle Imp. 1497
			Antidotarium quoddam ipsius	XIIIe siècle Imp. 1497
			Tractatus de preservatione ab egritudine lapidis ejusdem	XIIIe siècle Imp. 1497
			Sinonima ejusdem	XIIIe siècle Imp. 1497
			Tabula omnium antidotorum in operibus Rasis contentorum	XIIIe siècle Imp. 1497
			De proprietatibus juvamentis et nocumentis sexaginta animalium	XIIIe siècle Imp. 1497
			Liber secretorum	XIIIe siècle Imp. 1497
	A.M. IBN-ZUHR[201] 1091-1162	*Kitâb al-Taysir fi al-Mûdawât wa al-Tadbir*[202]	*Liber Theysir*	XIIIe siècle Imp. 1530
	A.W.M. IBN-RUSHD 1126-1198	*Kitâb Al-Kullïyate fi al-Tibb* [*Livre de Médecine générale -ou universelle*]	*Colliget Averrois. Habes in hoc volumine*	XIIIe siècle Imp. 1530
			Pars I. Versio capitum cum anima de versionibus	
			Pars II. Versio tabularum omnium, cum anima de versionibus,…glossario, indicibus	
			Pars III. Textum arabucum continens	
		Sharh kitâb al-nafs	*Metaphysica*	XIIIe siècle
			De sensu et sensato	XIIIe siècle
LEONARDO FIBONACCI ou LEONARD DE PISE 1175-1250	M. AL-KHWARIZMI 800-847	*Al-Kitâb al-Mukhtasar fi hisâb al-Jabbr wa al-Mûqâbâla* Partie 1 à 50	*Liber abaci [Le livre des calculs]*	1202
	A.H. AL-QALSADI M. 890	*Kashf al-Mahjûb min ilm al-Ghûbar*		
	I.A. ABOU-KAMIL[203] 850-930	*Al-Taraif*	*Practica Geometriae*	XIIIe siècle
	ABOU AL-WAFA AL-BUZAJANI	*Kitâb al-Handasa*		1220
		Kitâb fi mâ yâhtâdj ilâyhi al-		

---

[201] G. SARTON, « Introduction to the History of Science »
   G. COLIN, « Avenzoar, sa vie et ses oeuvres » - « La Tadhkira d'Abu al-Ala »
[202] A.M. IBN-ZUHR, « Kitâb al-Taysir fi al-Mûdawât wa al-Tadbir [Livre de la Thérapeutique médicale et alimentaire] »
[203] J. RUSKA, « Zur ältesten arabische Algebra und Rechenkunst »

	940-997	*Kûttab wa al-Ummâl min ailm al-Hisâb*		
	O. Ibn Al-Haytham 965-1039	*Fi anna al-Kûraawsa al- Aschkâl al-Mûdjassama allati ihâtûha mûtasawiya wa-anna al-Daira awsa al-Aschkâl al- Mûsâtâha allâti ihâtûha mûtasawiya[204]*	*Liber quadratorum [Livre des cercles]*	1225
Robert Grossetete ou Grosseteste 1175-1253	O. Ibn Al-Haytham 965-1039	*Fi anna al-Kûraawsa al-Aschkâl al-Mûdjassama allati ihâtûha mûtasawiya wa-anna al-Daira awsa al-Aschkâl al-Mûsâtâha allâti ihâtûha mûtasawiya*	*De lineis, angulis et figuris*	XIIIe siècle
		Kitâb al-Manazir		XIIIe siècle
		Makala fi hay-ât al-Alâm[205]	*Theorica planetarum*	XIIIe siècle
			De accessione et recessione maris	XIIIe siècle
Giles de Santarem 1185-1265	M.I.Z. Ar-Razi 864-925	*Kitâb al-Mansuri fi al-Tibb [Le Livre al-Mansuri de la Médecine]*	*De secretis medicine, Aphorismi Rasis*	XIIIe siècle
	Y. Ibn-Masawaiyh[206] IXe siecle	*Daghal Al-ain [Désordre de l'œil]*	*De secretis medicine*	XIIIe siècle
Marc de Tolede XIIe siecle	A.H. Ibn-Sina 980-1037	*Dânesh-Nâmeh [Le Livre de la science]*	*De aere, locis et aquis [De l'air, des lieux et des eaux]*	XIIe siècle
	M.I.Z. Ar-Razi 864-925	*Al-Fothûl fi al-Tibb*	*De tactu pulsus [Traité du pouls]*	XIIe siècle
			Ars Parva [Petit art]	XIIe siècle
Alfred de Sareshel XIIIe siecle	A.H. Ibn-Sina 980-1037	*Al-Kitâb al-Shifa [Le Livre de la Guérison]*	*De Congelatione et conglutinatione lapidum*	XIIIe siècle
			De motu cordis [Sur la motion du Cœur]	XIIIe siècle
			Meteorologiae	XIIIe siècle
	A. Al-Bakri	*Kitâb al-Nabât*	*De plantis*	XIIIe siècle

---

[204] *Démonstration* : deux polygones réguliers situés dans le même cercle ; celui qui a le plus grand nombre de côtés a aussi la plus grande surface et le plus grand périmètre.

[205] O. Ibn Al-Haytham, « Makala fi hay-ât al-Alâm [« Traité d'Astronomie »] »

[206] J.-C. Vadet, « Ibn Masawayh », in, The Encyclopaedia of Islam, 2nd edition. Ed. by H.A.R. Gibbs, B. Lewis, Ch. Pellat, C. Bosworth et al., 11 vols. Leiden : E.J. Brill, 1960-2002 ; vol. 3.

	M. 1094		*De vegetalibus*	XIIIe siècle
	M. AL-FARABI 872-950	*Kitab al musiki al-kabir*	*De Musica*	XIIIe siècle
ROGER BACON ou R. BACHONIS 1214-1294	JABIR IBN-HAYYAN[207] 721-815	*Kitâb al-Sûndûk al-Hikma*[208]	*Summa Perfectionis*	1260
			De Fornacibus construendis liber I	XIIIe siècle
			In hoc volumine de alchemia continentur haec : Gebri, ...de Investigatione perfectionis metallorum liber I	XIIIe siècle Imp. 1541
			In hoc volumine de alchemia continentur haec : Summae perfectionis metallorum, sive perfecti magisterii libri II	XIIIe siècle Imp. 1541
			Ejusdem de Inventione veritatis seu perfectionis metallorum liber I	XIIIe siècle Imp. 1541
			De Fornacibus construendis liber I	XIIIe siècle Imp. 1541
			Item Speculum alchemia	XIIIe siècle Imp. 1541
CAMPANUS DE NOVARE 1220-1296	THABIT IBN-QURRA 836-901	*Kitâb al-qarastûn* [*Livre sur la balance*]	*Elementa geometriæ*	XIIIe siècle Imp. 1482
	BANOU MOUSSA IBN-SHAKIR[209] IXE SIECLE	*Kitâb mari-fât mashat al- Askâl*	*Preclarissimus liber elementorum Euclidis*	XIIIe siècle
	N.E. AT-TUSI 1201-1274	*Zij-iilkhani* [*Tables ilkhaniennes*]	*Theorica Planetarum*	XIIIe siècle
FARRADJ MOÏSE BEN SALEM 1250-1280	M.I.Z. AR-RAZI 864 - 925	*Kitab al-Hawi fi al-Tibb*	*Continens*[210]	1280 Imp. 1486
			De expositionibus vocabulorum seu synonimorum simplicis	XIIIe siècle

---

[207] P. KRAUS, « Jabir Ibn Hayyan. Essai sur l'histoire des idées scientifiques dans l'Islam »
   G. SARTON, « Introduction to the History of Science »
[208] J. HOLMYARD, « Alchemy »
[209] Les frères [MOHAMED [m. 872], HASSAN ET AHMED] BANOU MOUSSA IBN-SHAKIR, « Le livre des figures planes et sphériques ». Ils calculèrent l'aire du cercle, le rapport de la circonférence au diamètre, l'aire du triangle, etc...
[210] « *Bibliothèque Nationale de France* - N ° 6912 »

			Medicinae		
			De medicinis expertis		XIIIe siècle Imp. 1565
			Tacuini Ægritudinum et Morborum ferme omnium corporis humani, cum curis eorundem		XIIIe siècle
	Y. IBN-JAZLAH[211] 1074-1100	*Taqwim al-Abdan fi Dadbir al-Insan* [*Traité médical de diététique - Tableau*]	*Tacuim Aegritudinem*		XIIIe siècle Imp. 1532
			Morborum ferme omnium Corporis humani : cum curis eorundem		XIIIe siècle Imp. 1532
			Tacuini sanitatis Elluchasem Elimithar : sexe de rebus non naturalibus earum naturis operationibus ... recens exarati		XIIIe siècle Imp. 1531
			Dispositio corporum de constittutione hominis - Tacuin agritudinum		XIIIe siècle
SAMUEI IBN-TIBBON M. 1283	A.W.M. IBN-RUSHD 1126-1198	*Kitāb Al-Kulliyate fi al-Tibb* [*Livre de Médecine générale -ou universelle*]	*Physica Auscultatio*		1250
	A.H. IBN-SINA 980-1037	*Al-Qanun fi al-Tibb* [*Le Canon de la Médecine*]	*Haseder haqaton*		XIIIe siècle
	M. AL-FARABI[212] 870-950	*Kitâb ihsâ al-ulûm* [*Inventaire des sciences*]	*Hat'halot Hanimtza'ot hativiyyim*		XIIIe siècle
	A.J.A IBN AL-JAZZAR 898-980	*Kitāb al-Litimâd* [*Livre des médicaments simples*]	*Viaticus*		XIIIe siècle
	M.I.Z. AR-RAZI 864 - 925	*Kitab al-Hawi fi al-Tibb*	*Livre des classifications des maladies*		XIIIe siècle
JACOB BONACOSA XIIIE SIECLE	A.W.M. IBN-RUSHD 1126-1198	*Kitāb Al-Kulliyate fi al-Tibb* [*Livre de Médecine générale -ou universelle*]	*Colliget*		1255
JACOBO ou JACOBUS HEBREO	A.W.M. IBN-RUSHD	*Kitāb Al-Kulliyate fi al-*	*Colliget Averrois*		XIIIe siècle

---

[211] Autre ouvrage de IBN-JAZLA [latinisé *Buhahylyha Bingezla*] « *Al-Minhaj Al-fi Adwiah Al-Murakkabah* [Méthodologie des médicaments composés] traduit par JAMBOLINUS sous le titre de « Simplicibus Cibis et médicaments ».

[212] J. JOLIVET, « *Philosophie médiévale et arabe* », Vrin, 1995.

ou HEBRACUS XIIIe SIECLE	1126-1198	*Tibb* [*Livre de Médecine générale -ou universelle*]		Imp. 1490
	A.M. IBN-ZUHR[213] 1091-1162	*Kitāb al-Taysir fi al-Mûdawât wa al-Tadbir*	*Liber Teizir. Antidotarium*	1250 Imp. 1497
			Liber de sectionibus et cauteriis et ventosis ejusdem	XIIIe siècle Imp. 1497
			Introductorium medicinae ejusdem	XIIIe siècle Imp. 1497
A. DE VILLENEUVE ou VILLANOVA 1235-1311	A.H. IBN-SINA 980-1037	*Al-Urjuza al-Manzûma*	*Cantica Avicennae* *De viribus cordis*	XIIIe siècle
		Al Qanûn fi al-Tibb - Kitāb al-Shifa	*Quartus Canon Avicennae. Quyintus etiam Canon. Canticorum liber, cum commento...*	XIIIe siècle Imp. 1520
			De Medicinis cordialibus	XIIIe siècle Imp. 1562
			Breviarium Practicæ	XIIIe siècle Imp.1563
			Avicennae opera	XIIIe siècle Imp. 1593
			Libellus de Viribus cordis	XIIIe siècle Imp. 1608
		Al-Qanun fi al-Tibb [*Le Canon de la Médecine*]	*Avicennae canonis libri V a Gerardo ex Arabico in Latinum translata. Libellus de viribus cordis*	XIIIe siècle Imp. 1490
			Quartus Canon Avicennae. Quyintus etiam Canon. Canticorum liber, cum commento...	XIIIe siècle Imp. 1520
		Maqâla fi Ahkam al-adwiya al-qalbiya	*De Viribus cordis*	XIIIe siècle Imp. 1564
	M.I.Z. AR-RAZI 864 - 925	*Kitab al-Hawi fi al-Tibb - Kitāb al-Mansouri fi al-Tibb*	*Regimen sanitatis Salernitanum*	XIIIe siècle
			T. I : Epistola de reprobacione nigromantice ficciones	XIIIe siècle
			T. 2 : Aphorismi de gradibus	1290
			T. 3 : De amore heroico	XIIIe siècle
			T.4 : Tractatus de	XIIIe siècle

[213] G. COLIN, « Avenzoar - Sa vie & ses œuvres ». Thèse pour le Doctorat ès Lettres – Faculté des Lettres – Université de Paris, Paris, 1911.

			consideracionabus sive de flebotomia	
			T.5.1 : Tractatus de intentione medicorum	XIIIe siècle
			T.6.1 : Medicationis parabole	1300
			T.6.2 : Commentum in quasdam parabolas	XIVe siècle
			T. 10.1 : Regimen sanitatis ad regem Aragonum	XIVe siècle
			T.10.2 : Regimen almarie (Regimen castra sequentium	XIVe siècle
			T. 11 : De esu carnium	1311
	Y. IBN-MASAWAIYH[214] IXE SIECLE	*Daghal Al-ain [Désordre de l'œil]*	*Libellus de Regiminis Confortatione visus*	XIIIe
JEAN DE CAPOUE 1262-1269	A.M. IBN ZUHR 1013-1162	*Kitâb al-Taysir fi al-Mûdawât wa al-Tadbir [Livre de la Thérapeutique médicale et alimentaire»]*	*Alimentaire*	XIIIe siècle
			Al-Taisir	XIIIe siècle
BLASIUS ou BLASII ARMENGAUDUS DE MONTE PESSULANO XIIIE SIECLE	A.H. IBN-SINA 980-1037	*Al-Qanun fi al-Tibb [Le Canon de la Médecine]*	*Commentum in Cantica Avicennae, factum ab arabico in latinum*	XIIIe siècle Imp. 1483
			Quartus Canon Avicennae. Quyintus etiam Canon. Canticorum liber, cum commento...	XIIIe siècle Imp. 1520
			Avicennae. Medicina Est conservatio Sanitatis et egritudinis Curatio[215]	XIIIe siècle
			Liber canonis primus [-quintus] quem princeps aboali abincenni de medicine edidit : translatum a magistro Gerardo cremonensi in Toledo ab arabico in latinum...	XIIIe siècle Imp. 1483
			Cantiqua de medicina	XIIIe siècle Imp. 1483
			Flores Avicenne collecti super	XIIIe siècle

[214] J.-C. VADET, « Ibn Masawayh », in, The Encyclopaedia of Islam, 2nd edition. Ed. by H.A.R. Gibbs, B. Lewis, Ch. Pellat, C. Bosworth et al., 11 vols. Leiden : E.J. Brill, 1960-2002 ; vol. 3.
[215] « *Biblioteca Apostolica Vaticana* N° 2446 - ff. 49ra-79vb »

			quinque Canonibus quas edidit in medicina necnon super decem et novem libris de animalibus cum Canticis ejusdem ad longum positis	Imp. 1514
	A.M. IBN ZUHR 1013-1162	Al-fi Urjuzah al-Tibb	Poème de la médecine	XIIIe siècle
	A.H. IBN-SINA 980-1037	Al-Qanun fi al-Tibb [Le Canon de la Médecine]	Cantica cum commento	XIIIe siècle
	A.W.M. IBN-RUSHD 1126-1198	Kitāb Al-Kulliyate fi al-Tibb [Livre de Médecine générale -ou universelle]	Averroes Liber de medicina	XIIIe siècle Imp. 1482
PROFATIUS ET BERNARDUS HONOFREDI XIIIE SIECLE	A.M. IBN ZUHR 1013-1162	Kitāb alaghdiya	De regimine sanitatis [Le livre de régimes]	XIIIe siècle
MONDINO DEI LIUCCI 1270-1326	A.H. IBN-SINA 980-1037	Al-Qanun fi al-Tibb [Le Canon de la Médecine]	Expositio super capitulum De generatione embrionis Canonis Avicennae cum quibusdam quaestionibus	XIIIe siècle
GENTILIS DE FULGINATIS ou GENTILE DA FOLIGNO M. 1338	A.H. IBN-SINA 980-1037	Al-Qanun fi al-Tibb [Le Canon de la Médecine]	Expositio Gentilis de Fulginatis super primam Fen quarti Canonis Avicennae	XIVe siècle Imp. 1476
			De proportionibus medicinarum	XIVe siècle
			De modo investigandi complexiones earum	XIVe siècle
			Ad sciendum convenientem dosini cujuslibet medicinae	XIVe siècle
PETRUS MAUFER XIVE SIECLE	A.H. IBN-SINA 980-1037	Al-Qanun fi al-Tibb [Le Canon de la Médecine]	Explanatio Gentilis de Fulgineo in tertium librum Canonis Avicennae	XIVe siècle Imp. 1476
GENTILE GENTILI M. 1348	A.H. IBN-SINA 980-1037	Al-Qanun fi al-Tibb [Le Canon de la Médecine]	Super tertio libro Canonis Avicennae. Receptae super prima parte quarti libri Canonis Avicennae.	XIVe siècle Imp. 1478
JOSEPH DE FERRARIIS XIVE SIECLE	M.I.Z. AR-RAZI 864-925	Kitāb al-Mansuri fi al-Tibb [Livre al-Mansuri de la Médecine]	Liber IX. Opera medica, seu Practica	XIVe siècle Imp. 1472
			Albubecri Rasis fili Zacharie Liber.	XIVe siècle Imp. 1481
			Liber divisionum Rasis	XIVe siècle Imp. 1481

			Tractatus de preservatione ab egritudine lapidis	XIVe siècle Imp. 1511
			Liber introductorius parvus in medicinam	XIVe siècle Imp. 1511
G.ILBERTU DE VILLIERS XIVe SIECLE	M.I.Z. AR-RAZI 864-925	Kitāb al-Mansuri fi al-Tibb [Livre al-Mansuri de la Médecine]	Opera parua Abubetri filij Zacharie filij arasi ...	XIVe siècle Imp. 1510
			De sectionibus et cauteriis ac ventosis	XIVe siècle Imp. 1511
			Expliciunt parva opera Rasis	XIVe siècle Imp. 1511
	A.W.M. IBN-RUSHD 1126-1198	Sharh kitâb al-nafs	Proverbia Raemundi, Raemundi Lulli, eremitae, caelitus illuminati, Metaphysica nova et Philosophiae in Averroistas expostulatio	XIVe siècle Imp. 1515
JOHANNES MÜLLER VON KÖNIGSBERG ou REGIOMONTANUS ou J. REGIOMONTANI 1436-1476	I.J. AL-BATANI 856-929	Kitāb Marifât matâli al-Bûrûdj fi ma bayna arba al-Falâk [« Traité sur le mouvement des étoiles et planètes »]	De Triangulis Omnimodibus	XIVe siècle Imp. 1464
			Mahometis Albatenii de Scientia stellarum liber[216]	XIVe siècle Imp. 1645
			De triangulis planis et sphaericis libri quinque	XIVe siècle Imp. 1533
			Problematum astronomicorum et geometricorum sectiones septem	XIVe siècle
	M. AL-KHWARIZMI 800-847	Al-Kitāb al-Mukhtasar fi hisâb al-Jabbr wa al-Mûqâbâla	Algorithmus Demonstratus	XIVe siècle Imp. 1465
ROBERT DE CHESTER R. DE KETTON ou ROBERTUS RETTINENSIS 1140-1150	M. AL-KHWARIZMI 800-847	Al-Kitāb al-Mukhtasar fi hisâb al-Jabbr wa al-Mûqâbâla[217] Partie 1 à 50	Liber algebrae et almucabola[218]	1145
	JABIR IBN-HAYYAN 721-815	Kitâb al-Sûndûk al-Hikma	Liber de compositione alchimiae quam...	1144
		Al-Qour'an [Le Coran]	Machumetis Saracenorum principis quam Alcoran vocant	1143 Imp. 1550
			Incipit lex Saracenorum, quam Alcoran vocant, id est collectionem praeceptorum	
			Codex authenticus doctrine	

---

[216] Transcription par la Bibliothèque du Vatican.

[217] M. AL-KHWARIZMI invente le djayb [corde d'un arc de cercle] ou sinus pour le plan et double corde d'arcs d'une sphère ou cosinus.

[218] L.C. KARPINSKY, « University of Michigan Studies »

			Machumeticae...	
PLATO TIBURNITUS ou PLATO DE TIVOLI XIIE SIECLE	I.J. AL-BATANI 856-929	*Alm Al-Zidj - Kitāb az-Zij*	*De Scientia Stellarum*	1116
			De motu stellarum	1120
			Opus quadripartitum...	XIIe siècle
			Centum quinquaginta propositiones Almansoris	Imp. 1493
			Opus quadripartitum	XIIe siècle Imp. 1484
			Mahometis Albatenii de Scientia stellarum liber, cum aliquot additionibus Joannis Regiomontani, ex Bibliotheca...	XIIe siècle
			Brevis ac perutilis compilatio Alfragani, astronomorum peritissimi, totum id continens quod ad rudimenta astronomica est opportunum	XIIe siècle
			Albohali, Arabis astrologi... de Judiciis nativitatum liber unus antehac non editus	XIIe siècle
	A.Q.A. IBN-SAFFAR M. 1035	*El Kitàb al-amal bi-l-asturlab*	*De usu astrolabii*	XIIe siècle
			Istud almenak componitur secundum tabulas	XIIe siècle
			Almanzor's Aphorisms and Albohali's Nativiti	1136
		Al Masa'il fi al-Tibb lil Muta'allimin	*De pulsibus et urinis*	XIIe siècle
	A. B. IBN AL-KHASIB ou AL-KHASEB ou ALBUBATER IXE SIECLE	*Kitāb al-Mawālīd*	*De revolutionibus nativitatum*	1225 Imp. 1492
CANONICUS SALIO XIIE SIECLE	A. B. IBN AL-KHASIB, ou AL-KHASEB ou ALBUBATEER IXE SIECLE	*Kitāb al-Mawālīd*	*De nativitatibus*	1218
ANTONIUS STUPA XIIE SIECLE	A.H. AL-SAYBANI IBN ABI AL-RIGAL 1015-1062	*Kitab al-bari' fi akham annujum*	*De Judiciis astrorum libri octo... Accessit huic operi hac demum editione compendium duodecim domorum caelestium...*	XIIe siècle Imp. 1571
			Libri de judiciis astrorum	XIIe siècle Imp. 1551

			Albohazen Haly, filii Aben Ragel, libri de Judiciis astrorum, summa cura et diligenti studio de extrema barbarie...	XIIe siècle Imp. 1551
BARTHOLOMAEUS DE ALTEN XIIE SIECLE	A.H. AL-SAYBANI IBN ABI AL-RIGAL 1015-1062	Kitab al-bari' fi akham an-nujum	Liber in iudiciis astrorum	XIIe siècle Imp. 1483
			Haly de Judiciis. Preclarissimus in Judiciis astrorum Albohazen Haly filius Abenragel, noviter impressus et fideliter...	XIIe siècle Imp. 1485
			Introductorium Alchabitii Arabici ad Scientiam Judicialem Astronomiae. [Emendatum per eximium artium et medicinæ doctorem D.M. Matheum Moretum de Brixia, etc.]	XIIe siècle Imp. 1512
		Kurtub al-Shaibūanī	Preclarissimus in Judiciis astrorum Albohazen Haly filius Abenragel, noviter impressum et fideliter emendatum....	XIIe siècle Imp. 1485
RICHARD ANGLICI ou R. ANGLICUS ou R. OF WENDOWER XIVE SIECLE	JABIR IBN-HAYYAN 721-815	Kitāb al-Sûndûk al-Hikma	Correctorium alchemia	XIVe siècle Imp. 1541
			Apertorium de veri lapidis compositione	XIVe siècle
			Rosarius minor, de alchemiae ; incerti auctoris Liber secretorum alchemiae	XIVe siècle Imp. 1541
JAZICHI CALIDIS JADAEI XIVE SIECLE	JABIR IBN-HAYYAN 721-815	Kitāb al-Sûndûk al-Hikma	Tabula smaragdina de alchemia	XIVe siècle
			Rachiadebi de qualitate lapidis	XIVe siècle
M. GNOSIO PICENO ou GNOSIUS PICENUS 1495-1551	JABIR IBN-AFLAH AL-ISHBILI 1100-1160	Islah Alm Al-Zidj[219]	De la Geomantia dell'eccell. filosofo Gioanni Geber... con una...chiromantica phisionomia... dal nobil huomo M. Gnosio Piceno,... tradotti... Il Trattato de la	XVe siècle Imp. 1552

---

[219] N. M. SWERDLOW, « Jābir ibn Aflah's Interesting Method for Finding the Eccentricities and Direction of the Apsidal Line of a Superior Planet. », In *From Deferent to Equant : A Volume of Studies in the History of Science in the Ancient and Medieval Near East in Honor of E. S. Kennedy*, edited by A. David, 1987.

				chiromantica fisionomia, di Gioanni Geber	
				De la geomantia. parte prima : dell'eccell. filosofo Gioanni Geber	XVe siècle Imp. 1550
				Summa perfectionis magisterii in sua natura ex bibliothecae Vaticanae exemplari cum quorundam capitulorum, vasorum et fornacum ...	XVe siècle Imp. 1542
				Instrumentum primi mobilis a Petro Apiano nunc primum et inventum et in lucem editum... Accedunt iis Gebri filii Affla hispalensis... libri IX de Astronomia... per Giriardum [sic] Cremonensem latinitate donati nunc... primum in lucem editi...	XVe siècle Imp. 1534
				De astronomia libri IX	XVe siècle Imp. 1534
ANTONII CITTADINI FAUENTINI 1465-1530	A.H. IBN-SINA 980-1037	*Al-Qanun fi al-Tibb* [*Le Canon de la Médecine*]		*Exposito Ugonis Senensis. Fen primi Canonis Avicennae, cum questionibus...*	XVe siècle Imp. 1517
				Subtilissima quaestio magistri Antonii Faventini de materia febrium	XVe siècle Imp. 1523
				Ugonis opera ... in primam - secundam Fen primi ... canonis Avicenne ... expositio: cum ... questione ... Antonii Faventini de materia febrium	XVe siècle Imp. 1523
				Antonii Cittadini Faventini Auscultationes in Parvam artem	XVe siècle Imp. 1523
				Quaestio de febre	XVe siècle
				Auscultationes in primam quarti e quartam primi Avicenne	XVe siècle
	A.W.M. IBN-RUSHD 1126-1198	*Sharh kitâb al-nafs*		*De substantia orbis*	XVe siècle
				Paraphrasis in XII metaphisice etAverrois commentaria	XVe siècle
UGO BENZI 1376-1439	A.H. IBN-SINA 980-1037	*Al-Qanun fi al-Tibb* [*Le Canon de la Médecine*]		*Expositio in primam fen primi Canonis Avicennae*	XIVe siècle Imp. 1491
				Expositio Ugonis Senensis super libros Tegni Galieni	XIVe siècle Imp. 1498

			Super I. et 2 Fen primi canonis Avicennae unacum Antonii Faventini quaestione de febre.	XIVe siècle Imp. 1498
			Expositio Ugonis Senensis super aphorismos	XIVe siècle Imp.1498
			Vgonis senensis super quarta fen primi Aui. preclara expositio	XIVe siècle Imp. 1502
			Consilia ad diversas aegritudines.	XIVe siècle Imp. 1482
			Aurea ad omnesque egritudines clarissimi Ugonis Senensis saluberrima consilia noviter correcta & ad optimum ordinem redacta additis multis prius non impressis ejusdem nuper inventis nonnullisque aliis utilissimis consiliis.	XIVe siècle Imp. 1503
			Preclara ... Ugonis Senensis interpretatio in primam quarti Canonis principis: que De febribus dicitur: cum quibusdam extravagantibus utilissimis. Ejusdem nonnulle Questiones extravagantes nunc primum in lucem edite.	XIVe siècle Imp. 1515
			Preclara ... Ugonis Senensis in primam fen quarti Cano	XIVe siècle Imp. 1503
			Consilia ... nuperrime a quamplurimis fedationibus emaculata ac pristino nitori restituta : variisque flosculis in margine appolitis illustrata: & ad optimum ordinem redacta. Additis insuper multis priore non impressis ejusdem nuper inventis nonnullisque aliis utilissimis consiliis.	XIVe siècle Imp. 1518
			Ugo super primo canonis Avicen[ne]. Prestantissimi viri medicorum principis Ugonis Senensis super primo canonis Avicenne preclara expositio: una cum questionibus ejusdem: novissime ab omnibus fere mendis purgata: ac quam plurimis additionibus marginalibus irradiata: noviterque impressa.	XIVe siècle Imp. 1518
			Praesens maximus codex est totius scientie medicine principis Aboali Abinsene cum	XIVe siècle Imp. 1523

			expositionibus omnium ... interpretum	
			Consilia ... que a vertice ad plantam pedis omnium egritudinum materias causas, signa, et remedia ... discutiunt. Novissime post omnes impressiones ubique terrarum excussas ... mendis ... expurgata. Adjectis quam pluribus singularibus consiliis recens inventis ... Addito insuper ... annotationibus..	XIVe siècle Imp. 1523
			Ugo in primam primi. Cum tabula ... In primi canonis Avicenne fen prima luculentissima exposito cum ... questione ...	XIVe siècle Imp. 1523
			Excelle[n]tissimi artiu[m] [et] medicine doctoris Vgonis Bentij Sene[n]sis celeberrima co[n]silia : que a vertice ad plantam pedis o[mn]ium egritudinu[m] materias causas, signa [et] remedia copiosissime discutiunt	XIVe siècle Imp. 1523
			Ugonis Bentii Senensis Super quarta fen primi Avi[cenne] preclara expositio.	XIVe siècle Imp. 1531
			Regole della sanità et della natura de cibi	XIVe siècle Imp. 1618
JACOPO DA FORLI ou DA FORLIVIO ou JACQUES DE FORLIVIENSIS M. 1413	A.H. IBN-SINA 980-1037	*Al-Qanun fi al-Tibb* [*Le Canon de la Médecine*]	*Expositio ... super primo canonis Avicenne cum questionibus ejusdem*	XIIIe siècle Imp. 1493
			En accuratissime lector expositio Jacobi Forliviensis in primum Avicenne Canonem cum questionius ejusdem ac indice dicti cujusque in marginibus appositi castiqata ...	XIIIe siècle Imp. 1508
			Jacobi Forliuiensis in Primuz Auicenne Canonem Expositio cuz Questionibus eiusdem ... : Huit etiaz noue impressioni scito additam fore expositionem preclari Jacobi de partibus vltramontani super capitulis videlz ; De regimine eius get comeditur z bibit. VII. Et de regimine aque z vini. VIII.	XIIIe siècle Imp. 1518

			Doc. II. Fen. III. Primi ; De quibus nulla per Jaco. For. inuenta est eruditio	
			Primum Canonis Avicennae expositiones incipiunt	XIIIe siècle Imp. 1520
			Jacobi Foroliviensis ... Expositio et quaestiones in primum Canonem Avicennae	XIIIe siècle Imp. 1547
JACOBUS DE PARTIBUS ou JACQUES DESPARS 1380-1458	A.H. IBN-SINA 980-1037	Al-Qanun fi al-Tibb [Le Canon de la Médecine]	Commentarius in Canones Avicennae	1436-1450
			Ugo super quarta primi Avivcennea...	XIVe siècle Imp. 1517
			Huie etam nove impressioni scito additam fore expositionem	XIVe siècle Imp. 1520
			Tertius Canon Avicennae, cum amplissima.	XIVe siècle Imp. 1522
			Secunda pars Gentilis super tertio Avicennae cum supplementis [T. IV]	XIVe siècle Imp. 1522
			Jacobus de Forlivio Super primo Avicenne	XIVe siècle Imp. 1520
			Canon. 2. [Lib. 3, Fen 1-12]. - [Tabula in primam fen tertij canonis Avicenne principis cum explanatione Jacobi de Partibus doctoris famosissimi]	XIVe siècle Imp. 1498
			Super quarta Fen primi Avi. Preclara expositio, cum annotationibus Jacobi de partibus noviter perque diligentissme correcta	XIVe siècle Imp. 1502
			Primus canonis auicenne principis cum explanatione Jacobi de partibus ...	XIVe siècle Imp. 1498
			Canon medicinae [Lib. 1, 3, 4, Fen 1]	XIVe siècle Imp. 1498
			Primus Canonis	XIVe siècle Imp. 1498
			Cum amplissima Gentilis fulgi. expositione. Demum co[m]mentaria nuper addita v[ersus] Jacobi de partibus super Sen. vj. [et] xiiij. Item Jo Matthei de gradi super Sen. xxij. quia Gentilis i[n] eis defecit	XIVe siècle Imp. 1511
D. L. ANTONI XIVE SIECLE	A.H. IBN-SINA 980-1037	Al-Qanun fi al-Tibb [Le Canon de la Médecine]	Additume est enim capitulum de flobothomia secundum expositionem Ugonis	XIVe siècle Imp. 1517

PIETRO ANTONIO RUSTICO 1486-1522	A. AL-MAJUSI M. 995	*Kitāb al-Kamil fi al-Sinaha al-Tibbiya* [*Le Livre complet de la Médecine*] ou *Kitāb al-Maliki* [*Le Livre Royal*]	*Co[m]mentu[m] Haly Rodoani i[n] vetere[m] libroru[m]...*	XVe siècle Imp. 1511
	A.H. IBN-SINA 980-1037	*Al-Qanun fi al-Tibb* [*Le Canon de la Médecine*]	*Avicenne principis medicorum Canones curationum capitis universales*	XVe siècle Imp. 1510
			Quarta impressio ornatissima, continens omnes Galeni libros, Volume 3	XVe siècle Imp. 1516
			Memoriale medicorum canonice practicantium A Rustico ... ordinatum continens: Canones communes medicationem perficientes; Canones pro curatione febrium necessarios; Canones ad usum medicinarum requisitos; Centum egritudinum ultimas curationes; Quingentarum dispositionum optima medicamenta.	XVe siècle Imp. 1517
			Ordo Nouus multu[m] proficuus. Ad cito inueniendum Ad faciliter i[n]tellige ..	XVe siècle Imp. 1517
			Consilia Bauerij: Habes candidissime lector in hoc volumine quā plura medicis admodū vtilia. Habes in primis excellentis. artius [et] medicine ...	XVe siècle Imp. 1521
			Liber canonis totius medicine ab Avicenna ... excussus	XVe siècle Imp. 1522
GIORGIO VALLA 1447-1500	M.I.Z. AR-RAZI 864-925	*Kitāb al-Mansuri fi al-Tibb* [*Livre al-Mansuri de la Médecine*]	*De febrium causis et differentiis opusculum a Georgio Valla Placentino latinitate donatum. In librum Ioannis Damasceni principis Arabum medici, de exquisita febrium curatione compendiosum diegema...*	XVe siècle Imp. 1542
			De simplicium natura	XVe siècle Imp. 1528
THORER ALBAN ou ALBANO TORINO VITODURENSI	M.I.Z. AR-RAZI 864-925	*Kitāb al-Mansuri fi al-Tibb* [*Livre al-Mansuri de la Médecine*]	*Abubetri Rhazae Maomethi Ob usum experientiamque multiplicem, et ob certissimas ex demonstrationibus logicis indicationes, ad omnes praeter*	XVe siècle Imp. 1544

1489-1550			*naturam affectus [...]* *Alexandri Tralliani lib. XII ;* *Rhazae de pestilentia libellus.* *Omnes de graeco conversi, per Jo. Guinterium Andernacum*	XVe siècle Imp. 1549
ROBERT WINTER 1491-1554	M.I.Z. AR-RAZI 864-925	*Kitāb al-Mansuri fi al-Tibb [Livre al-Mansuri de la Médecine]*	*Alexandri Aphrodisei medici et philosophi praecellentis, de febrium causis et differentiis opusculum...*	XVe siècle Imp. 1542
N. DE LAUDA XIVE SIECLE	A.M. IBN-ZUHR[220] 1091-1162	*Kitāb al-Taysir fi al-Mûdawât wa al-Tadbir*[221]	*Terminorum arabicorum Hali filii Senis Abbatis, discipuli Abimehr, latina commutatio ad librum qui Regalis dispositio communiter apellatur*	XIVe siècle Imp. 1492
SYMPHORIEN CHAMPIER ou SYMPHORIANUS CAMPEGIUS 1472-1539	A.M. IBN-ZUHR[222] 1091-1162	*Kitāb al-Taysir fi al-Mûdawât wa al-Tadbir*[223]	*De triplici disciplina*	XVe siècle Imp. 1508
			Cribratio Medicamentorum in VI digesta ...Symphorien Champier	XVe siècle Imp. 1534
ISAAC BEN SALOMON ISRAELI 855-955	M.I.Z. AR-RAZI 864-925	*Kitāb al-Mansuri fi al-Tibb [Le Livre al-Mansuri de la Médecine]*	*Omnia opera Ysaac in hoc volumine contenta : cum quibusdam aliis opusculis : Liber de definitionibus. Liber de elementis. Liber dietaru[m] universalium : cum cõmêto petri hispani. Liber dietarum particularium : cum cõmento eiusdem. Liber de urinis cum commento eiusdem. Liber de febribus. Pantechni decem libri theorices : et decem practices : cum tractatu de gradibus medicinarum*	Xe siècle Imp. 1508
A. GALLI XIVE SIECLE	A. AL-FARGHANI 805-880	*Djâwami Ilm al-Nûdjûm wa al-Harakât al- Samawiya*	*Brevis ac perutilis compilatio Alfragani, astrnomorum*	XIVe siècle Imp. 1493

---

[220] G. SARTON, « Introduction to the History of Science »

G. COLIN, « Avenzoar, sa vie et ses oeuvres » - « La Tadhkira d'Abu al-Ala »

[221] A.M. IBN-ZUHR, « Kitāb al-Taysir fi al-Mûdawât wa al-Tadbir [Livre de la Thérapeutique médicale et alimentaire] »

[222] G. SARTON, « Introduction to the History of Science »

G. COLIN, « Avenzoar, sa vie et ses oeuvres » - « La Tadhkira d'Abu al-Ala »

[223] A.M. IBN-ZUHR, « Kitāb al-Taysir fi al-Mûdawât wa al-Tadbir [Livre de la Thérapeutique médicale et alimentaire] »

			peritissimi, totum id continens quod ad rudimenta astronomica est opportunum	
M. JAKOB CHRISTMANNO 1554-1613	A. AL-FARGHANI 805-880	*Djâwami Ilm al-Nûdjûm wa al-Harakât al- Samawiya*	*Mohamedis Alfragani...chronologica et astronomica elementa*	XVIe siècle Imp. 1590
			Chronologica et astronomica elementa	
MORDEKHAY A. FINZI DE MANTOU M. 1475	I.A. ABOU-KAMIL[224] 850-930	*Al-Taraif*[225]	*Liber augmenti et diminutionis*	XI-XIIe siècle Imp. 1460
		Al-Kitab al kamil fi 'l-jabr	*Augmentum et diminutionis*	XVe siècle
		Al-Kitab al-Tara'if fi 'l Hisab		
		Kitab al-Misaha		
J. LASCARIS & J. DESPARS XIVE SIECLE	A.H. IBN-SINA 980-1037	*Al-Qanun fi al-Tibb* [*Le Canon de la Médecine*]	*Canonis libri I, III et IV Avicennae, in latinum translati a Gerardo Cremonensi, cum explanatione Jacobi de Partibus [Précédé de : Johannes Lascaris. Jacobo Ponceau regio archiatro epistola]*	XIVe siècle Imp. 1498
SIMON BEVILAQUAM XVE SIECLE	A.H. IBN-SINA 980-1037	*Al-Qanun fi al-Tibb* [*Le Canon de la Médecine*]	*Canonis libri V Avicennae*	XVe siècle Imp. 1500
			De veris narrationibus, de Asino auro	XVe siècle Imp. 1494
			De regimine principum libri III	XVe siècle Imp. 1498
MONASTERE ST-AUGUSTIN XIIIE SIECLE	A.H. IBN-SINA 980-1037	*Al-Kitab al-Shifa* [*Le Livre de la guérison*]	*Explicit Metaphysica Avicennae*	XIIIe siècle Imp. 1508
JOANNIS HERCULANI ou GIOVANNI ARCULANI	M.I.Z. AR-RAZI 864-925	*Kitâb al-Mansuri fi al-Tibb* [*Livre al-Mansuri de la Médecine*]	*Jo. Arculani,... Opera... in quibus sunt... commentarii in Razis Arabis nonum lib. ad regem Almansorem...*	XVe siècle Imp. 1540
			Arcvlani Omnes, Qvi Proximis	XVe siècle

[224] J. RUSKA, « Zur ältesten arabische Algebra und Rechenkunst »

[225] Corpus en plusieurs volumes dont : *Livre de l'Algèbre* [Vol. III], *Livre sur l'examen et la géométrie* [Vol. IV], *Livre de l'adequat* [Vol. V], *Livre sur les probabilités* [Vol. VI], *Livre des deux erreurs* [*Al-Kitab El Khatayen* - Vol. VIII], *Livre sur l'augmentation et la diminution* [*Kitab fi El Djem' wa El tefriq* - Vol. IX].
H. SUTER, « Das Buch, der Seltenheiten des Recnkunst von Abou Kamil El Misri. Bibl.Math., 1911.
Abou-Kamil traite de la solution intégrale d'équations indéterminées. Créateur de l'analyse indéterminée, il s'intéresse à la solution rationnelle, et non point seulement à la solution intégrale de ses problèmes.

1398-1458			*Secvlis Scripserunt, medicos longe excellentis opera, quibus artificiosa methodo & incredibili mortales iuuandi studio, sine inuidia, omnium morborum & symptomatum (quæ à capite usq[ue] ad calcem in humani corporis exterioribus & interioribus partibus accidere consueuerunt) causas & remediorum præsidia exponit. partium quoq[ue] situ & constitutione demonstratis. In quibus sunt & commentarij in Razis Arabis nonum Lib. ad regem Almansorem ...*	Imp. 1540
			Joannis Arculani Commentaria in nonum librum Rasis ad regem Almansorem : In quibus non solum auctoris mentem... exponit, sed etiam separatim quaeque... perpendit...	XVe siècle Imp. 1542
			De arte medendi introductio	XVe siècle Imp. 1544
			Practica Ioannis Arcvlani Veronensis Particvlarivm Morborvm Omnivm : Qui sanè vniuersos, qui proximo seculo in Medicina scripsere, longe antecellit. Dum enim his suis Commentarijs, nonum librum Rasis ad Almansorem Regem accuratius explicat, Partium corporis humani anatomen, morbos, symptomata, causas, ac signa, ea claritate pertractat ...	XVe siècle Imp. 1557
			Practica Joannis Arculani,... particularium morborum omnium...	XVe siècle Imp. 1560
			Practica Ioannis Arculani particularium morborum omnium, in qua corporis humani anatome, morbi, symptomata, causae ac signa atque omninò universa medendi ratio, et remedia adeò apertè et copiosè traduntur, ut nullem aliud opus medicinae studiosis hoc uno esse videatur utilius.	XVe siècle Imp. 1560

A.H. IBN-SINA 980-1037		*Al-Qanun fi al-Tibb* [*Le Canon de la Médecine*]	*Joannis Herculani Expositio in primam efene quarti Canonis Avicenne. - eA la fine Et in hoc finitur expositio efene primi quarti Cano. Avi., per dominum Joannem Herculanum, Veronensem,*	XVe siècle Imp. 1512
			Joannis Herculani, Veronensis, expositio perutilis in primam efene quarti Canonis Avicenne, una cum ad notamentis prestantissimi viri domini Symphoriani Champerii sive Champegii,...	XVe siècle Imp. 1518
			Ioannis Hercvlani in Avicennæ qvarti canonis Fen primam, In qua de febribus agitur, perspicva, atqve optima explicatio, nunc diligentius, quàm antea vnquam recognita, ac mendis innumeris expurgata.	XVe siècle Imp. 1540
			De Febribvs Ioannis Hercvlani in Avicennæ qvarti Canonis Fen primam dilvcida, atqve optima expositio, nvnc recens qvidem recognita, ac mendis qv amplv rimis accvrativs expvrgata. Huc accessit Index, [et] capitum, [et] quæstionum insignium, rerumq; omnium, quæ toto in hoc opere continentur / Avicenna	XVe siècle Imp. 1552
			De Febribus Joannis Arculani in Avic. quarti Canonis Fene primam, dilucida atque optima expositio, nunc denuo accuratissime expurgata, ac duplici Avicennae textu exornata, altero antiquo quem sequutus est Arculanus	XVe siècle Imp. 1560
			Practica Ioannis Arcvlani Veronensis Particvlarivm Morborvm Omnivm, In qua partium corporis humani anatome, morbi, symptomata, causæ, ac signa, atq[ue] omninò vniuersa medendi ratio, & remedia adeò apertè, & copiosè traduntur, vt nullum aliud opus medicinæ studiosis hoc vno	XVe siècle Imp. 1560

			esse videatur vtilius. Magna diligentia cum probatis exemplaribus collata..	
			Expositio optima in quarti canonis principis fen primam.] *In Avicennae quarti canonis fen primam, in qua de febribus agitur, perspicua atque aptima Explicatio, nunc diligentius, quam antea unquam recogn., ac mendis innumeris expurgata.*	XVe siècle Imp. 1560
			De arte medendi introductio	XVe siècle Imp. 1544
U. BENZI J. DESPARS M. SANTA SOFIA G. ARRIVABENE XIVe SIECLE	A.H. IBN-SINA 980-1037	*Al-Qanun fi al-Tibb* [*Le Canon de la Médecine*]	*Ugo super quarta primi. Ugonis senensis super quarta Fen. primi Avi. preclara expositio cum annotetionibus Iacobi de partibus nouiter perquam diligentissime correcta*	XIVe siècle Imp. 1513
LEONARDUM PACHEL 1451-1511	M.I.Z. AR-RAZI 864-925	*Kĭtāb al-Mansuri fi al-Tibb* [*Livre al-Mansuri de la Médecine*]	*Tractatus Rasis de egriindinibus juncturarum*	XVe siècle Imp. 1481
			Capitulum de curis puerorum in prima aetate	XVe siècle Imp. 1481
			Albubecri Rasis fili Zacharia Liber [in decem tractatus ad Almansorem]	XVe siècle Imp. 1481
			Liber divisionum Rasis	XVe siècle Imp. 1481
			Tractatus Rasis de egritudinibus juncturarum.	XVe siècle Imp. 1481
			Capitulum de curis puerorum in prima aetate	XVe siècle Imp. 1481
			Liber Rasis de secretis in medicina qui liber amphorismorum	XVe siècle Imp. 1481
			De sectionibus et cauteriis et ventosis Rasis	XVe siècle Imp. 1481
			Rasis Sinonyma	XVe siècle Imp. 1481
NICOLAS FALCUCCI ou NICOLAS DE FALCONIIS M. 1411	A.Q. ZAHRAWI 936-1013	*Kĭtāb at-Taçrif li-man ajiza an al-talif* [*La Pratique Médicale ou « Antidotaire »*]	*Sermonum liber scientia medicinae Nicolai Antidotarium*	XIVe siècle Imp. 1494
			Liber Servitoris Albucasis. Nicolai Andidotarium	XIVe siècle Imp. 1479
			De medicinis simplicibus et compositiis	XIVe siècle Imp. 1553

A. DE CARCANO & H. DE DURANTIBU XVE SIECLE	A.H. IBN-SINA 980-1037	*Al-Qanun fi al-Tibb* [*Le Canon de la Médecine*]	*Canonis libri V Avicennae*	XVe siècle Imp. 1483
GENTILEM ou GENTILIS DE FULGINEO M. 1348	A.H. IBN-SINA 980-1037	*Al-Qanun fi al-Tibb* [*Le Canon de la Médecine*]	*Expositio Gentilis de Fulgineo generalis in primam fen quarti Canonis Avicennae*	XIVe siècle Imp. 1476
			Questio de prolongatione febris : composue ex cholera, et phlegmate, et pure phlegmate, ubi e etiam de periodicatione...	XIVe siècle Imp. 1477
			Incipit solemne et fidele scriptum Gentilis de Fulgineo super quinto canonis Avicenne	XIVe siècle Imp. 1477
			De proportionibus medicinarum	XIVe siècle Imp. 1486
			Canonis libri V Avicennae	XIVe siècle Imp. 1486
DINO DEL GARBO[226] 1280-1327	A.H. IBN-SINA 980-1037	*Al-Qanun fi al-Tibb* [*Le Canon de la Médecine*]	*Dilucidatorium totius pratice medicinalis scientie*	1311
			Dilucidarium	1321
			Canon medicinae	1325
			Expositio super tertia, quarta et parte quintae fen quarti Canonis Avicenae cum textu	XIIIe siècle Imp. 1489
B. LOCATELLO XVE SIECLE	A.H. IBN-SINA 980-1037	*Al-Qanun fi al-Tibb* [*Le Canon de la Médecine*]	*Avicennae canonis libri V a Gerardo ex Arabico in Latinum translata. Libellus de viribus cordis*	XVe siècle Imp. 1490
GERARD DE SABBIONETTA ou SABLONETA XIIIE SIECLE	A.H. IBN-SINA 980-1037	*Al-Qanun fi al-Tibb* [*Le Canon de la Médecine*]	*T. I Primus Avi-Canon. Avicenne, medicorum principis, canonum liber Translatus a Gerardo Cremonensi [Le jeune]*	XIIIe siècle Imp. 1520
			Canonis libri V... Libellus de viribus cordis,	XIIIe siècle Imp. 1500
			Libri in re medica omnes	XIIIe siècle Imp. 1564
			Canonis libri v. Libellus de viribus cordis	XIIIe siècle Imp. 1505
			Canonis libri V Avicennae, in latinum translati a Gerardo Cremonensi. Ejusdem libellus de Viribus cordis, translatus...	XIIIe siècle Imp. 1490

---

[226] A. DE FERRARI, « Del Garbo, Dino », in Dizionario Biografico degli italiani, Bd. XXXVI (1988).

			Canonis libri V Avicennae, in latinum translati a Gerardo Cremonensi	XIIIe siècle Imp. 1475
			Canonis libri I, III et IV Avicennae, in latinum translati a Gerardo Cremonensi, cum explanatione Jacobi de Partibus...	XIIIe siècle Imp. 1498
			Canonis libri V Avicennae, in latinum translati a Gerardo Cremonensi. Ejusdem libellus de Viribus cordis, translatus...	XIIIe siècle Imp. 1483
			Canonis libri V Avicennae, translati a magistro Gerardo Cremonensi ex arabico in latinum. Ejusdem libellus de...	XIIIe siècle Imp. 1490
	JABIR IBN-HAYYAN 721-815	*Kitāb al-Aḫghar*	*Instrumentum primi mobilis a Petro Apiano nunc primum et inventum et in lucem editum : ... Accedunt iis Gebri...*	XIIIe siècle Imp. 1534
	M. IBN WAFID AL-LAHMI 1007-1074	*Kitāb al-'adwiyat al-mufrada [Livre des médicaments simplifiés]*	*De Vistibus medicinarum et ciborum*	XIIIe siècle Imp. 1531
	M.I.Z. AR-RAZI 864-925	*Kitab al-Hawi fi al-Tibb*	*Opera exquisitoria*	XIIIe siècle Imp. 1544
	A.Q. ZAHRAWI 936-1013	*Kitāb at-Taçrif li-man ajiza an al-talif [La Pratique Médicale ou « Antidotaire »]*	*Cyrurgia parva Guidonis*	XIIIe siècle Imp. 1500
JOSHUA LORKI M. 1419	A.H. IBN-SINA 980-1037	*Al-Qanun fi al-Tibb [Le Canon de la Médecine]*	*Opus de Medicina universa Avicennae*	XIVe siècle Imp. 1491
ANTONIUS FRACANZANI 1506-1567	A.H. IBN-SINA 980-1037	*Al-Qanun fi al-Tibb [Le Canon de la Médecine]*	*Metaphysica Avicennae, sive ejus prima philosophia*	XVIe siècle Imp. 1566
			In librum Hippocratis de Alimento Commentarius	XVIe siècle Imp. 1566
FRANCESCO DE MACERATA XVE SIECLE	A.H. IBN-SINA 980-1037	*Al-Qanun fi al-Tibb [Le Canon de la Médecine]*	*Metaphysica sive prima philosophia*	XVe siècle Imp. 1495
			Metaphysica Auice[n]ne, siue Eius prima philosophia	XVe siècle Imp. 1495
JOANNES PAULUS MONGIUS XVIE SIECLE	A.H. IBN-SINA 980-1037	*Al-Qanun fi al-Tibb [Le Canon de la Médecine]*	*Avicennae Canon medicinae; eiusdem de viribus cordis, removendis nocumentis in regimine sanitatis, syrupo acetoso Canon medicinae*	XVIe siècle Imp. 1564
			Libri in re medica omnes, qui hactenus ad nos peruenere :	XVIe siècle Imp. 1564

			omnia nouisimè post aliorum omnium operam à Ioanne Paulo Mongio	
			Indices rerum memorabilium in Avicennae De re medica libris: nec non IoannisCostaei, ac Ioannis Pauli Mongii annotationibus, locupletissimi. Qui, quantum caeteris in ordine sint praestantiores, quamque alios omnes hactenus	XVIe siècle Imp. 1590
			Auicennae Vita, ex Sorsano	XVIe siècle Imp. 1595
			Canon, libri IV-V	XVIe siècle Imp. 1595
JACOB MANTINO BEN SAMUEL ou MANTINUS M. 1549	A.H. IBN-SINA 980-1037	*Al-Qanun fi al-Tibb* [*Le Canon de la Médecine*]	*Avicennae, ...quarta Fen primi : de universalis ratione medendi*	XVIe siècle Imp. 1532
			Avicennae arabis medicorum ob fuccinctam brevitatis copia, facile ...	XVIe siècle Imp. 1532
			Caput tertii Canonis Fen primae tractatus	XVIe siècle Imp. 1538
	A.W.M. IBN-RUSHD 1126-1198	*Sharh kitâb al-nafs*	*Paraphrasis Averrois de partibus et Generatione Animalium*	XVIe siècle Imp. 1521
			Francisci Philelphi de Morali disciplina libri quinque. Averrois paraphrasis	XVIe siècle Imp. 1552
		Kîtâb Al-Kulliyate fi al-Tibb [*Livre de Médecine générale -ou universelle*]	*Averois Paraphrasis super libros...*	XVIe siècle Imp. 1539
			Averois paraphrasis super libros de Republica Platonis	XVIe siècle Imp. 1539
			Averrois...Sermo de substantia orbis	XVIe siècle Imp. 1550
MARIANI SANCTI BAROLITANI ou MARIANUS SANCTUS 1430-1523	A.H. IBN-SINA 980-1037	*Al-Qanun fi al-Tibb* [*Le Canon de la Médecine*]	*Opera*	XVe siècle Imp. 1531
			De lapide rerum curiosum opusculum nuperrime in lucem aeditum	XVe siècle Imp. 1540
			Ad communem medicorum chirurgicorum usum Commentaria nuper in lucem aedita in Avicennae textu... De contusione et attritione. De casu et offensione. De caluariæ curatione. Eiusdem Mariani	XVe siècle Imp. 1543

			Compendium in chirurgia. *Libellus de lapide renum.* *Libellus aureus de lapide uesicæ per incisionem extrahendo.*	
			Libellus de Ardore Urinae et difficultate urinandi	XVe siècle Imp. 1558
	A.Q. ZAHRAWI 936-1013	*Kitâb at-Taçrîf li-man ajiza an al-talif* [*La Pratique Médicale ou « Antidotaire »*]	*Compendium in Chyrurgia*	XVe siècle Imp. 1555
JOHANNES ou JEAN CINQARBRES 1514-1587	A.H. IBN-SINA 980-1037	*Al-Qanun fi al-Tibb* [*Le Canon de la Médecine*]	*Avicennae, ...libri tertii Fen secunda quae latine*	XVIe siècle Imp. 1570
			Libri tertii Fen secunda, quae Latine ex synonymo Hebraico Ophan reddi ...	XVIe siècle Imp. 1570
MARCO DEGLI ODDI 1526-1591	A.H. IBN-SINA 980-1037	*Al-Qanun fi al-Tibb* [*Le Canon de la Médecine*]	*Oddi de Oddis, ...in primam totam Fen primi libri Canonis Avicennae dilucidissima*	XVIe siècle Imp. 1575
			In primam totam sectionem primi libri Canonis Avicennae expositio	XVIe siècle Imp. 1575
ANDREA GRATIOLO 1540-1580	A.H. IBN-SINA 980-1037	*Al-Qanun fi al-Tibb* [*Le Canon de la Médecine*]	*Discorso di peste : la peste di Desenzano nel*	XVIe siècle Imp. 1567
			Discorso di peste, nel quale si contengono utilissime speculationi intorno alla natura, cagioni, e curatione della peste, con un catalogo di tutte le pesti più notabili de'tempi passati. Et appresso un trattato di peste molto dotto e breve non più veduto di S. Ferro.	XVIe siècle Imp. 1576
			Discorso di Peste M. Andrea Gratiolo di Salo, et appresso un trattato di Peste motto dotto, et breve non pin ved di Valadino Ferro.	XVIe siècle Imp. 1576
			Principis Avicennae liber primus de universalibvus medicae scientiae praeceptis	XVIe siècle Imp. 1580
PEDRO NONIUS ou P. NUNNES 1492-1577	O. IBN AL-HAYTHAM 965-1039	*Kitâb al-Manazir*	*De crepusculis liber unus*	XVe siècle Imp. 1542
	A.H. AL-QALSADI M. 890	*Kashf al-Mahjûb min ilm al-Ghûbar*	*Livro de algebra em arithmetica e geometria*	XVe siècle Imp. 1567

	ABOU AL-WAFA AL-BUZAJANI 940-997	*Kitāb al-Handasa*		
FREDERICO RISNERO M. 1580	O. IBN AL-HAYTHAM 965-1039	*Kitāb al-Manazir*	*Omnes instaurati...adjectis etiam in Alhazenum commentariis*	XVIe siècle Imp. 1572
			Opticae Thesaurus : Alhazeni Arabis libri septem, nuncprimum editi. Eiusdem liber De Crepusculis et nubium ascensionibus. Item Vitellonis Thuringopolini libri X / Omnes instaurati, figuris illustrati & aucti, adiectis etiam in Alhazenum commentarijs, a Federico Risnero	XVIe siècle Imp. 1572
SALUSTIO VISCANTI M. 1448	A.H. IBN-SINA 980-1037	*Al-Qanun fi al-Tibb* [*Le Canon de la Médecine*]	*Trattato della peste, et sua preservatione, et cura*	XVe siècle Imp. 1564
			Discorso di peste, nel quale si contengono utilissime speculationi intorno alla natura, cagioni, e curatione della peste, con un catalogo di tutte le pesti più notabili de'tempi passati.	XVe siècle Imp. 1576
SALADINO FERRO 1386-1463	A.H. IBN-SINA 980-1037	*Al-Qanun fi al-Tibb* [*Le Canon de la Médecine*]	*Trattato della peste, et sua preseruatione, & cura*	XVe siècle Imp. 1565
			Compendium aromatariorum	XVe siècle Imp. 1576
FERRAGHUT DE GIRGENTI XIIIE SIECLE	M.I.Z. AR-RAZI[227] 864-925	*Kitab al-Hawi fi al-Tibb*	*Liber Continentis in medicina, quem composuit Bubikir Zacharie Errasis filius*	1279
STEPHANUS ANTIOCHIENSIS XIIE SIECLE	A. AL-MAJUSI[228] M. 995	*Fi Kitāb Kamil al Sina'ha al-Tibbiah al-Marouf bi al-Malaki[229]*	*Regalis Dispositio*	1127
			Liber medicinae sive Regalis dispositio	XIIe siècle Imp. 1492
			Liber totius medicine necessaria continens quem sapientissimus	XIIe siècle Imp. 1523

[227] G. SARTON, « Introduction to the History of Science »
[228] E.G. BROWNE, « Arabian Medicine »
C. ELGOOD, « Medical History of Persia »
[229] A. IBN-ABBAS insiste sur les stages obligatoires à l'hôpital au chevet des malades. Il traite l'anatomie, la physiologie, la thérapeutique et la pharmacie.

			Haly filius abbas discipulus abimeber moysi klyseiar edidit regias inscripit, unde ex regalis dispositionis nomen assumpsit	
STEPHANUS DE SARAGOSSE XIIIE SIECLE	A.J.A IBN AL-JAZZAR 898-980	Kitāb al-Litîmâd [Livre des médicaments simples]	Liber Fiduciae Simplicibus Medicinis	1233
MOSHE BEN TIBBON M. 1283	A.J.A IBN AL-JAZZAR 898-980	Kitāb al-Litîmâd [Livre des médicaments simples]	Proprietatibus [Livre des Propriétés]	1250
	A.H. AL-SAYBANI IBN ABI AL-RIGAL 1015-1062	Kitab al-bari' fi akham an-nujum	Libro complido de los judizios de las estrellas	1254
	A.W.M. IBN-RUSHD 1126-1198	Kitāb Al-Kulliyate fi al-Tibb [Livre de Médecine générale -ou universelle]	Compendia in Auscultationem physicam, per Averroem, in linguam hebraicam	XIIIe siècle Imp. 1560
IONNIS SERAPION ou SERAPIONIS IXE SIECLE	M.I.Z. AR-RAZI 864-925	Kitāb Al-Mansuri fi al-Tibb [Le Livre al-Mansuri de la Médecine]	Practica Io. Serapionis dicta breuiarium: Liber Serapionis de simplici ...	IXe siècle Imp. 1503
			In hoc volumine continentur. Insignium medicorum, Ioan. Serapionis Arabis De simplicibus medicinis opus praeclarum & ingens. De eisdem liber eximius. Rasis filii Zachariae, De eisdem opusculum perutile. Incerti item autoris de centaureo libellus hactenus Dictionum Arabicarum iuxta atq[ue] Latinarum index ualde necessarius, In quorum emendata excusione, ne quid omnino disyderaretur Othonis Brunfelsij singulari fide & diligentia cautum est	IXe siècle Imp. 1531
			Ioannis Serapionis de simplicium medicamentorum historia libri septem, ex Arabum	IXe siècle Imp. 1552
	A.W.M. IBN-RUSHD 1126-1198	Kitāb Al-Kulliyate fi al-Tibb [Livre de Médecine générale -ou universelle]	Liber de medicinis simplicibus	IXe siècle Imp. 1531
			De Simplicibus liber eximius	IXe siècle Imp. 1531
			De simplicibus medicinis opus praeclarum et ingens	IXe siècle Imp. 1531

ISAAC BEN SOLEIMAN ISRAËLI 850-932	A.J.A IBN AL-JAZZAR 898-980	Zâd al-Musâfir wa tuhfatu al-qâdim [Viatique du Voyageur]	Omnia Opera Isaaced par Andreas Torinus	IXe siècle Imp. 1515
			Viaticum Perigrinantis.	IXe siècle Imp. 1516
			De Morborum Cognitione et curatione.	IXe siècle Imp. 1536
MICHAELE DE CAPELLA XIVE SIECLE	A. AL-MAJUSI M. 995	Kitāb al-Kamil fi al-Sinaha al-Tibbiya » [« Le Livre complet de la Médecine »] ou Kitāb al-Maliki » [Le Livre Royal]	Liber totius medicine necessaria continens quem sapientissimus Haly filius Abbas discipulus Abimeher Moysi filii Seiar edidit : regique inscripsit unde et regalis dispositionis nomen assumpsit	XIVe siècle Imp. 1523
			Jhaly filius Abbas. Liber totius medicine necessaria continens	XIVe siècle Imp. 1523
	A.H. IBN-SINA 980-1037	Qanun fi al-Tibb [Canon de la Médecine]	Flores Avicenne	XIVe siècle Imp. 1508
JEAN-FRANÇOIS FERNEL ou FERNELII 1497-1558	A. AL-MAJUSI M. 995	Kitāb al-Kamil fi al-Sinaha al-Tibbiya [Le Livre complet de la Médecine] ou Kitāb al-Maliki [Le Livre Royal]	De naturali parte medicinae libri septem	XVIe siècle Imp. 1542
			J. Fernelii Medicina	XVIe siècle Imp. 1554
			Medici antiqui Graeci, Latini, atque Arabes. Qui de Febribus scripserunt. Summo studio, atque labore ab excellentissimo d. Ioanne Fernelio, Ambiano, medico…	XVIe siècle Imp. 1594
	O.I. IBN-IMRAN M. 908	Kitāb al-Malikhûliyâ [Livre de la Mélancolie]	Universa Medicina	XVIe siècle Imp. 1567
	M.I.Z. AR-RAZI 864-925	Kitāb al-Mansuri fi al-Tibb [Le Livre al-Mansuri de la Médecine]	De Vacuandi Ratione	XVIe siècle Imp. 1545
	I.A. ABOU-KAMIL 850-930	Al-Kitab al-Tara'if fi'l Hisab	De proportionibus	XVIe siècle Imp. 1526
	A. AL-FARGHANI 805-880	Al-Kâmil fi al-Astûrlab	Monalosphaerium	XVIe siècle Imp. 1527
HELIAM HEBRAEUM XVE SIECLE	A.W.M. IBN-RUSHD 1126-1198	Talkhis kitāb al-Qiyas	Quaestio Averrois in librum Priorum...	XVe siècle Imp. 1497
PAULUS RICIUS ISRAELITAE M. 1541	A.W.M. IBN-RUSHD 1126-1198	Kitāb Al-Kulliyate fi al-Tibb [Livre de Médecine générale -ou universelle]	Hoc opere contenta : De prooemio et ejus partibus questio	XVIe siècle Imp. 1511
H. SURIANI &	A.W.M. IBN-	Kitāb Al-Kulliyate fi al-Tibb	Colliget Averrois. Habes in hoc	XIIe siècle

M. Scoti XIIe siecle	Rushd 1126-1198	[Livre de Médecine générale -ou universelle]	volumine	Imp. 1530
Jean-Baptista Bruyerin de Campegio 1500-1565	A.W.M. Ibn-Rushd 1126-1198	Kitāb Al-Kulliyate fī al-Tibb [Livre de Médecine générale -ou universelle]	Collectaneorum de re medica Averrhoi, ...sectiones tres. I. De sanitatis functionibus	XVIe siècle Imp. 1537
			De re cibaria libri XXII : omnium ciborum genera, omnium gentium moribus, & vsu probata complectens	XVIe siècle Imp. 1560
Francesco Philelphi ou Filelfo 1398-1481	A.W.M. Ibn-Rushd 1126-1198	Kitāb Al-Kulliyate fī al-Tibb [Livre de Médecine générale -ou universelle]	Epistole parii Philelph	XVe siècle Imp. 1485
			Paraphrasis in libros...	XVe siècle Imp. 1539
			Francisci Philelphi De morali disciplina libri quinque. Averrois Paraphrasis in libros	XVe siècle Imp. 1552
Marco Antonio Zimara 1460-1523	A.W.M. Ibn-Rushd 1126-1198	Kitāb Al-Kulliyate fī al-Tibb [« Livre de Médecine générale -ou universelle- »]	Marci Antonii Zimarae,... Antrum magico-medicum in quo arcanorum magico-physicorum, sigillorum... thesaurus locupletissimus novus reconditus. Cui medicamenta etiam varia chymica...	XVe siècle Imp. 1525
			Theoremata. Marci Antonii Zimarae sancti petrinatis, philosophi solertissimi theoremata, seu memorabilium propositionum limitationes. Cum additionibus ab ipso authore post primam impressionem factis...	XVe siècle Imp. 1539
			Marci Antonii Zimarae,... Tabula dilucidationum in dictis Aristotelis et Averrois	XVe siècle Imp. 1562
			Averrois cordubensis colliget libri VII	XVe siècle Imp. 1574
Georg Kraut XVe siecle	M.I.Z. Ar-Razi 864-925	Kitāb al-Mansuri fī al-Tibb [Le Livre al-Mansuri de la Médecine]	Opus medicinae practicae daluberrimum, antehac nusquam impressum. Nonum tractatum libri Rhazis ad regem Almansorem, de curatione morborum particularium	XVe siècle Imp. 1533
			Rhasis philosophi tractatus nonus ad regem Almansorem, de curatione morborum particularium	XVe siècle Imp. 1534

ALBANUS TORINUS ou ALBAN THORER 1489-1550	M.I.Z. AR-RAZI 864-925	Kîtâb al-Mansuri fi al-Tibb [Le Livre al-Mansuri de la Médecine]	Jo. Arculani...Opera quibus... omnium morborum et symptomatum...In quibus sunt et commentarii in Razis arabis nonum liber ad regem Almansorem	XVe siècle Imp. 1540
ABRAHAM JUDAEO TORTUOENSI ou DE TORTOSA XIVe SIECLE	A.Q. ZAHRAWI 936-1013	Kîtâb at-Taçrîf li-man ajiza an al-talif [La Pratique Médicale ou « Antidotaire »]	Liber Servitoris Albucasis	XIVe siècle Imp. 1471
FRANCISCI PIEDEMONTANUS XVe SIECLE	A.Q. ZAHRAWI 936-1013	Kîtâb at-Taçrîf li-man ajiza an al-talif [La Pratique Médicale ou « Antidotaire »]	Opera medicinalia : cum additionibus Francisci Pedemontani.	XVe siècle Imp. 1479
	Y. IBN-MASAWAIYH IXE SIECLE	Daghal Al-ain [Désordre de l'œil]		
JACQUES DALECHAMP 1513-1588	A.Q. ZAHRAWI 936-1013	Kîtâb at-Taçrîf li-man ajiza an al-talif [La Pratique Médicale ou « Antidotaire »]	Chirurgie françoise	XVIe siècle Imp. 1573
ROGER DE SALERNO ou DE PARME M. 1180	A.Q. ZAHRAWI 936-1013	Kîtâb at-Taçrîf li-man ajiza an al-talif [La Pratique Médicale ou « Antidotaire »]	Practica chirurgiae	1170
VALESCUS DE TARANTA 1382-1417	A.Q. ZAHRAWI 936-1013	Kîtâb at-Taçrîf li-man ajiza an al-talif [La Pratique Médicale ou « Antidotaire »]	Practica valesci de tharanta que alias philonium dicitur: una cum	XIVe siècle Imp. 1516
			Epitome Chirurgiae	XIVe siècle Imp. 1560
			Epitome Operis Perquam Vtilis Morbis Curandis Valesci de Taranta	XIVe siècle Imp. 1560
MONDINUS DE BOLOGNA 1275-1326	A.Q. ZAHRAWI 936-1013	Kîtâb at-Taçrîf li-man ajiza an al-talif [La Pratique Médicale ou « Antidotaire »]	De omnibus humani corporis interioribus membris anathomia	XIIIe siècle
			Anathomia	1316 Imp. 1478
GUY DE CHAULIAC 1300-1368	A.Q. ZAHRAWI 936-1013	Kîtâb at-Taçrîf li-man ajiza an al-talif [La Pratique Médicale ou « Antidotaire »]	Chirurgia magna	XIVe siècle Imp. 1363
			Cyrurgia	XIVe siècle Imp. 1500
			Cyrurgia. Cyrurgia parva	XIVe siècle

			Guidonis	Imp. 1500
VINDELICORUM, S. GRIMM M. WIRSUNG XIVe SIECLE	A.Q. ZAHRAWI 936-1013	*Kītāb at-Taçrīf li-man ajiza an al-talif* [*La Pratique Médicale ou « Antidotaire »*]	*Liber theoricae necnon practicae Alsaharavii*	XIVe siècle Imp. 1519
QUINTUS HORATIANUS XIVe SIECLE	A.Q. ZAHRAWI 936-1013	*Kītāb at-Taçrīf li-man ajiza an al-talif* [*La Pratique Médicale ou « Antidotaire »*]	*Albucassis, ...libri tres. I. De Cauterio cum igue et medicinis acutis...*	XIVe siècle Imp. 1532
			Albucassis, ...libri tres. II. De Sectione et perforatione, phlebotomia et ventosis	XIVe siècle Imp. 1532
			Albucassis, ...libri tres. III. De Restauratione et Curatione dislocationis membrorum	XIVe siècle Imp. 1532
			Rerum medicarum lib. quatuor ...	XIVe siècle Imp. 1532
THEODORUS PRISCIANUS XIVe SIECLE	A.Q. ZAHRAWI 936-1013	*Kītāb at-Taçrīf li-man ajiza an al-talif* [*La Pratique Médicale ou « Antidotaire »*]	*Methodus medendi certa, clara et brevis, pleraque quae ad medicinae partes omnes, praecipue quae ad chirurgiamrequiruntur...expon ens...autore Albucassis*	XIVe siècle Imp. 1541
			Rerum medicarum lib. quatuor ...	XIVe siècle Imp. 1532
			Octavii Horatiani rerum medicarum lib. quatuor ...: Albucasis chirurgicorum omniū primarii, lib. tres	XIVe siècle Imp. 1532
ROLANDUS PARMENSIS M. 1264	A.Q. ZAHRAWI 936-1013	*Kītāb at-Taçrīf li-man ajiza an al-talif* [*La Pratique Médicale ou « Antidotaire »*]	*Methodus medendi certa, clara et brevis, pleraque quae ad medicinae partes omnes, praecipue quae ad chirurgiam requiruntur.. .exponens...autore Albucassis*	XIIIe siècle Imp. 1541
			Liber III, in quibus...tradit rationem medendi morbis...humani corporis	XIIIe siècle Imp. 1541
			Liber breviter perstringens quicquid de omnium venarum phlebotomia scire bonum medicum oportet	XIIIe siècle Imp. 1541
	M.I.Z. AR-RAZI 864-925	*Kītāb al-Mansuri fi al-Tibb* [*Le Livre al-Mansuri de la Médecine*]	*Liber III, in quibus...tradit rationem medendi morbis...humani corporis*	XIIIe siècle Imp. 1541
		Kītāb al-Mansuri fi al-Tibb [*Le*	*Liber breviter perstringens*	XIIIe siècle

		Livre al-Mansuri de la Médecine]	*quicquid de omnium venarum phlebotomia scire bonum medicum oportet*	Imp. 1541
	A. IBN-ISSA AL-KAHAL M. 1038	*Tadkhirat al-Kahalin*	*De oculis*	XIIIe siècle Imp. 1513
ANTONII GAZII 1449-1528	A.Q. ZAHRAWI 936-1013	*Kītāb at-Taçrif li-man ajiza an al-talif* [*La Pratique Médicale ou* « *Antidotaire* »]	*Florida Corona - quæ ad sanitatis hominum conservationem ac longævam vatam producendam sunt necessaria, continens, ab Antonio Gazio, patavino medico doctissimo composita.*	XVe siècle Imp. 1491
	M.I.Z. AR-RAZI 864-925	*Kītāb al-Hawi fi al-Tibb*		
	A.H. IBN-SINA 980-1037	*Al-Qanûn fi al-Tibb* [*Le Canon de la Médecine*]		
	A.Q. ZAHRAWI 936-1013	*Kītāb at-Taçrif li-man ajiza an al-talif* [*La Pratique Médicale ou* « *Antidotaire* »]	*Quo medicamentorum genere purgationes fieri debeant liber I*	XVe siècle Imp. 1541
			Methodus medendi certa, clara et brevis, pleraque quae ad medicinae partes omnes, praecipue quae ad chirurgiam requiruntur, Libris III exponens. Cum instrumentis	XVe siècle Imp. 1541
JOHANN BRITANNICUM XVE SIECLE	M.I.Z. AR-RAZI 864-925	*Kītāb al-Hawi fi al-Tibb*	*Hune librum composuit in medicina Abuchare Mugamel, medicus, filius Zachariae Rasis, et congregavit in eo aegritudines supervenientes corpori humano...liber continen artem medicinae et dicta praedecessorum...in ipso et primo appoplesia.*	XVe siècle Imp. 1486
			Secunda pars continentis Rasis continet libros quorum primus qui tamen est vigesimus septimus in ordine totius libri, de apostematibus agit et tractatus novem apprehendit...	XVe siècle Imp. 1509
			Explicit liber trigesimus sextus continentis Rasis. Sequitur liber trigesimus septimus qui est ultimus	XVe siècle Imp. 1509
HIERONYMUM SURIANUM ou SURIANI M. 1522	M.I.Z. AR-RAZI 864-925	*Kītāb al-Hawi fi al-Tibb*	*Liber Continens Rasiz ordinatus et correcticus per clarissimum artium et medicinae...*	XVIe siècle Imp. 1505
			Incipit liber ultimus prefati continentis Rasis et continet tractatus quatuor quorum	XVIe siècle Imp. 1509

			primus est de simplicibus	
			Expliciunt sinonima Rasis cum quibus et universum continentis ejusdem...finem suscepit volumen	XVIe siècle Imp. 1509
			Habes, candide lector, continentem Rasis, viri profecto, in medicinali disciplina, inter arabos auctores doctrina judicio atque experientiae, eminentissimi, qui omnia fere quae ad rem medicam pertinent...	XVIe siècle Imp. 1542
	A.M. IBN-ZUHR[230] 1091-1162	*Kitāb al-Taysir fi al-Mûdawât wa al-Tadbir*[231]	*Liber Theysir*	XVIe siècle Imp. 1530
	A.W.M. IBN-RUSHD 1126-1198	*Kitāb Al-Kulliyate fi al-Tibb* [« Livre de Médecine générale -ou universelle-»]	*Colliget Averrois ... Theizer Abynzoar cum Antidotorio ejusdem : transl. per Hieronymum Surianum*	XVIe siècle Imp. 1549
	A.M. IBN-ZUHR[232] 1091-1162	*Kitāb al-Taysir fi al-Mûdawât wa al-Tadbir*[233]		
GEORGIUM VALLAM PLACENTINUM 1447-1500	M.I.Z. AR-RAZI 864-925	*Kītāb al-Jadari wa al-Hasba*	*Altéra ejusdem operis magnorum moraliuin interpretatio, per Georgium Vallam Placentinum jam pridem elaborata, et breviusculis annotationibus explicata.*	XVe siècle Imp. 1522
			Rhazes philosophus de ratione curandi pestilentiam	XVe siècle Imp. 1528
	M. AL-FARABI 872-950	*Kitab al musiki al-kabir*	*Georgii Vallae placentini viri clariss. De espetendis et fugiendis rebus opus in quo haec continentur [...] De musica libri V, sed primo de inventione et commoditate eius*	XVe siècle Imp. 1501
ALEXANDER BENEDICTUS 1430-1512	M.I.Z. AR-RAZI 864-925	*Kītāb al-Jadari wa al-Hasba*	*Alexandri Benedicti ... De Re Medica Opus Insigne ... Omnia Nunc Postremùm Diligentiori Cura Recognita & Castigata*	XVe siècle Imp. 1527

---

[230] G. SARTON, « Introduction to the History of Science »

G. COLIN, « Avenzoar, sa vie et ses oeuvres » - « La Tadhkira d'Abu al-Ala »

[231] A.M. IBN-ZUHR, « Kitāb al-Taysir fi al-Mûdawât wa al-Tadbir [Livre de la Thérapeutique médicale et alimentaire] »

[232] G. SARTON, « Introduction to the History of Science »

[233] A.M. IBN-ZUHR, « Kitāb al-Taysir fi al-Mûdawât wa al-Tadbir [Livre de la Thérapeutique médicale et alimentaire] »

		Kitab al-Hawi fi al-Tibb	*De pestilenti febre*	XVe siècle Imp. 1528
			Anatomice, sive de Hystoria corporis humani libri quinque. Ejusdem aphorismorum liber. Aphorismi Damasceni.	XVe siècle Imp. 1528
MICHEL PSELLOS 1018-1078	M.I.Z. AR-RAZI 864-925	*Kîtâb al-Jadari wa al-Hasba*	*De pestilentia liber*	XIe siècle Imp. 1529
JOHANN WINTHER 1505-1574	M.I.Z. AR-RAZI 864-925	*Kîtâb al-Jadari wa al-Hasba*	*Rhazae de pestilentia libellus*	XVIe siècle Imp. 1548
			De variolis et morbillis	XVIe siècle Imp. 1548
NICCOLO MACCHELLI 1494-1554	M.I.Z. AR-RAZI 864-925	*Kîtâb al-Jadari wa al-Hasba*	*Razae libellus de peste, de graeco in latinum sermonem versus, per Nicolaum Macchellum*	XVe siècle Imp. 1555
PIETRO D'ARGELLATA[234] M. 1423	A.Q. ZAHRAWI 936-1013	*Kîtâb at-Taçrîf li-man ajiza an al-talif* [*La Pratique Médicale ou « Antidotaire*]	*Cirurgia*	XVe siècle
			Cirurgia magistri	XVe siècle Imp. 1513
			Chirurgia chirurgorum ... recognita	XVe siècle Imp. 1520
SIMON DE GENES XIVe SIECLE	A.Q. ZAHRAWI 936-1013	*Kîtâb at-Taçrîf li-man ajiza an al-talif* [*La Pratique Médicale ou « Antidotaire*]	*Liber Servitoris sive Liber XXVIII Bulchasin Beneberacerin*	XIVe siècle Imp. 1471
			Liber theoricae nec non practicae Alsaharavii, qui vulgo Acararius dicitur	XIVe siècle Imp. 1519
			Synonyma medicinae sive Clavis sanationis	XIVe siècle Imp. 1519
S. GRIMM & M. WIRSUNG XIVe SIECLE	A.Q. ZAHRAWI 936-1013	*Kîtâb at-Taçrîf li-man ajiza an al-talif* [*La Pratique Médicale ou « Antidotaire »*]	*Alsaharavii liber theoriae necnon practicae*	XIVe siècle Imp. 1519
HIERONYMUS BRUNSCHWIG[235] 1450-1512	A.Q. ZAHRAWI 936-1013	*Kîtâb at-Taçrîf li-man ajiza an al-talif* [*La Pratique Médicale ou « Antidotaire »*]	*Dis ist das Buch der Cirurgia*	XVe siècle Imp. 1497
			Liber de arte distillandi	XVe siècle Imp. 1500

---

[234] Professeur de chirurgie à Bologne.

[235] H. BRUNSCHWIG exerça à Strasbourg. Les techniques de suppuration, le drainage et l'utilisation des propriétés magnétiques de l'aimant ne sont que les méthodes qu'on retrouve dans tous les ouvrages des médecins musulmans.

GABRIEL FALLOPI ou FALLOPE[236] 1523-1562	A.Q. ZAHRAWI 936-1013	*Kitāb at-Taçrif li-man ajiza an al-talif* [*La Pratique Médicale ou « Antidotaire »*]	*Observationes anatomicae*	XVIe siècle Imp. 1561
			De ulceribus	XVIe siècle Imp. 1577
	IBN-NAFIS AL-KARASHI 1208-1288	*Shârh Tashrih al-Qanun* [*Commentaires du Canon d'Ibn-Sina*]	*Observationes anatomicae*	XVIe siècle Imp. 1561
			Opera tam practica quam theorica	XVIe siècle Imp. 1584
BRUNO DA LONGOBURGO 1200-1286	A.Q. ZAHRAWI 936-1013	*Kitāb at-Taçrif li-man ajiza an al-talif* [*La Pratique Médicale ou « Antidotaire »*]	*Chirurgia magna et Chirurgia minor*	1252
VALESCO DE TARENTE 1382-1418	A.Q. ZAHRAWI 936-1013	*Kitāb at-Taçrif li-man ajiza an al-talif* [*La Pratique Médicale ou « Antidotaire »*]	*Practica quae alias Philonium dicitur*	XIVe siècle Imp. 1490
			Philonium. Aureum ac perutile opus practice medicine operam dantibus: quod Philonium appellatur ...	XIVe siècle Imp. 1523
BENVENUTO GRASSI XIVE SIECLE	O. IBN AL-HAYTHAM 965-1039	*Kitāb al-Manazir* *Livre I*	*De oculis eorumque egritudinibus et curis. Ferrara: Severinus*	XIVe siècle Imp. 1474
MAYNUS DE MAYNERIIS ou MEDIOLANENSIS M. 1368	A.H. IBN-SINA 980-1037	*Al-Qanûn fi al-Tibb* [*Le Canon de la Médecine*]	*Regimen sanitatis Magini mediolanensis...: cum nonnulis insuper Auicenne ac plerumq [ue] aliorum auctoru[m] margine cartharum insertis. Insuper opusculum de fleubothomia editu [m]*	XIVe siècle Imp. 1487
W. HARVEY[237] 1578-1657	IBN-NAFIS AL-KARASHI 1208-1288	*Shârh Tashrih al-Qanun* [*Commentaires du Canon d'Ibn-Sina*]	*Exercitatio anatomica de motu cordis et sanguinis in animalibus*	XVIe siècle Imp. 1628
			Exercitationes duae anatomicae de circulatione sanguinis ad Johannem Riolanum filium	XVIe siècle Imp. 1649
ANDREA CESALPINO[238] 1519-1603	IBN-NAFIS AL-KARASHI 1208-1288	*Shârh Tashrih al-Qanun* [*Commentaires du Canon d'Ibn-Sina*]	*Quaestionum Peripateticarum*	XVIe siècle Imp. 1571
REALDO	IBN-NAFIS AL-	*Shârh Tashrih al-*	*De Re Anatomica*	XVIe siècle

[236] G. FALLOPE, « *Observationes anatomicae* ». Vense 1561. - « *Opera tam practica quam theorica* », Venise, 1584 ; Francfort 1600.

[237] J. SCHACHT, « Ibn Nafis, Servetus and Colombo ».

[238] A. CESALPINO. Médecin, philosophe et naturaliste italien. Son professeur de médecine n'est autre que R. COLOMBO

COLOMBO[239] 1510-1559	KARASHI 1208-1288	Qanun [Commentaires du Canon d'Ibn-Sina]		Imp. 1559
G. FABRIZI D'ACQUAPENDENTE ou J. FABRICE 1537-1619	IBN-NAFIS AL-KARASHI 1208-1288	Shârh Tashrih al-Qanun [Commentaires du Canon d'Ibn-Sina]	Opera chirurgica	XVIe siècle Imp. 1562
			Opera omnia anatomica et physiologica	XVIe siècle Imp. 1564
THEODORIC M. 1280	A.Q. ZAHRAWI 936-1013	Kîtâb at-Taçrîf li-man ajiza an al-talif [La Pratique Médicale ou « Antidotaire]	Chirurgia secundum medicationem	XIIIe siècle Imp. 1490
			Chirurgia Libri IV	XIIIe siècle Imp. 1498
LANFRANC DE MILAN[240] 1250-1310	A.Q. ZAHRAWI 936-1013	Kîtâb at-Taçrîf li-man ajiza an al-talif [La Pratique Médicale ou « Antidotaire]	Chirurgia Magna, Practica quae dicitur Ars completa totius Chirurgiae	1290
HENRI DE MONDEVILLE 1260-1320	A.Q. ZAHRAWI 936-1013	Kîtâb at-Taçrîf li-man ajiza an al-talif [La Pratique Médicale ou « Antidotaire »] - Abû al-Kâsim Khâlâf bin Ghâbâs al-Zahrawi	Anatomia	1319
GUILLAUME DE SALICET ou DE SALICETO 1210-1277	A.H. IBN-SINA 980-1037	Al-Qanûn fi Al-Tibb	Chirurgia	1275
			Summa conservationis	XIIIe siècle Imp. 1474
LEONARD DE BERTAPAGLIA 1380-1463	A.H. IBN-SINA 980-1037	Al-Qanun fi Al-Tibb [Canon de la Médecine]	Cyrurgia	XIVe siècle Imp. 1498
			He sunt recollecta habite sup. quarto Auicene ab egregio e singulari doctore Magistro Leonardo Bertapalia ..	XIVe siècle Imp. 1513
			Recollectae habitae super Quarto Auicenne	XIVe siècle Imp. 1513
JOHANNE MATTHEI DE GRADIBUS ou JEAN-MATHIEU DE GRADI M. 1460	A.H. IBN-SINA 980-1037	Al-Qanun fi Al-Tibb [Canon de la Médecine]	Super vicesinam secundam Fen tertii Canonis Avicennae	XVe siècle Imp. 1494
			Tertius Canon Avicennae. Fen VI-XIII, XXII	XVe siècle Imp. 1520
			Quartus Canon Avicennae. Quyintus etiam Canon. Canticorum liber, cum	XVe siècle Imp. 1520

---

[239] R. COLOMBO. Médecin et chirurgien italien de la Renaissance. Il enseigna l'anatomie à l'Université de Padoue [1544-1559].

[240] LANFRANCHI ou LANFRANC de Milan, banni de sa ville natale en 1290, il se réfugia à Paris où il professa la chirurgie et importa les méthodes musulmanes enseignées en Italie [Salerne, Padoue, etc.].

			commento...	
GILLES DE CORBEIL[241] M. 1223	M.I.Z. AR-RAZI 864 - 925	Kitab al-Hawi fi al-Tibb	Carmina de urinarum judiciis	XIIIe siècle
	A.J.A IBN AL-JAZZAR 898-980	Kitâb Al-Baul [Livre sur l'urine]	versus de urinis Versus de pulsibus	XIIIe siècle XIIIe siècle
MAURUS 1130-1214	A.J.A IBN AL-JAZZAR 898-980	Zâd al-Musâfir wa tuhfatu al-qâdim [Viatique du Voyageur] Kitâb Al-Baul [Livre sur l'urine]	Anatomia De febribus Urinae abbreviatae Regulae urinarum	XIIe siècle XIIe siècle XIIe siècle XIIe siècle
	A.H. IBN-SINA 980-1037	Kitâb al-Shifa	Doctrina equorum	XIIe siècle
ANDRE VESALE ou VESALIO 1514-1564	M.I.Z. AR-RAZI 864 - 925	Kitab al-Hawi fi al-Tibb	De urinis et pulsu	XVIe siècle
			Rhasis opera	XVIe siècle Imp. 1471
			Paraphrasis in nonum librum Rhazae, ... ad regem Almansorem, de affectuum singularium corporis partium curatione	XVIe siècle Imp. 1551
			Abubetri Rhazae Maomethi, ob usum experientiamque multiplicem, et ob certissimas, ex demonstrationibus logicis indicationes, ad omnes praeter naturam affectus, atque etiam propter remediorum uberrimam materiam, summi medici opera exquisitiora	XVIe siècle Imp. 1544
			De morbis infantium	XVIe siècle Imp. 1544
			De morbis infantium	XVIe siècle Imp. 1544
			Aphorismorum libri VI	XVIe siècle Imp. 1544
			Antidotarius	XVIe siècle Imp. 1544
	IBN-NAFIS AL-KARASHI 1208-1288	Al-Kîtâb Al-Shâmil fi al-Tibb [L'Encyclopédie médicale]	De humani corporis fabrica libri septem	XVIe siècle Imp. 1543
		Shârh Tashrih al-Qanun [Commentaire du Canon d'Ibn-Sina]	De humani corporis fabrica	XVIe siècle Imp. 1543

---

[241] Professeur de chirurgie à Salerne.

PONCET LE PREUX 1481-1559	A.H. IBN-SINA 980-1037	Al-Qanun fi Al-Tibb [Canon de la Médecine]	Prima Fen quarti Canonis Avicennae de febribus	XVe siècle Imp. 1549
MIGUEL SERVET[242] 1511-1553	IBN-NAFIS AL-KARASHI 1208-1288	Shârh Tashrih al-Qanun	Christianismi Restitutio	XVIe siècle Imp. 1553
JOHANNES-BAPTISTA BRUYERINO XVE SIECLE	A.H. IBN-SINA 980-1037	Al-Qanun fi Al-Tibb [Canon de la Médecine]	Principis Avicennae, mauritani, de Corde...	XVe siècle Imp. 1559
	IBN-RUSHD 1126-1198	Kitāb Al-Kulliyate fi al-Tibb [Livre de Médecine générale -ou universelle]	Collectaneorum de re medica Averrhoi ... sectiones tres. I. De sanitatis functionibus...	XVe siècle Imp. 1537
ANTONII MARIAE BETTI M. 1562	A.H. IBN-SINA 980-1037	Al-Qanun fi Al-Tibb [Canon de la Médecine]	Quartam Fen primi Canonis Avicennae commentarium longe doctissimum	XVIe siècle Imp. 1560
			Antonii Mariae Betti in quartam fen primi canonis Avicennae Commentarium longe doctissimum nunc primum in lucem	XVIe siècle Imp. 1562
			Antonii Mariae Betti in quartam fen primi canonis Avicennae Commentarius. Eiusdem authoris quaestio de rhabarbaro	XVIe siècle Imp. 1591
GERARDUM ou GERARDUS TOLETANUM XVE SIECLE	M.I.Z. AR-RAZI 864-925	Kitāb al-Mansuri fi al-Tibb [Livre al-Mansuri de la Médecine]	Ad regem Mansorem libri X	XVe siècle Imp. 1544
			Liber divisionum	XVe siècle Imp. 1544
			De affectibus juncturarum	XVe siècle Imp. 1544
			Abubetri Rhazæ ... Opera Exquisitiora ... Per Gerardum Toletanum ..	XVe siècle Imp. 1544

---

[242] E.J. GORDON, « William Harvey and the circulation of the blood. South Med J 1991 ; 84 : 1439-44 ».

ANDREA ALPAGO DE BELLUNO[243] 1450-1521[244]	IBN-NAFIS AL-KARASHI [245] 1208-1288	*Shârh Tashrih al-Qanun* [246]	*Commentaires du Canon d'Ibn-Sina*	XVIe siècle Imp. 1527
	A.H. IBN-SINA 980-1037	*Al-Qanun fi al-Tibb* [*Le Canon de la Médecine*]	*Avicennae...Compendium de anima. De mahad [al-mahad], id est de dispositione...*	XVIe siècle Imp.1546
			De Febribus ...quarti Canonis	XVIe siècle Imp.1560
			De Removendis Nocumentis in regimine sanitatis	XVIe siècle Imp.1564
			De Sirupo acetoso	XVIe siècle Imp.1564
			Avicennae Liber Canonis. Canonis libri V	XVIe siècle
		Al-al-adwiya qalbiyya	*Necnon de medicinis cordialibus...*	XVIe siècle
	A.W.M. IBN-RUSHD 1126-1198	*Kitâb Al-Kulliyate fi al-Tibb* [*Livre de Médecine générale -ou universelle*]	*Cantica...cum Averrois commentariis...*	XVIe siècle Imp.1552
	M.I.Z. AR-RAZI 864-925	*Kitab al-Hawi fi al-Tibb*	*De medicinis principum pas horribilibus*	XVIe siècle Imp. 1555
MONDINO DEI LIUCCI 1270-1326	A.H. IBN-SINA 980-1037	*Al-Qanun fi Al-Tibb* [*Le Canon de la Médecine*]	*Expositio super capitulum De generatione embrionis Canonis Avicennae cum quibusdam quaestionibus*	XIIIe siècle
	A.Q. ZAHRAWI 936-1013	*Kitâb at-Taçrif li-man ajiza an al-talif* [*La Pratique Médicale ou « Antidotaire*]	*Anatomia*	XIIIe siècle
JOHANNES GUINTERIUS WINTHER 1505-1574	M.I.Z. AR-RAZI 864-925	*Kitâb al-Mansuri fi al-Tibb* [*Livre al-Mansuri de la Médecine*]	*De praeservatione ab aegritudine lapidis*	XVIe siècle Imp.1544
			De sectionibus, cauteriis et ventosis	XVIe siècle Imp.1544
			De facultatibus partium animalium	XVIe siècle Imp.1544

[243] ANDREA ALPAGO DI BELLUNO traduit également d'autres ouvrages, par exemple, ceux de A.H. IBN-SINA [AVICENNE], de M.I.Z. AR-RAZI [RHAZES].

[244] A. ALPAGO [XVe siècle] vécut une trentaine d'années en Syrie et voyagea beaucoup dans les pays musulmans à la recherche d'ouvrages scientifiques et notamment médicaux. Il traduisit de nombreux manuscrits de médecine des grands maîtres musulmans dont IBN-NAFIS AL-KARASHI et beaucoup d'autres médecins célèbres. A sa mort, une grande partie de ses traductions ne furent toujours pas imprimés mais furent « copiés ».

[245] IBN-NAFIS AL-KARASHI, « « *Al-Kitâb Al-Shâmil fi al-Tibb* [*L'Encyclopédie médicale*] »

[246] IBN-NAFIS AL-KARASHI commenta le Canon de la Médecine de IBN-SINA en améliorant la classification relative à l'anatomie et en y ajoutant ses propres travaux révolutionnaires.

M.T. D'ALVERNY, « Medioevo e Rrinascimento, studi in onore di Bruno Nardi »

JEAN DE TOURNES 1504-1564 - GUILLAUME GAZEAU XVIe SIECLE	M.I.Z. AR-RAZI 864-925	Kitāb al-Mansuri fi al-Tibb [Livre al-Mansuri de la Médecine]	Paraphrasis in Nonum Librum Rhazæ medici Arabis clariss. ad Regem Almansorem, de affectuum singularum corporis partium curatione…	XVIe siècle Imp.1551
JOHANNES CRATO VON CRAFFTHEIM ou KRAFFTHEIM 1519-1585	M.I.Z. AR-RAZI 864-925	Kitāb al-Mansuri fi al-Tibb [Livre al-Mansuri de la Médecine]	Joannis Baptistae Montani … In nonum librum Rhasis ad R. Almansorem lectiones primi anni publicę professionis in Academia Patavina summa fide	XVIe siècle Imp.1562
PAULUS BAGELLARDO M. 1492	M.I.Z. AR-RAZI 864 - 925	Kitab al-Hawi fi al-Tibb - Kitāb al-Mansouri fi al-Tibb	De infantium aegritudinibus et remediis	XVe siècle Imp. 1472
PETRI DE TUSSIGNANO[247] M. 1401	M.I.Z. AR-RAZI 864 - 925	Kitab al-Hawi fi al-Tibb - Kitāb al-Mansouri fi al-Tibb	De peste	XVe siècle Imp. 1472
			Incipiunt recepte…super nono Almansoris feliciter finiunt. Excellentissimi doctoris…	XVe siècle Imp. 1483
			Compositiones et remedia ad plerosque omnes affectus morbosque sanandos	XVe siècle Imp. 1587
			Liber nonus cum expositione Sillani	XVe siècle Imp. 1490
			Almansoris liber nonus cum expositione Sillani	XVe siècle Imp. 1490
			Almansoris Liber nonus cum expositione Silani de Nigris de Papia. Receptae Petri de Tussignano supra nonum ad Almansorem	XVe siècle Imp. 1490
			Fasciculus medicinae [Petrus de Tussignano; Consilium pro peste evitanda. - Mundinus. Anatomia. Rhasis (Aba Bakr Muhammad ibn Zakaryyæ' ar-Ræzi).	XVe siècle Imp. 1500
			Tractatus de regimine sanitatis	XVe siècle Imp. 1540
BAVERIO BAVERIA[248]	A.M. IBN-ZUHR 1091-1162	Kitāb al-Taysir fi al-Mûdawât wa al-Tadbir	Trattato mirabile contra peste	XVe siècle Imp. 1478
			Praeclarissimi artium et	XVe siècle

[247] P. DE TUSSIGNANO professeur à l'Université de Padoue publia des conseils contre la contagion.
[248] B. BAVERIA, médecin du pape NICOLAS V [1447], professeur à Bologne s'intéressa à la peste.

			medichae doctoris	Imp. 1489
1405-1480			Consilia medica	XVe siècle
				Imp. 1489
JOHANNES MICHAELIS SAVONAROLE 1384-1462	A.H. IBN-SINA 980-1037	Al-Qanun fi al-Tibb [Le Canon de la Médecine]	Canonica Michaelis Sauonarole De febribus De pulsibus De urinis De egestionibus	XVe siècle Imp. 1498
			Practica medica et Canonica de febribus	XVe siècle Imp. 1560
	A.M. IBN-ZUHR 1091-1162	Kitāb al-Taysir fi al-Mûdawât wa al-Tadbir	De febribus	XVe siècle Imp. 1487
			Practica medicinae	XVe siècle Imp. 1497
			Practica major	XVe siècle Imp. 1547
			Libro della natura et virtu delle cose che nutriscono & delle cose non ..	XVe siècle Imp. 1576
PATAVINUS PARAVICIO ou PARAVICIUS XIIIe SIECLE	A.M. IBN-ZUHR[249] 1091-1162	Kitāb al-Taysir fi al-Mûdawât wa al-Tadbir[250]	Liber Theicrisi dahalmodana	XIIIe siècle Imp. 1490
			Abu Merwan Ibn Zoar, Rectificatio medicationis	XIIIe siècle Imp. 1490
			Liber Teisir, sive Rectificatio medicationis et regiminis : Antidotarium	XIIIe siècle Imp. 1490
			Tractatus medicinae. In Latin	XIIIe siècle Imp. 1497
			Abhumeron Abynzoar : [Incipit liber theizir dahalmodana vahaltadabir, cuius est interpretatio rectificatio medicationis & regiminis]	XIIIe siècle Imp. 1497

D - Compilation et confection du folklore grec

Le *folklore*, c'est la « *civilisation populaire* » dont le *folklore oral* n'est naturellement qu'une partie mais qui reste capitale, attendu que tout se transmettait oralement en Grèce antique. Par extension, le folklore est *l'ensemble des traditions, usages, coutumes,*

---

[249] G. SARTON, « Introduction to the History of Science »
  G. COLIN, « Avenzoar, sa vie et ses oeuvres » - « La Tadhkira d'Abu al-Ala »
[250] A.M. IBN-ZUHR, « Kitāb al-Taysir fi al-Mûdawât wa al-Tadbir [Livre de la Thérapeutique médicale et alimentaire] »

fêtes, chants, costumes, instruments, meubles et décors familiers de la vie populaire grecque. A côté de ce que l'on désigne par le terme *philosophie* qui n'est rien d'autre que l'interprétation de la *cosmogonie*[251], la tradition populaire grecque véhicule aussi une culture éminemment riche de récits, de croyances agraires, de coutumes, de mœurs, de divertissements, d'habitudes de vie, etc.

C'est pendant tout le Moyen-Age et surtout à la fin de celui-ci, que toute cette culture orale traditionnelle [folklore, us et coutumes, légendes, mythes, etc.] éparpillée dans toutes les îles grecques fut récupérée, compilée, réactualisée même par une multitude de prêtres et de moines byzantins. Certains d'entre eux débarqués expressément de Grèce [Byzance sous occupation ottomane] en Italie [Rome, Venise, Florence, Bologne, etc.] occupèrent des chaires d'enseignement de la langue et de la culture helléniques. Cette dernière consiste en des amas éparses de culture populaire provenant de sources hétéroclites d'historiettes, de récits, de contes, d'anecdotes, de sagas, de chroniques qu'ils venaient justement de compiler sous forme de recueils.

1 - Quelques idéologues et artisans de la culture populaire hellène

Maxime Planude[252] [1255/1260-1305/1310] théologien et *philologue*[253] byzantin. Selon les hellénistes et les spécialistes de l'histoire, il devient moine [1283] et fut rattaché à divers monastères [Mont Saint-Auxence en Chalcédoine, Cinq Saints et Christ Akataleptos à Constantinople]. Il se consacra à l'enseignement, à l'étude et occupa des fonctions officielles pour le Palais impérial [il écrit des discours officiels] et participa à des missions d'ambassade déléguées à Venise. Il est proche de l'empereur Andronic II Paleologue [1259-1332]. Les philologues M. Moschopoulos et D. Triclinios, J. Zaridès furent les disciples de M. Planude qui, entourés d'équipes d'assistants, ont recueilli, compilé et commenté la tradition folklorique grecque de l'Antiquité. Cette dernière est introduite en Italie à la Renaissance et a joué un rôle décisif dans l'élaboration de la « *culture classique* ». Nombre de manuscrits autographes de ces auteurs sont encore présents dans les collections modernes.

---

[251] *Cosmogonie.* Ensembles de récits mythiques ou de conjectures magiques, cherchant à expliquer l'origine et l'évolution de l'Univers [homme, faune, flore, astres, etc.].

[252] M. LEONE & A.M. HAKKERT, « *Maximi monachi Planudis epistulae* edidit Petrus Aloisiu », Amsterdam, 1991.

[253] *Philologue.* Personne qui s'occupe de philologie, spécialiste de philologie qui est l'étude, tant en ce qui concerne le contenu que l'expression, de documents, surtout écrits, utilisant telle ou telle langue, ici le grec.

M. Planude est célèbre pour son œuvre qu'il confectionna de l'Anthologie grecque. L'édition « *planudéenne* » comprend 388 poèmes. Le grand manuscrit autographe de Planude [*Marc. gr. 481*] est achevé au monastère de l'Akataleptos en 1299.

M. Planude « *retrouve* » divers documents qu'il compile : Fables attribuées à certains Esope, Hésiode, Théocrite, Phénomènes d'Aratos, Dyonisiaques de Nonnos de Panopolis, 77 traités « *découverts* » par l'auteur de Moralia de Plutarque, les pièces de Sophocle [*Ajax, Électre, Œdipe Roi*], etc.

Par la variété de ses centres d'intérêts, il reproduit également des textes scientifiques dénommés « *Arithmétique de Diophante* » et « *Éléments d'Euclide* ». A titre indicatif, les traités des mathématiciens musulmans tels que Al-Khawarizmi, Al-Khazini, At-Tusi, etc., connaissaient un engouement sans précédent en Occident [Grèce, Italie, Allemagne, France, etc.] et cela depuis déjà plusieurs siècles[254].

Grande fût la joie de M. Planude, qui grâce à la découverte « *miraculeuse* » [1295], plus de onze siècles plus tard, d'un livre manuscrit, il a put rétablir les cartes « *perdues* » depuis l'Antiquité tardive et qu'il baptisa « *Géographie de Ptolémée*[255] » et la « *Géographie* » de Strabon. De même, un traité élémentaire d'astronomie retrouvé par « *miracle* » et baptisé « *Cyclice theoria*[256] » ou « *Théorie sur le mouvement circulaire des corps célestes* » d'un certain *Cléomède*[257]. A propos de ce personnage, les hellénistes le présentent comme un philosophe stoïcien, mais personne ne connait ni les dates de sa naissance, ni de celle de sa mort mais tout le monde le situe en *général* entre un autre personnage, Posidonios [135-51 av. J.C.] qu'il *cite* et Ptolémée [85-165 ap. J.C.] qu'il *ne cite pas*.

M. Planude a aussi mis au point des recueils tels que des collections de textes sur la rhétorique, l'histoire [histoire romaine de Dion Cassius], du traité *Du monde*, des dialogues d'un certain Platon, de recueil de proverbes et devinettes populaires.

M. Planude connaissait le latin, a été l'un des précurseurs à Byzance à s'en imprégner abondamment et à transcrire la littérature dans cette langue ainsi qu'à la consigner également en grec. Il rédigea un « *Dialogue sur la grammaire* », ouvrage pédagogique présentant les règles sous forme de questions/réponses, un lexique du grec ancien, etc. En tant que moine, il s'est peu intéressé à la théologie. L'œuvre poétique liturgique de Planude reste quantitativement importante.

---

[254] M. PLANUDE, « Manuscrit autographe *Ambr. ET 157 sup.* »

[255] E. VAGNON, « La réception de la Géographie de Ptolémée en Occident : un exemple de transfert culturel », Hypothèses, Paris, 2002, p. 201-211. *Vat. Urbinas gr. 82*

[256] National Library of Scotland *Advocates 18.7.15*

[257] « *Théorie circulaire des corps célestes* » publié en grec à Paris en 1539 in-4 et, avec traduction latine de R. Balfour en 1605 à Bordeaux et celle de J. Bake [1820].

Thomas Magister ou T. Magistros, ou Theodoulos Monachos [1270-1340] est un philologue, *rhéteur*[258] moine et théologien. Il enseigna à Thessalonique fort longtemps. Ses principales œuvres sont un dictionnaire de mots et expressions attiques qui fût publié à Rome en 1517. On lui attribue des *scholies*[259] sur Eschyle, Sophocle, Euripide et Aristophane, deux discours sur les devoirs des monarques, une lettre sur la cruauté des Turcs en Thessalie et en Macédoine, etc.

Démétrios Triclinios[260] [1280-1340] philologue, il est l'une des figures de proue qui marqua la Renaissance. Il enseigna longtemps à Thessalonique. L'essentiel de son œuvre a été d'imaginer, de collecter, d'établir, de corriger et de commenter des poésies qui dateraient de l'Antiquité. On lui alloue : Hesiode, Pindare, Eschyle, Sophocle, Euripide, Aristophane, Théocrite. Soucieux de recueillir cette tradition orale complète, il se « *consacra* » à chacun de ses hypothétiques personnages.

Selon les héllénistes, il fut surtout un pionnier dans la correction des textes poétiques légués par la tradition malgré les énormes difficultés à les réunir. Réalisé entre 1316 et 1319, *Hésiode* autographe [*Marc. gr. 464*] reste un recueil minutieux de toute la tradition des scholies antiques et médiévales quant à son classement et sa synthèse. La compilation d'*Eschyle*, D. Triclinios reconstitue les documents par collation de textes fragmentaires. Pour *Euripide* l'auteur a redécouvert et remis en circulation neuf des dix-neuf pièces conservées par la culture populaire : *Hélène, Électre, La Folie d'Héraclès, Les Héraclides, Les Suppliantes, Iphigénie à Aulis, Iphigénie en Tauride, Ion, Le Cyclope, Les Bacchantes, etc.*

D. Triclinios ne s'est guère intéressé aux textes scientifiques, mais il est intervenu sur l'édition *planudéenne* de la « *Géographie de Ptolémée* » et il a copié, à l'instar de ses coreligionnaires, un texte musulman en astronomie sur les mouvements de la lune.

J. Argyropulo ou Argyropoulos dit Argyrophyle lettré grec vint à Padoue [1434] et enseigna le grec [1456]. A Rome [1480], il professa la philosophie d'un certain *Aristote*. Selon les héllénistes, il est l'auteur de traductions latines de la « *Physique* », de l'*Ethique* et d'autres ouvrages de ce personnage.

Gémistos [Georgios] dit Gémiste Plethon[261], philosophe byzantin du XVe siècle. Il émigra en Italie et fût accueilli à Florence par les Médicis. Il fit connaître à ces derniers

---

[258] *Rhéteur.* Personne qui enseignait l'éloquence ; maître de rhétorique.

[259] *Scholie.* Note philologique ou historique due à un commentateur ancien, servant à l'interprétation d'un texte de l'Antiquité.

[260] E.B. FRYDE, « The early Palaeologan Renaissance [1261-1360] », Leyde, 2000.

[261] Sur Gémiste Plethon, se conférer au chapitre : « *Les « livres » des penseurs de la Grèce antique* ».

en exclusivité les écrits du personnage Platon et ils furent si enthousiastes qu'ils l'encouragèrent à fonder avec l'aide de Côme de Médicis l'*Académie platonicienne de Florence*[262].

L'une des œuvres de Georges Gemiste qui eut une certaine influence est « *De Plalonicae atque Aristotelicae philosophiae differentia* » qui a été traduite en grec à Venise [1532-1540]. Le protagoniste « *Platon* » lui a été une source d'inspiration constante [*sic*]. Il « *platonisa* » toute sa pensée et ses écrits à la cuisine du *stoïcisme*[263] inspirée par ses maîtres alexandrins [« *De Virtutibus* », livre imprimé *à* Anvers en 1552]. Il fut séduit par les doctrines de l'ancien Orient [« *Oracula magica Zoroastris* », publié à Paris en 1538 ; « *Zoroastrorum* » et « *Platonicorum dogmatum compendium* » imprimés en 1549]. Selon les hellénistes, il rédigea également certains textes comme « *Libellus de fato* », commentaire sur « l'*Introduction de Porphyre* », sur les « *Catégories* » et les « *Analytiques d'Aristote* ».

Angilio Ambrogini dit Ange Politien[264] [1454-1494] part à Florence chez sa famille. Laurent de Médicis l'accueille et lui confie des missions, en l'occurrence la charge d'être le précepteur de ses enfants Pierre et Jean de Médicis [futur Pape Léon X]. Il prend les ordres sacrés et devient chanoine de la cathédrale de Florence. Il reçoit la chaire de rhétorique latine et grecque à l'université de Florence, jusqu'à sa mort ; chaire qui fût crée déjà dès le XIVe siècle et confiée traditionnellement à des érudits byzantins bien avant la chute de Constantinople.

A. Politien est un auteur qui montre son grand attachement aux thèmes populaires. Il fut aussi le poète du mythe. Il compose de nombreux poèmes. Sa renommée s'accroît avec ses leçons sur les auteurs antiques « *retrouvés* » qu'il répand. Ses compositions suivent ensuite son évolution vers la philologie et l'érudition en latin [« *Sylvae* » et la « *Miscellanea centuria prima* »].

Sa philologie fait suite à sa compréhension des textes récents de la tradition et influence ses choix d'édition. Il est le fondateur de la philologie diffusée pendant toute la Renaissance appuyée par une culture *humaniste*[265]. Sa maîtrise parfaite du grec et du

---

[262] L'*Académie platonicienne de Florence* se veut l'incarnation de l'*Académie platonicienne d'Athènes*.

[263] *Stoïcisme*. Philosophie de Zénon de Cition et de ses disciples.

[264] J.-M. MANDOSIO, « Un enseignement novateur. Les cours d'Ange Politien à l'université de Florence [1480-1494] », *Histoire de l'éducation*, 2008

[265] L'*Humanisme* est une idéologie de la Renaissance qui s'est servie de l'imprimerie pour diffuser de façon décisive ses idées. Opprtunistes, affairistes et arrivistes, les humanistes [Erasme, Machiavel, Pétrarque, More, etc.] ne vivent et n'existent qu'à l'ombre du Pouvoir [Temporel, Spirituel, Financier]. L'Humanisme de la Renaissance a servi avec habileté tous ceux qu'il semblait politiquement profitable de suivre. Les humanistes étaient des adeptes de l'*ésotérisme* [*Alchimie*] et étaient versés dans les enseignements de la *Kabbale*.

latin va lui servir à concevoir ses textes. Ainsi, A. Politien, compositeur de langue latine rédige divers commentaires sur des récits antiques : « *Orphée* » en 1480, rédaction et traduction de « l'*Iliade* » d'un certain *Homère* en latin [livres II à V], « *Miscellaneorum centuria* », traduction latine d'*Hérodien*[266].

Marsile Ficin[267] [1433-1499], théologien italien et philosophe qui se consacra particulièrement à la traduction des œuvres de *Platon* dont il voua un véritable culte tout au long de sa vie.

A la suite du concile de 1439, convoqué à Florence par le pape Eugène IV, pour une réconciliation des deux Églises d'Orient et d'Occident, plusieurs érudits grecs, conviés pour cette cérémonie, s'installèrent en Toscane et qui furent à l'origine de la célèbre *Académie platonicienne de Florence*, érigée sous l'inspiration de Gemiste Plethon.

En 1438, Côme de Médicis, après avoir suivi les leçons du philosophe byzantin platonicien Gémiste Plethon conçut l'idée de faire renaître une *Académie à Florence* à l'instar de la légendaire et hypothétique *Académie d'Athènes*. Il offrit à Marsile Ficin un manuscrit byzantin confié par Gémiste Plethon des œuvres de Platon et lui demanda de le traduire en latin. Côme de Médicis porta un vif intérêt à ce que M. Ficin soit le représentant autorisé des doctrines de Platon et il en octroya cette fonction en le nommant administrateur de son *Académie*. M. Ficin reçoit ainsi autorité pour produire surtout du Platon et pourquoi pas, dans sa lancée, d'autres « *auteurs* » classiques [*Plotin, Denys l'Aréopagite*, etc.].

M. Ficin devint l'élève [1459] de Jean Argyropoulos qui enseignait la langue et la « *littérature* » populaires grecques.

M. Ficin se voua conjointement à l'étude de la théologie et de la philosophie dont l'objectif est le même selon lui. Pour l'auteur, le platonisme et le christianisme ne sont qu'accord et harmonie entre eux. Bien évidemment, puisque le premier [platonisme] émane du second [christianisme] et sa genèse dans le giron du Vatican est toute récente. Dès lors, il voyait le philosophe grec comme un précurseur de Jésus-Christ. Il diffusa avec fougue la pensée de Platon. Le roi issu des Médicis Laurent de Médicis dit Laurent le Magnifique fût son élève et il dispensa ses largesses en faveurs des doctrines

---

[266] L.D. REYNOLDS & N.G. WILSON, « *D'Homère à Érasme : la transmission des classiques grecs et latins* », Collab. P. PETITMENGIN, Paris, 1986.

[267] R. MARCEL, « *Marsile Ficin (1433-1499)* », Les Belles Lettres, Paris, collection Les classiques de l'Humanisme - 1958. Réédit. 2007.

platoniciennes. L'œuvre de M. Ficin, traducteur et commentateur du platonisme, eut une portée considérable dans l'Europe de la Renaissance et façonna son avenir.

M. Ficin entra dans les ordres et fut nommé chanoine de Saint-Laurent. Ces nouvelles fonctions n'empêchèrent pas son activité philosophique, bien au contraire. Il mena à bien sa traduction latine de Platon [1483-1484] que les érudits byzantins, installés à Florence ont compilé [en grec].

Dans la quête du retour à l'Antiquité grecque [ou gréco-romaine], M. Ficin porta un vif intérêt à l'astrologie ce qui le conduisit à s'attirer les foudres de l'Eglise romaine. Il fut accusé de sorcellerie par le Pape Innocent VIII en 1489. Grâce à ses relations, il échappa à l'*Inquisition*[268].

D'après les hellénistes : « *M. Ficin a restitué à l'Occident les penseurs de la Grèce antique !* »

Il faut citer d'autres de ses ouvrages : « *Theologia platonica, cive de animarum immortalitate* » édité à Florence en 1482, « *De Vita* » en 1489 ; des traductions d'un certain Plotin en 1492, Denys l'Aréopagite en 1496. Ses œuvres ont été publiées à Bâle en 1561 et à Paris en 1644.

2 - Côme de Médicis

Côme ou Cosme de Médicis [ou *Cosimo de Medici* - 1389-1464], banquier et homme d'État italien, il est le fondateur de la dynastie politique des Médicis qui étaient les maîtres effectifs de Florence durant la plus grande partie de la Renaissance italienne. Il s'est rendu célèbre également sous le titre de Cosme l'Ancien [*Cosimo il Vecchio*] ou « *Cosimo Pater Patriae* » [*Cosme Père de la patrie*].

C'est avec Côme que débuta le mécénat des Médicis. Il fit une commande de fresques pour le couvent San Marco [Florence] par Guido di Pietro [Fra Giovanni ou Fra Angelico - 1400-1455]. Marsile Ficin note que Côme de Médicis était, depuis 1438, un fervent adepte des leçons du philosophe [1360-1452] que Cosme décida de fonder en 1459 l'*Académie platonicienne de Florence*. Côme de Médicis se vouait exclusivement à l'intérêt de l'art[269] et de la science, au service desquels il mit sa fortune. C'est un excellent investissement pour des projets socio-politiques à moyen et long terme. L'art et la science entre les mains d'investisseurs rusés serviront les intérêts de la

---

[268] J.-C. MARGOLIN & S. MATTON, « Marsile Ficin et l'alchimie. Sa position, son influence » in *Alchimie et philosophie à la Renaissance*. Actes du colloque international de Tours [4-7 déc. 1991], Paris, Vrin, 1993 [De Pétrarque à Descartes, LVII].

[269] Collectionneur, Côme de Médicis était conseillé par le sculpteur italien Donato di Niccolò di Betto Bardi, dit *Donatello* [1386-1466] qui devint son ami.

Finance et son pouvoir hégémonique. Bientôt, tout Florence suivit son exemple. Ainsi, la Renaissance prit son essor ce qui alla bientôt métamorphoser l'Europe [Financratie - banques-, Bourgeoisie].

3 - Laurent de Médicis

Il est également dénommé *Laurent le Magnifique* [1448-1469]. Il gouverne la République de Florence à l'instar de ses aïeuls. J. Argyropoulos et M. Ficin furent ses professeurs. Ils l'éduquèrent à la philosophie platonicienne et à la littérature de l'Antiquité gréco-romaine.

L. de Médicis entreprit plusieurs voyages en Orient pour observer leurs mœurs et leurs lois et surtout ramener des manuscrits des savants musulmans [sciences, littératures, etc.]. Il a été un élément capital de la Renaissance en tant que mécène à l'instar de Côme de Médicis et en tant que protecteur des arts et des lettres par son influence. Il est réconcilié avec le Saint-Siège en portant son fils Jean [le futur Léon X] à la papauté. Il achève sa vie en retrait dans sa campagne de Caneggi, exerçant sans répit le rôle de mécène pour tous ceux désireux de se consacrer et établir la culture gréco-romaine pour la postérité occidentale fidèle à la politique de son père. Il mit à la disposition des érudits ses collections de manuscrits de sa fameuse *Bibliothèque Laurentienne*. L. de Médicis se fit un nom dans la poésie italienne, en étant le plus important écrivain de la Renaissance et de l'Italie. Ses œuvres principales sont : « *Stanze bellissime* » édité à Pesaro en 1513, « *Poesie vulgare* » imprimé à Venise en 1554, « *Rime sacre* » publié à Florence en 1680.

E - Les scriptorium : ateliers de la copie dans la chrétienté

Dès le VIIIe siècle débute l'*âge d'or des traducteurs copistes latins*. La culture scientifique, littéraire et technique musulmane de la *Civilisation de l'Islam Classique* [CIC] est systématiquement récupérée, traduite en latin et en grec, copiée et recopiée en écriture *caroline* et *gothique* sur des manuscrits enluminés par d'innombrables moines anonymes dans les *scriptoriums* des abbayes, des églises et des monastères, puis dans les Ecoles urbaines et les Universités vers le XIIe-XIIIe siècle. Ceux-ci étaient disséminés dans tous les territoires de la chrétienté que ce soit en Orient ou en Occident. Un *scriptorium* est un atelier des monastères dans lequel travaillaient les *moines copistes*. Par extension, école de scribes ou d'enlumineurs que l'on trouvait au cours du haut Moyen-Âge et à l'époque romane dans divers *centres ecclésiastiques* ou *laïcs* [*scriptoria* royaux ou impériaux].

Depuis huit siècles, du VIIIe siècle jusqu'à la Renaissance au XVIe siècle et bien au-delà, les œuvres scientifiques, littéraires ou théologiques[270] circulaient dans le monde de la chrétienté sous leur forme originale, en arabe ou traduite en hébreux, en latin et en grec. La presque totalité de la Connaissance [littérature scientifique, technique, musicale, poétique et théologique] sous forme de manuscrits et d'incunables[271] et qui constitue, par exemple, la Bibliothèque de la Stanza du Pape Jules II est celle des savants musulmans !

A titre indicatif, il est intéressant de citer quelques-uns de ces innombrables endroits où sont aménagés ces scriptoriums et qui parsèment tout les territoires de la chrétienté. Au Moyen-Âge, chaque abbaye ou monastère possédait un scriptorium, plus ou moins de grande importance. Dans les plus petits établissements, c'était simplement l'endroit où l'on confectionnait et mettait à jour les livres indispensables à la vie religieuse. Dans les plus grands, il s'agissait de véritables centres de production, des industries qui se consacraient à alimenter la bibliothèque de l'établissement lui-même ou de ses filiales en textes de toute sorte de domaines intellectuels et principalement de source musulmane qui représentait la majeure partie du Savoir mondial.

Les scriptoriums les plus renommés sont, d'une part, ceux qui se sont développés au début du Xe siècle et qui récupérèrent la littérature scientifique, technique, poétique et théologique des penseurs musulmans ; et d'autre part, ceux qui ont retranscrit les *Ecritures* [Evangiles] en les *réactualisant* et qui ont développé un style de calligraphie ou d'enluminure essentiellement achevé dont le savoir-faire a été acquis auprès des maîtres calligraphes et enlumineurs de Cordoue, de Damas ou de Bagdad. Ils se trouvaient dans les monastères, dans les archevêchés ou dans les évêchés.

1 - Moine copiste

Sous la férule d'un *Abbé*[272], les moines, généralement appartenant à l'*Ordre des Bénédictins* [Religieux, religieuse appartenant à l'ordre de Saint-Benoît] étaient les détenteurs et les dispensateurs exclusifs du Savoir. Ces derniers transcrivaient, d'une part les textes théologiques [liturgiques, exégèse, etc.], les chroniques et la biographie des Pères de l'Eglise, des Saints, etc. ; et d'autre part, ils étaient mandatés pour copier et traduire en latin et en grec les œuvres des célèbres penseurs musulmans.

---

[270] Dans cette étude, il est question que du domaine culturel ou intellectuel et non celui économique, sociale, etc.

[271] *Incunable.* Ouvrage qui date des premiers temps de l'imprimerie avant 1500.

[272] *Abbé.* Supérieur ecclésiastique exerçant sa juridiction sur une abbaye ou un monastère régulier.

Cette tâche des moines copistes était destinée à la population lettrée, c'est à dire pour l'essentiel, les membres du clergé des ordres religieux de l'Eglise et pour une faible minorité leurs coreligionnaires suzerains, notables et riches commerçants.

a - Art du manuscrit

Un manuscrit [lat. « *manu scriptus* »] est, précisément, un texte « *écrit à la main* », sur un support souple, que ce soit par l'auteur même [« *manuscrit autographe* »] ou non, avant ou après l'invention de l'imprimerie. La particularité de tout manuscrit est d'être unique et qui n'est pas diffusé par des procédés mécaniques de reproduction. De ce fait, il n'existe pour ainsi dire jamais deux manuscrits analogues, alors même que le texte de deux manuscrits soit identique. En Occident chrétien, l'art des manuscrits s'est développé pendant le Moyen-Âge avec les *enluminures* et les *miniatures* en concomitance avec les textes sacrés ou liturgiques. À partir du XIIe siècle, la diffusion des techniques de fabrication du papier depuis *Al-Andalus*[273] révolutionna les travaux des copistes et l'essor des universités. Cette mutation technique va influencer jusqu'à la conception du monde et de l'esprit humain chez les *clercs* des siècles suivants.

En effet, la conquête et la colonisation du pays par les *Maures* [Nom attribué aux *Sarrasins*[274] qui soumirent l'Espagne.] fut aussi rapide qu'imprévue et correspondit à l'essor du monde musulman. *Al-Andalus* était alors le seul foyer de haute culture au sein de l'Europe médiévale, attirant un grand nombre d'érudits et d'étudiants en provenance de toute la chrétienté [et d'Orient également] et ouvrant ainsi une période unique dans l'histoire médiévale de riche éclosion et une mutation culturelle qui engendrera la *Renaissance.*

2 - Quelques monastères ou abbayes dotés de scriptoriums[275]

a - Monastère de Vivarium

Ce monastère au Sud de l'Italie est le prototype en Occident du *scriptorium*. En effet, il a été édifié en vue de collecter, de copier et de préserver des manuscrits des penseurs musulmans, la seule littérature profane en circulation dans le domaine du

---

[273] *Al-Andalus.* Expression crée par les Berbères conquérants et qui est le terme qui désigne l'ensemble des terres de la péninsule ibérique [Espagne, Portugal] et de la Septimanie [partie du sud de la France, correspondant à la région Aquitaine, Narbonnaise, Viennaise et Alpes-Maritimes] qui furent sous domination musulmane berbère au Moyen-Âge [711-1492].

[274] *Sarrasin.* Population musulmane d'Afrique, d'Espagne et d'Orient au Moyen Âge.

[275] Bien entendu, il ne s'agit dans cette étude que d'un échantillon qui est loin d'être exhaustif des établissements [monastère, abbaye, etc.] à travers toute la chrétienté disposant de scriptorium.

Savoir. Le monastère est équipé de lampes à huile autoalimentées, un cadran solaire, une horloge à eau ainsi que les accessoires indispensables à l'écriture tels que des calames, des encriers ou des grattoirs. L'objectif des dignitaires du monastère était de préserver les écrits sacrés et profanes, tant en langue latine que grecque.

b - Abbaye Saint-Martial de Limoges

L'*Abbaye Saint-Martial*[276] est un foyer important de l'art, de la science et de la technologie qui rayonne au Moyen-Âge sur l'ensemble du monde médio-latin. Située à Limoges en Limousin, elle est érigée en 848 sous forme d'un établissement *bénédictin*[277]. L'*Ordre des Bénédictins* est celui qui a connu le plus large succès dans toute la chrétienté. Ses membres suivent la Règle de Saint-Benoît.

Doté d'une importante bibliothèque[278], l'Ordre des Bénédictins de cette abbaye a pour mission essentielle l'évangélisation, la conservation et la transmission de la *culture classique*, c'est à dire « *gréco-romaine* », au Moyen-Âge par l'éducation du corps ecclésiastique et des notables ; la collation et la reproduction des œuvres des Pères de l'Eglise ; enfin la collecte des livres des penseurs musulmans, leur traduction et leur retranscription en latin et en grec avec parfois des commentaires. Les chanoines de Saint-Martial, en 1063, adoptent la *réforme clunisienne*[279] [qui se rapporte à l'abbaye de Cluny].

Au XIIe siècle, l'abbaye Saint-Martial a été l'un des centres culturels [traduction, copistes, etc.] le plus énergique et le plus influent du monde médio-latin. Puis, en 1535, l'abbaye fût transformée en *collégiale*[280]. Elle dépérit jusqu'à la Révolution où

---

[276] C. DE LASTEYRIE, « L'abbaye de Saint-Martial de Limoges », Paris, 1901.

[277] *Bénédictin*. Religieux, religieuse appartenant à l'ordre de Saint-Benoît.

[278] Une partie de la bibliothèque de l'ancienne Abbaye Saint-Martial a déménagé à la Médiathèque Francophone Multimédia de Limoges.

[279] Au Xe et XIe siècle, l'*Ordre de Cluny* joua un rôle culturel et politique de premier plan. Le mouvement de la « *Trêve de Dieu* », en canalisant la fougue guerrière de la chevalerie vers un rôle constructif, souscrit au développement de la société. La puissance politique de Cluny étend son action à la genèse d'États structurés à même de contenir les débordements de la noblesse.
La *Trêve de Dieu* était une suspension de l'activité guerrière durant certaines périodes de l'année, organisée pendant le Moyen-Âge en Europe par l'Eglise catholique romaine. Généralement, elle a pris la forme d'une trêve du mercredi soir au lundi matin, ainsi que pendant tout l'Avent, à Noël, pendant le Carême et le Temps Pascal. La *Paix* et la *Trêve de Dieu* étaient une tentative de l'Église pour gérer la violence féodale par l'application de sanctions religieuses. Ce mouvement forme le premier essai organisé afin de contrôler la société civile dans l'Europe médiévale par des moyens politiques. La Trêve de Dieu fait suite au mouvement de la paix de Dieu débutée en 989 avec le Synode d'Elne [ou concile de Toulouses - Pyrénées orientales] en 1027 et a duré sous des formes diverses jusqu'au XIIIe siècle.

[280] *Collégiale*. Relatif à un collège de chanoines établi dans une collégiale, et non dans une cathédrale.

elle est dissoute et démantelée [1794]. Sa crypte est redécouverte dans les années 1960 et, depuis, elle est ouverte à la visite[281].

c - Abbaye du Mont-Cassin

L'Abbaye du Mont-Cassin[282] se situe au sommet du mont éponyme à 80 km à l'ouest de Naples à proximité de la commune de Cassino en Italie. L'abbaye est de type *territorial*, car elle ne dépend pas d'un *diocèse*[283]. Son statut est dit de *Nullius diocesis*. L'abbaye du Mont-Cassin est le berceau de l'*Ordre des Bénédictins* qui s'activèrent dans les scriptoriums à recopier et à transcrire toutes sortes d'écrits : théologiques, philosophiques et œuvres de savants musulmans. Cet établissement sert de retraite à des monarques et à des *pontifes*[284]. Elle renferme d'importantes richesses dont une inestimable et copieuse bibliothèque placée sous la protection de Rome. Le pape Saint Victor III [1027-1087] plus connu sous le nom de Didier de Mont-Cassin fait venir de Byzance beaucoup de livres traduits en grec. Elle subit de violents séismes [1349] qui touchèrent l'Italie et le monastère fut en partie détruit. Les bombardements alliés en 1944 détruisirent l'abbaye. De 1948 à 1956, elle fut reconstruite à l'identique.

d - Abbaye de Fulda

Établie à proximité de Cassel en Allemagne, cette abbaye fut fondée en 744 et adopta la règle bénédictine rapportée du Mont-Cassin. L'*Abbaye de Fulda*[285] est exemptée de toute juridiction épiscopale autre que celle de l'évêque de Rome c'est-à-dire du pape. La congrégation, avec un effectif d'environ 600 moines copistes, s'imposa comme le centre scientifique de l'Occident chrétien où toutes les disciplines du Savoir établies par les savants musulmans furent récupérées, analysées, classées, traduites en langue latine et commentées tout au long du Moyen-Âge et bien après la Renaissance [XVIIe siècle]. Lorsque les propriétés et prérogatives de l'abbaye furent de plus en plus contestées, celle-ci fût victime d'une décrépitude progressive de la

---

[281] C. ANDRAULT-SCHMITT, « Saint-Martial de Limoges, Ambition politique et production culturelle [Xe-XIIIe] siècles », Limoges, 2006.

[282] M. DELL'OMO, « Didier et le Mont-Cassin : Benoît et son héritage artistique », Edit. Cerf, Paris, 2009.

[283] *Diocèse*. Circonscription ecclésiastique placée sous la juridiction d'un évêque résidentiel ou d'un archevêque.

[284] *Pontife*. Ministre du culte faisant partie d'un collège ayant juridiction et autorité dans les choses de la religion.

[285] L.D. REYNOLDS & N.G. WILSON, « *D'Homère à Erasme : la transmission des classiques grecs et latins* [« Scribes and scholars : A Guide to the Transmission of Greek and Latin Literature »], Paris, Edit. du CNRS, 1986.

congrégation jusqu'à la *Réforme*[286]. La situation dégénéra en conflit ouvert avec la noblesse locale, convertie au *calvinisme* ce qui déboucha en 1602 sur la *contre-réforme*. La guerre de Trente ans [1618-1648] fit payée un lourd tribut au monastère qui fut pillé par l'armée hessoise [1631] faisant « *disparaître* » des milliers de précieux manuscrits. La cathédrale de Fulda fût reconstruite au XVIIIe siècle. L'évêché de Fulda fut administré par un chanoine jusqu'à ce que les bulles papales [*Ad dominici gregis custodiam* en 1827] condamnent la mutation du diocèse en tant qu'évêché de Hesse. La chaire épiscopale demeura inoccupée [de 1873 à 1881].

e - Abbaye Royale Saint-Pierre de Corbie

L'*Abbaye Royale Saint-Pierre de Corbie*[287] est un monastère bénédictin fondé en 657, elle joua un rôle de premier plan par la production de son scriptorium et le dynamisme de ses missionnaires[288]. La bibliothèque d'Amiens conserve divers manuscrits produits dans le scriptorium de l'abbaye de Corbie, qui fut, avec celui de l'abbaye de Fulda, l'un des plus importants et des plus productifs du Moyen-Âge. Les moines copistes y mirent au point outre une écriture fameuse [minuscule caroline de Corbie] un zèle étonnant à traduire en latin et à recopier les textes scientifiques [mathématiques, médecine, etc.], littéraires, théologiques en provenance d'Andalousie et du Proche-Orient ; ainsi que les textes religieux[289].

L'Abbaye Royale Saint-Pierre de Corbie bénéficia de plusieurs privilèges royaux, malheureusement, elle ne put reconquérir le rayonnement politique et culturel qui était jadis le sien [Xe siècle]. Des centaines de manuscrits sont transférés à la bibliothèque de l'abbaye de Saint-Germain-des-Prés à Paris en 1638. Sous la Révolution l'abbaye est fermée et sa congrégation est dispersée. Plusieurs centaines de manuscrits seront confisqués à la suite du décret de confiscation de la *Convention nationale*[290] et transférés à la bibliothèque d'Amiens. Quant aux manuscrits de Saint-Germain-des-Prés, ils vont être soit dérobés, soit mis en vente pour des

---

[286] *Réforme*. Mouvement introduit dans l'Église catholique au XVIe siècle par M. Luther [1483-1546] et J. Calvin [1509-1564] dans le but de réorganiser les structures et de modifier les dogmes, et ayant abouti à la formation d'Églises séparées [protestantisme luthérien, anglicanisme, protestantisme calviniste].

[287] P. Pinchemel, J. Godard, R. Normand & C. Lamy-Lassalle, « *Visages de la Picardie* », Paris, Horizons de France, coll. « Provinciales », 1949.

[288] P. Pinchemel, J. Godard, R. Normand & C. Lamy-Lassalle, « L'abbaye de Corbie »

[289] Psautier de l'abbaye de Corbie -Ms. 18 de la Bibliothèque municipale d'Amiens

[290] *Convention nationale*. Nom donné à l'Assemblée constituante qui gouverna la France de 1792 à 1795 lors de la Révolution française.

collectionneurs. D'autres manuscrits de Corbie vont se retrouver à la BNF [Bibliothèque Nationale de France].

f - Abbaye de Saint-Benoît-sur-Loire

L'*Abbaye de Saint-Benoît-sur-Loire*[291], dénommée aussi *Abbaye de Fleury*, est une abbaye bénédictine car elle vit selon la règle de saint Benoît. Elle est établie dans la ville de Saint-Benoît-sur-Loire [Loiret]. Le monastère fut l'un des centres culturels les plus prestigieux de l'Occident[292]. Il rayonna alors grâce à sa riche bibliothèque et à son scriptorium.

Des dizaines de moines copistes recopient, transcrivent en latin et en grec toute sorte de littérature qui provient du Sud[293]. Les bâtiments subirent plusieurs destructions au cours du temps. La communauté monastique fut chassée au cours de la Révolution française.

Elle récupéra les lieux en 1864, mais c'est en 1944 qu'elle l'y occupa réellement[294]. Aujourd'hui, l'abbaye rattachée à la Congrégation de Subiaco renferme des dizaines de religieux et accueille chaque année plusieurs milliers d'hôtes [visiteurs, touristes, pèlerins, etc.].

g - Abbaye de Marchiennes

L'*Abbaye de Marchiennes*[295] bâtie sur la Scarpe [Marchiennes] fût bâtie vers 630, elle fût fermée lors de la Révolution [1791]. Un collège à l'Université de Douai fût érigé [1570]. Pendant plusieurs siècles, elle fût le foyer intellectuel du Nord de la France.

Son célèbre scriptorium produit une quantité considérable de manuscrits enluminés. Une armée de moines copistes recueillit, copia et transcrivit de l'arabe en latin une importante collection d'ouvrages scientifiques, techniques et théologiques en

[291] M. BARDET, « Le temporel de l'abbaye de Saint-Benoît-sur-Loire au XIIIe-XIVe siècle », *in Bulletin de la Société archéologique et historique de l'Orléanais*, nouvelle série, tome XIX, n° 153, 2007.

[292] J. DEBAL, « *Histoire d'Orléans et de son terroir*, tome I : *des origines à la fin du XVIe siècle* », Roanne-Le Coteau, Horvath, 1983.

[293] A. DAVRIL, « *La vie à l'abbaye de Fleury-Saint-Benoît au XIIIe siècle* », in *Bulletin de la Société archéologique et historique de l'Orléanais*, nouvelle série, tome VI, n° 45 bis, 1976.

[294] G. CHENESSEAU, « *L'Abbaye de Fleury à Saint-Benoît-sur-Loire. Son histoire. Ses institutions. Ses édifices* », Paris, Van Oest, 1931.

[295] MM.A VAN LOKEREN, « Messager des sciences historiques, ou archives des arts et de la bibliographie de la Belgique », Gand, 1857.

provenance d'Espagne et du Sud de l'Italie ; ainsi que des textes *hagiographiques*[296] et de chroniques.

h - Abbaye de Cluny

L'*Abbaye de Cluny* [Saône et Loire] fut construite au Xe siècle. Elle incarne le renouveau monastique en Occident chrétien. L'abbaye de Cluny a été un foyer de réforme de la règle bénédictine et un centre intellectuel de premier ordre au Moyen-Âge. Il ne reste actuellement qu'une partie des bâtiments administrés par le Centre des monuments nationaux. Pendant plusieurs siècles, l'abbaye était l'un des plus importants centres intellectuels et culturels de la chrétienté. Des traducteurs de renoms ont été dépêchés en Espagne [Tolède] et en Sicile afin d'œuvrer à acquérir et à traduire les traités des savants musulmans. Parallèlement, des religieux bénédictins qui patrouillaient les territoires du Sud [Espagne, Sicile, bassin méditerranéen, etc.] rassemblèrent les manuscrits des œuvres des érudits musulmans [médecine, botanique, musique, mathématiques, astronomie, etc.]. Rapidement, ces premiers ouvrages conservés à Cluny se multiplièrent grâce à l'activité frénétique des moines copistes œuvrant au scriptorium bien avant la naissance de l'imprimerie. Les moines clunisiens écrivirent aussi des récits hagiographiques.

i - Abbaye de Saint-Gall

L'*Abbaye de Saint-Gall* ou *Fürstabtei St. Gallen* est une abbaye bénédictine du VIIe siècle située à Saint-Gall en Suisse alémanique. Elle fut pendant plusieurs siècles avec sa célèbre bibliothèque l'un des monastères bénédictins les plus importants d'Europe[297]. Elle possède l'un des plus importants *scriptoriums*, c'est à dire *centre d'écriture* [*scriptoria*], de copistes et d'enluminure du Moyen-Âge.

- *Bibliothèque de l'abbaye de Saint-Gall*

Au IXe siècle, les moines copistes se mirent à reproduire beaucoup de manuscrits de savants musulmans. C'est ainsi qu'a vu le jour la célèbre bibliothèque de l'abbaye de Saint-Gall. Bon nombre de moines d'origine anglo-saxonne, irlandaise et allemande y venaient œuvrer afin de traduire et de copier les-dits manuscrits. La bibliothèque se

---

[296] *Hagiographique*. Branche de l'histoire religieuse qui étudie la vie et les actions des Saints.

[297] Près de 160000 ouvrages originaux dont 2100 manuscrits publiés entre le VIIIe et le XVe siècle, 1650 incunables [livre imprimé dans la période comprise entre le début de l'imprimerie occidentale -J. Gutenberg -1400-1468-, vers 1450, et la fin du premier siècle de la typographie, donc avant 1501] et de nombreux Codex.

distingue comme étant l'une des plus riches de l'époque médiévale. Elle abrite l'une des collections les plus complètes de manuscrits du Moyen-Âge en partie de la sphère culturelle musulmane. Sous l'abbé Pius [1630-1674], on y installe une imprimerie. En 1712, l'abbaye est pillée par les Suisses et la plus grande partie des livres est emportée par eux à Zurich et à Berne.

j - Cathédrale Sainte-Marie de Tolède

Cette cathédrale est le siège de l'archevêché du même nom, qui possède le titre de primat d'Espagne, et ce depuis les Wisigoths qui avaient fait de la ville leur capitale politique et religieuse. Peu après la prise de la ville par les Musulmans en 712, ces derniers font bâtir à cet emplacement une mosquée qui sera plusieurs fois modifiée et agrandie. En 1085, Alphonse VI de Castille reconquiert la ville. Après cette reconquête, la grande mosquée convertie en cathédrale demeure intacte jusqu'au début du XIIIe siècle. L'édifice actuel fut construit en style gothique en 1226, à l'emplacement de l'ancienne grande mosquée de la cité. La Cathédrale de Tolède qui servit d'*Ecole de traduction* s'est livrée à une politique éffrénée au cours des XIIe et XIVe siècles, afin de traduire en latin, grec et castillan les principales œuvres littéraires et scientifiques des penseurs musulmans.

k - Monastère de Ripoll

Au *Monastère de Ripoll* [communauté autonome de Catalogne, province de Gérone - Espagne], le vaste scriptorium fut dirigé par des abbés de l'Ordre des Bénédictins, les nombreux moines copistes bénédictins transcrivaient frénétiquement et inlassablement les traductions d'ouvrages d'astronomie, d'arithmétique ou de géométrie des savants musulmans. Le monastère se transforma rapidement en un important centre culturel, notamment grâce à sa collection de manuscrits musulmans en provenance de Tolède, de Cordoue, de Séville, etc.

F - L'mprimerie : connaissance, puissance et hégémonie

L'imprimerie est un ensemble de techniques permettant la reproduction d'écrits et d'illustrations sur support matériel en grande quantité, souscrivant ainsi une distribution de masse. Généralement, on se sert des supports plans et la matière principale utilisée est le *papier*. L'imprimerie a permis d'automatiser les moyens de copie. Elle souscrit ainsi une diffusion rapide et à moindre coût du savoir sans comparaison avec l'époque révolue du manuscrit.

1 - Imprimerie du XVe siècle

L'invention de l'imprimerie à Mayence [Allemagne - Rheinland-Pfalz] au début de 1450 a été le fruit d'une coopération technologique et commerciale entre l'orfèvre Johannes Gensfleisch, plus connu sous le patronyme de Gutenberg [1400-1468] expert dans l'art de l'orfèvrerie et de la métallurgie. Grâce à son savoir, il façonne des caractères mobiles en alliage de plomb et d'*antimoine*[298]. Son associé Peter Schöffer [ou Pierre Schoeffer - 1425-1503] est un typographe-imprimeur qui perfectionna l'invention de la presse typographique. En tant que copiste et calligraphe, il mettait en page, composait et fixait le texte. Quant à Johann Fust [ou Jean Fust - 1400-1466] riche orfèvre, il était le financier du projet « *imprimerie* ». Finalement, l'imprimerie constituait un processus coopératif et d'abord un commerce, administré par des entrepreneurs à des fins lucratives. On saisit très rapidement la portée de l'imprimerie et ce qu'elle offrait comme avantages, par rapport aux manuscrits.

On rapporte que dans les années 1460, toute une bibliothèque de Côme de Médicis en employant 45 scribes [à plein temps] avaient copié deux cent manuscrits en deux ans. Mais si l'on compare ce chiffre à la production des imprimeurs allemands Arnold Pannartz et Konrad Sweynheim [XVe siècle][299], créateurs de la première imprimerie italienne à Rome en 1465 ; durant leurs cinq premières années, ils ont imprimé 12 000 livres. A cette date, plus de cent imprimeries étaient à pied d'œuvre dans toute l'Italie[300].

---

[298] *Antimoine.* Corps simple, solide (symbole Sb) d'un blanc argenté et bleuâtre, cristallin, très fragile, ni malléable, ni ductile, présentant à la fois des propriétés de métal et de métalloïde, et entrant dans la composition de nombreux alliages et de différentes préparations pharmaceutiques.

[299] ARNOLD PANNARTZ [XVe siècle - Francfort] et KONRAD SWEYNHEIM [XVe siècle - Mayence] qui ont introduit l'imprimerie en Italie. Ils sont formés à la typographie dans les ateliers de Gutenberg, Fust et Schöffer à Mayence, et contraints de la quitter après la dévastation de la ville en 1462. Quoi qu'il en soit, Juan de Torquemada [l'oncle du célèbre sanguinaire Grand Inquisiteur Tomas de Torquemada], membre de l'ordre des dominicain, défenseur zélé des prérogatives de la papauté aux conciles de Constance, Bâle et Florence et cardinal depuis 1439, qui les fait venir en Italie. Il est abbé *commendataire* [qui jouit d'un bénéfice en *commende*, c'est à dire administration temporaire d'un bénéfice ecclésiastique confiée à un séculier jusqu'à la nomination d'un titulaire] du monastère bénédictin Santa Scholastica à Subiaco depuis 1455. Ce monastère qui dispose d'une bibliothèque et d'un scriptorium, ainsi qu'un nombre important de moines copistes, accueille beaucoup de moines étrangers, allemands notamment. Pannartz et Sweynheim arrivent à Subiaco en 1464 où ils débutent l'impression d'ouvrages.

[300] J. BROTTON, « Le Bazar Renaissance - Comment l'Orient et l'Islam ont influencé l'Occident ». Edit. Le Grand Livre du Mois, 2011, p. 94.

2 - Les premières imprimeries et les premiers livres en Europe

En Allemagne, la grammaire latine de Donatus en 1451 fût le premier livre avec des caractères mobiles à sortir de l'atelier de Gutenberg ; la première Bible en latin dite « *Bible à quarante-deux lignes* » date de 1453 ; une édition des *Psaumes* a été publiée en 1457. En France, 1470 fût la date à laquelle a été imprimé le premier livre pour la première fois au collège de la Sorbonne à Paris, grâce à Jean Heynlin[301] et Guillaume Fichet[302]. Le premier livre imprimé en langue vernaculaire française est « *La Légende dorée[303]* » de Jacques de Voragine[304] par Barthélemy Buyer[305] en 1476 à Lyon.

On estime qu'en 1500, avec leurs quarante mille éditions distinctes, six à quinze millions de livres étaient sortis de leurs presses ! Les chiffres du XVIe siècle sont encore plus ahurissants : dix mille éditions pour la seule Angleterre, et cent cinquante millions de livres ou davantage pour une population européenne qui comptait moins de quatre-vingt millions d'habitants. Cette diffusion massive de l'imprimé a déclenché une révolution du savoir et de la communication qui a touché la société de haut en bas. La rapidité et le volume de la distribution des livres suggèrent que l'imprimerie a suscité de nouvelles communautés de lecteurs[306].

Un nombre de plus en plus important de livres ont été imprimés dans les langues vernaculaires européenes et à moindre mesure en latin et en grec, qui composait un lectorat qui ne cessait de se réduire.

Des imprimeries s'installent très rapidement dans les grandes villes d'Europe : Cologne [1464], Bâle [1466], Rome [1467], Venise [1469], Paris [1470], Lyon [1473], Bruges [1474], Genève [1478], Londres [1480], Anvers [1481], etc. Dans les années 1480, des imprimeurs prospéraient dans toutes les grandes villes d'Europe. En 1500, on comptait plus de 200 ateliers d'imprimerie dans la seule Allemagne.

---

[301] J. HEYNLIN DE LAPIDE [1430-1496] est un philosophe, théologien, prédicateur, imprimeur et humaniste allemand né à Stein dans le diocèse de Spir. Il enseigna à l'Université de la Sorbonne au XVe siècle. Il a été le principal agent, avec G. FICHET, de l'importation de l'imprimerie en France.

[302] G. FICHET [1433-1490] est un humaniste et importateur de l'imprimerie en France. Il est bibliothécaire de la Sorbonne.

[303] Célèbre ouvrage racontant la vie d'un grand nombre de saints et saintes, martyrs chrétiens, ayant été persécutés par les Romains.

[304] J. DE VORAGINE [ou *Iacoppo da Varazze, Jacobus da Varagine* - 1228-1298] était un chroniqueur italien du Moyen-Âge, archevêque de Gênes.

[305] B. BUYER [1433-1485] éditeur français qui introduit l'imprimerie à Lyon, et fut le premier imprimeur-libraire en France à faire apparaître son nom sur un *colophon* [désigne la note finale d'un manuscrit ou d'un livre imprimé, principalement pour les *incunables*].

[306] J. BROTTON, « Le Bazar Renaissance - Comment l'Orient et l'Islam ont influencé l'Occident ». Edit. Le Grand Livre du Mois, 2011, p. 94.

La quantité d'ouvrages imprimés dans les langues d'usage quotidien a poussé à la création l'idée d'une communauté nationale chez ceux qui partageaient un même idiome. Au fil des siècles, les populations européennes sont arrivées par déterminer une identité dont le fondement était lié à une nation et non à une appartenance à une religion ou à un monarque. Ceci a eu pour conséquence sur l'autorité religieuse l'érosion nette de l'emprise de l'Eglise catholique et la montée d'une forme de protestantisme ouvertement « *laïque* ».

Les imprimeurs signent leurs œuvres et leur nom se retrouve sur les livres qu'ils ont imprimés. La typographie occupe la scène de la communication du XVIe siècle jusqu'au troisième quart du XXe siècle.

3 - Métamorphose de la pensée, de l'existence

L'imprimerie a imprégné tous les domaines de l'existence qu'elle soit publique ou privée. Outre les livres religieux, les imprimeurs publiaient des ouvrages sur toute sorte de sujets [scientifiques, littéraires, etc.]. Dans les années 1530, une brochure imprimée se vendait au prix d'une miche de pain et un exemplaire du Nouveau-Testament coûtait un jour de salaire d'un manœuvre[307].

Jadis, une culture foncièrement fondée sur la communication par l'écoute, le regard et la parole s'est peu à peu transformée en une autre, où les interactions et les échanges humains circulaient par la lecture et l'écriture[308]. Cette nouvelle culture écrite n'était plus structurée autour des marchés ou des églises, mais jaillissait autour d'un foyer : l'*imprimerie*[309]. Ses centres d'intérêts n'étaient plus établis sur l'orthodoxie religieuse ou l'idéologie politique mais motivés par la demande et le profit.

Bien entendu, les *humanistes*[310] ont vite saisi le potentiel considérable de l'imprimerie pour diffuser leurs pensées et leurs travaux. Leur représentant le plus notoire en Europe du Nord fût Didier Erasme de Rotterdam [1466-1536][311] qui s'en

---

[307] *Ibid*. p. 95-96.

[308] Cette soi-disant culture [devrions-nous dire plutôt abrutissement de masse] foncièrement fondée sur la communication par l'écoute, le regard et la parole a perduré depuis le XIIIe siècle et elle perdure toujours chez ceux qui se proclament de L'Islam.

[309] Etant donné que l'imprimerie était totalement inconnue chez ceux qui se prévalent de l'Islam [Antésulmans], naturellement cette métamorphose ne s'est jamais produite. Une des causes majeures de la ruine des Antésulmans est liée à l'imprimerie dont les balbutiements apparaissent au milieu du XXe siècle. Hélas, c'est trop tard depuis bien longtemps !

[310] *Humaniste*. Erudit de la Renaissance qui, s'inspirant des auteurs antiques, a exalté l'esprit de l'Antiquité grecque. Quoi qu'il en soit, l'humaniste était un fervent kabbaliste.

[311] Ordonné prêtre, D. ERASME avait reçu une dispense pontificale. De ce fait, il avait pu faire carrière comme érudit et professeur et s'attacher à de grandes maisons et à des imprimeries puissantes dans toute

est servi pour imprimer son propre « *label* » d'humanisme et se faire une effigie d'« *excellence de l'humanisme* ».

L'Eglise catholique n'a jamais cessé de lutter pour asseoir son pouvoir temporel et spirituel tout au long de la période du XVe-XVIe siècle, elle s'est constamment heurtée au conflit, à la dissidence et aux divisions dûes aux idées nouvelles encouragées et diffusées par l'imprimerie. Notamment, l'essor de nouvelles formes de pouvoir politique qui ont transformées l'autorité religieuse. A partir de la fin du XVe siècle, des institutions laïques ont subtilement pris le contrôle de la vie de tous les jours. Des villes italiennes telles que Forence et Venise disposaient de gouvernements républicains, et les cours de Milan, Naples, Ferrare, etc. se sont efforcées d'étendre leur puissance politico-militaire par un astucieux usage de l'art, de la culture, du savoir et de l'autorité pontificale. Cette alliance a pour seul objectif, un intérêt commun : le *Pouvoir* qu'il soit spirituel [Eglise] ou temporel [monarques, princes, stratèges politiques, nantis, etc.] s'agrégeait autour de la *Finance* [commerce, économie, etc.] la seule valeur de l'*Autorité*.

Le *Concile de Trente* [1545] a tacitement reconnu la puissance du livre imprimé, notamment en décrétant de financer des imprimeries catholiques pour la publication des textes *orthodoxes*, sans limitation de fonds. Ainsi, apparaît l'une des premières entreprises modernes de censure généralisée [*Index Librorum Prohibitorum*[312]]. Au début, l'Église catholique apostolique et romaine était hostile à l'imprimerie car, en effet, cette dernière contournait le passage obligatoire par les moines copistes qui avaient l'exclusivité du livre [obtention, fabrication, falsification, etc.] et de son curcuit de distribution. Finalement, l'Église sut, rapidement, ramener sous son autorité avant la grande rupture intellectuelle qu'allait instituer la Réforme de Martin Luther. La diffusion des livres ou des parchemins au Moyen-Âge était l'œuvre des moines copistes qui en recopiaient d'énormes quantités. Cela demandait du temps mais les clercs envisagèrent la production « *livresque* » à la chaîne. Généralement, plusieurs mois étaient nécessaires pour copier un manuscrit et parallèlement, le falsifier.

---

l'Europe. L'imprimerie a joué un rôle capital dans son astucieuse mise en scène de sa carrière intellectuelle, et cela jusqu'à la diffusion de sa propre effigie. Opportunisme, arrivisme, quête effrénée de la gloire, de la richesse et de l'affairisme politique avec les pouvoirs spirituels et temporels [nantis, financiers] furent les traits caractéristiques des « *humanistes* ». Aucun rapport avec l'altruisme, la bienséance, la fraternité, l'égalité, la justice entre les Humains, etc. qu'on veut bien nous faire croire !

[312] L'*Index librorum prohibitorum* [index des livres interdits] également dénommé - *Index expurgatorius*, *Index librorum prohibitorum juxta exemplar romanum jussu sanctissimi domini nostri* - est une liste de livres interdits aux catholiques romains, des « *livres pernicieux* ». Le but de cette liste était d'empêcher la lecture de livres jugés immoraux ou contraires à la foi catholique apostolique romaine.

L'imprimerie a également bouleversé le mode de compréhension et de transmission de la Connaissance. Un manuscrit reste un produit unique malgré la compétence et l'expérience du copiste. L'imprimé avec son format et ses caractères homogènes, duplique exactement la reproduction qui s'effectue en série. Dorénavant, des lecteurs pouvaient discuter du même livre qui est identique quel que soit leur lieu géographique. Avec l'apparition de la pagination continue, de l'index, de l'ordre alphabétique et des bibliographies qui sont une invention inconcevable dans les manuscrits, le savoir lui-même a été graduellement remodelé.

L'imprimerie n'a pas uniquement diffusée du texte. L'un de ses corollaires le plus bouleversant a été la diffusion massive d'illustrations standardisées grâce à la gravure sur plaque de cuivre : cartes, tableaux, schémas scientifiques, plans architecturaux, croquis médicaux, etc. Les représentations exactes ont, ainsi, révolutionné l'étude de disciplines comme la géographie, l'astronomie, la botanique, l'anatomie et les mathématiques et ont permis leur extraordinaire développement.

L'invention de l'imprimerie a provoqué une révolution des communications et de la circulation de l'information dont l'impact allait métamorphoser pendant des siècles à un niveau jamais inégalée, et cela jusqu'au progrès notables des technologies de l'informatique et d'Internet à la fin du XXe siècle.

L'époque de l'imprimerie fût également l'âge d'or des œuvres des savants musulmans qui étaient transcrites non seulement en version latine, mais également en langues vernaculaires. Ainsi, leurs travaux étaient largement diffusés, commentés, souvent plagiés et travestis dans tout l'Occident.

On distingue deux types d'ouvrages : les *incunables* qui sont des livres datant du début de l'ère Gutenberg et édités entre 1450 et 1500, et les livres dits *modernes*, issus de la typographie puis des techniques plus évoluées telles que l'impression *offset* [313] ou l'*héliogravure* [314].

---

[313] *Offset*. De l'anglais « *to set off* » ou « *reporter* » est un procédé d'impression qui est en fait une amélioration de son ancêtre, la lithographie, où on a remplacé la pierre lithographique par une plaque cintrable, adaptée à un cylindre, et l'ajout d'un blanchet entre le cylindre porte-plaque et le papier. Le procédé offset est actuellement le procédé majeur d'impression. Son succès est dû à sa souplesse et sa capacité à s'adapter à une large variété de produits. L'offset permet de couvrir une gamme de tirages relativement large. En effet, il est préférable à d'autres procédés jusqu'à quelques centaines de milliers d'exemplaires. Au-delà on lui préférera l'héliogravure.

[314] *Héliogravure*. L'*héliogravure* ou *rotogravure* est un procédé d'impression spécialement adapté aux très longs tirages où est exigée une haute qualité de reproduction. L'héliogravure est aussi un procédé ancien et

4 - L'imprimerie dans le monde dit « musulman »

Une observation très concise s'impose ici, surtout après avoir analysé l'imprimerie en Occident chrétien [invention, essor, connaissance, hégémonie, etc.] et pour faire un parallèle. Aucune imprimerie n'a foulé le sol du soi-disant « *monde musulman* » qui pataugeait [et qui persiste à patauger] magistralement dans le bourbier de l'ignorance de la *Tradition* [*Hadiths*], de la *Traditiographie* ou *Hadithographie*[315], du folklore, de la superstition, des légendes, du culte des saints, des chefs militaires, des Khalifes, des Imams, des princes, etc.

En effet, après une période civilisationnelle prodigieuse, celle de la *Civilisation de l'Islam Classique* [*CIC* - du IXe siècle au XIVe siècle] fondatrice de la *Renaissance* et artisane du *Siècle des Lumières*. Ceux qui se proclament « *musulmans* » [en réalité des *Antésulmans*[316]] aux XIVe siècle sont plongés [et cela jusqu'à la fin des temps] dans les abîmes de la ruine fortement lestés par les *Tyrans ottomans* [le prétendu « *Khalifa ottoman* »] incultes et inintelligents. Dès lors, les projets civilisationnels que ces derniers proposaient à ce qui restait de « *musulman* » chez ces populations se résumaient à ceci : *ténèbres de l'ignorance, de l'obscurantisme et de l'attentisme*[317].

La politique ottomane est d'éradiquer toute forme de communications et de circulation de l'information donc de l'imprimerie qui en est le moteur décisif ! Ainsi, les populations musulmanes, à la différence des populations chrétiennes, restent figées dans l'éternel immobilisme sans jamais pouvoir atteindre un jour un quelconque progrès civilisationnel. Incontestablement, l'Histoire nous démontre cet état de faits ô combien indéniable !

Un décret des autorités ottomanes pris en 1515 par le sultan Selim Ier [1470-1520][318]

---

de très haute qualité pour les tirages photographiques d'art [procédé appelé également « *héliogravure au grain* »].

[315] *Hadithographie* ou *Traditiographie*. Branche de l'histoire de la *Tradition* [*Hadiths*] qui étudie la vie et les actions du Messager de l'Islam, de ses compagnons et des personnages comme les *Imams*, les *Muftis*, les *Ulémas*, les *Cheikhs*, les *saints*. Par extension, ouvrage consacré à la vie de ces personnages. *Hadiths*. Récits réels ou fictifs mettant en scène ces personnages [le Messager de l'Islam Mohammed et ses compagnons], tout en évoquant leurs faits sociaux, historiques.

[316] NAS E. BOUTAMMINA, « Les ennemis de l'Islam - Le règne des Antésulmans - Avènement de l'Ignorance, de l'Obscurantisme et de l'Immobilisme », Edit. BoD, Paris [France], février 2012.

[317] *Attentisme*. Attitude qui consiste à différer toute décision, toute action, tout projet, etc. jusqu'a ce que des événements *divins* s'annoncent de manière précise : Dieu envoie des *Malayk* [Anges] afin d'aider personnellement les populations qui se prévalent de l'Islam afin de diriger leur existence.

[318] SELIM Ier dit « *le brave* » ou « *le terrible* » fut le 9e sultan du « *Khalifa* » illégitime ottoman et le premier à porter le titre usurpatoire de « *Khalife* » [*Calife*] à partir de 1517. Il succéda à son père BAYEZID II. Il a eu

prévoit la peine de mort à toute personne qui s'informerait d'une imprimerie, qui en installerait une dans les territoires musulmans ou qui en utiliserait une pour imprimer des livres[319]*. L'imprimerie n'y sera finalement introduite qu'en 1727*[320] *à Istanbul [exclusivement] par Ibrahim Müteferrika [1674-1745]*[321] *pour y imprimer quelques misérables livres dont un dictionnaire arabe-turc !*

G - Qu'est-ce que la Renaissance ?

1 - Invention du terme « Renaissance »

Jerry Brotton[322] écrit : « *Il existe aujourdh'ui un large consensus pour définir l'expression « Renaissance européenne » [...]. L'a-t-on inventée pour créer un mythe convaicant de supériorité culturelle européenne ? [...]. Le concept de Renaissance a été inventé au XIXe siècle et d'abord par Jules Michelet. Et c'est bien sûr en France que la Renaissance est apparue. Elle représentait pour cet historien nationaliste et républicain une rupture avec l'âge sombre du Moyen-Âge, une victoire des idées de Raison, de Vérité, d'Art et de Beauté, c'est le Suisse Jacob Burkhardt qui en a fait le portrait définitif comme un phénomène italien du XVe siècle, qui aurait permis la « création de l'individu moderne ». Elle fût « le lieu de naissance du monde moderne » crée par Dante, Pétrarque, Alberti, Léonard de Vinci et caractérisé par le renouveau de la culture classique* ».

L'auteur rajoute que cette vision, comme celle de l'anglais Walter Pater[323] [1839-1894] a façonné notre imaginaire et a emmené à comprendre la Renaissance non comme une période historique [chacun des trois penseurs que nous avons cités la situe à une époque différente], mais comme un « *esprit* », un esprit qui semble plus définir l'idéal de ces intellectuels pour le XIXe siècle que la réalité historique [...]. L'italien « *Rinascità* » était souvent utilisé au XVIe siècle pour désigner la résurrection de la culture antique. Mais le terme français « *Renaissance* » est apparu, en tant qu'expression

---

quatre filles et un fils nommé *Suleyman*, plus connu sous le nom toujours aussi pompeux de « *Soliman le Magnifique* » [sic] qui lui succéda à sa mort.

[319] NIALL FERGUSON, « Civilization, The West and the Rest »,. Edit. Allen Lane, Londres, avril 2011, p. 68.

[320] *Ibid.* p. 86.

[321] IBRAHIM MÜTEFERRIKA musulman d'origine hongroise est un écrivain, historien, économiste, théologien et diplomate. Imprimeur et typographe, il est le premier *musulman* à utiliser l'imprimerie en se servant de caractères métalliques mobiles arabes à Istanbul où il a publié plusieurs livres en langues arabe et turque dont le premier est un dictionnaire turc-arabe.

[322] J. BROTTON, « Le Bazar Renaissance - Comment l'Orient et l'Islam ont influencé l'Occident ». Edit. Le Grand Livre du Mois, 2011, p. 9, 35.

[323] WALTER PATER [ou WALTER HORATIO PATER] est un essayiste anglais, historien de l'art et critique littéraire.

historique descriptive qu'au milieu du XIXe siècle.

J. Brotton observe, enfin, qu'un des problèmes que posent ces définitions classiques de la Renaissance est qu'elles célèbrent les réalisations de la civilisation européenne à l'exclusion de toutes les autres. Ce n'est pas une coïncidence que la période où le terme a été inventé a aussi été le moment de l'histoire où l'Europe a proclamé avec le plus d'agressivité sa domination impérialiste sur le globe [colonialisme].

Jules Michelet[324] [1798-1874] définit la Renaissance : « *La découverte du monde, la découverte de l'homme. Le XVIe siècle, dans sa grande et légitime expansion, va de Colomb à Copernic, de Copernic à Galilée, de la découverte de la terre à celle du ciel. L'homme s'y est refondé lui-même* ».

2 - Giorgio Vasari

Le peintre et architecte toscan Giorgio Vasari[325] [1511-1574] a publié, en 1568 un ouvrage[326] où il définit l'idée « *d'art de la Renaissance* », un classique fondateur de l'histoire de l'Art.

G. Vasari a été le premier à se servir le mot italien « *Rinascità* » pour désigner la révolution artistique qui débuta à la fin du XIIIe siècle et qui parvient à son apogée au milieu du XVIe siècle. Selon G. Vasari, la *Rinascità* incarne une époque où il faut « *chasser complètemen la ridicule manière grecque* ».

3 - Définition communément admise du mot « Renaissance »

La *Renaissance* se définit : « *comme un mouvement littéraire, artistique et scientifique qui eut lieu en Europe au XVe-XVIe siècle et qui était fondé sur l'imitation de l'Antiquité grecque* ».

---

[324] J. MICHELET, « Histoire de France. T.9 ». Edit. J. de Bonnot, 1878.
[325] J. VON SCHLOSSER, « La littérature artistique : manuel des sources de l'histoire de l'art moderne ». Paris, 1996.
[326] G. VASARI, « Les vies de meilleures peintres, sculpteurs et architectes ».

.

V - Les « *livres* » des « *penseurs grecs* »

A - « *Ecole d'Athènes* » analyse succincte

L'*Ecole d'Athènes* de Raphaël est l'une des fresques les plus connues du peintre et la plus emblématique de la Renaissance italienne. C'est une grande représentation de 7.70 mètres de longueur sur 4.40 mètres de hauteur. Scène symbolique qui se veut avant tout « *historique* » [ou *politico-historique*], elle regroupe, selon son auteur, les grandes figures de la pensée de la Grèce antique. La fresque date de 1510. Elle décore la Chambre des signatures du palais du pape Jules II [1443-1513] au Vatican à Rome. Elle fait partie actuellement du musée du Vatican.

A l'époque, cette salle faisait partie intégrante de la bibliothèque du pape. L'*Ecole d'Athènes* [une des quatre fresques] est, selon le peintre Raphaëllo [ou Raphaël], une vaste synthèse des idées de la culture hellénique et de la pensée chrétienne de la Renaissance. La fresque symbolise la recherche du vrai, l'équilibre entre la Foi et la Raison.

La fresque réunie les figures majeures de la pensée antique dans un décor inspiré par les projets de Donato di Angelo dit Bramante [1444-1514], l'un des grands architectes de la Renaissance et concepteur de la nouvelle basilique du Vatican. Au centre de la peinture Platon et Aristote, sur les marches Diogène, à gauche Pythagore, au premier plan Héraclite.

Raphaël peint les personnages mythiques de la Grèce classique en ajoutant les portraits de ses contemporains. Ainsi, Platon prend les traits de Léonard de Vinci [1452-1519], Héraclite ceux de Michelangelo di Lodovico Buonarroti Simoni dit Michel-Ange [1475-1564]. Cette fresque symbolise tout l'héritage revendiqué par les penseurs et les artistes de la Renaissance italienne, et par extension de l'Occident chrétien.

Il ne faut pas se tromper, cette fresque n'a rien d'innocent, de candide ou de naïf dans sa présentation !

Le commanditaire [Pape Jules II], l'exécuteur [Raphaëllo] et les sympathisants de l'œuvre voyait l'avènement d'une « *nouvelle ère* », d'un esprit « *renaissant* », d'un *nouvel ordre mondial* dirons-nous aujourd'hui, où l'expression artistique se fait plus idéologique, plus propagandiste, plus « *matketing* » plus « *médiatique* » dirons-nous actuellement.

Les protagonistes orientent leurs projets [la fresque] vers :

- une *action* qui regroupe l'ensemble des activités artistiques [Raphaëllo] avec le pouvoir spirituel [Pape Jules II] et les autorités temporelles [François Marie Ier della Rover [1490-1538][327], Donato di Angelo di Pascuccio dit Bramante [1444-1514][328], Giovanni Antonio Bazzi, dit Il Sodoma [1477-1549][329]]. Tout ce monde vise concrètement l'attention des populations et la satisfaction de leurs besoins [notoriété, pouvoir, mercantilisme, etc.].
- un *état d'esprit* : ils se placent systématiquement du point de vue culturel en faisant des relations *art-culture-propagande* la clé de voûte des réflexions, des décisions et des actions des populations.
- une *démarche itérative* : ils analysent les populations et leur environnement, organisent les décisions et les actions, mettent en œuvre les opinions et les plans des opérations, contrôlent les réalisations et en tirent les leçons pour une éventuelle correction imminente ou reportée.
- une *instrumentalisation* artistique, et par extension culturelle, intellectuelle par l'utilisation suggestive et pertinente [psychologique, « *historique* », symbôlique, etc.] de la fresque, donc du pouvoir de l'image.

Afin de comprendre cette œuvre d'art de la Renaissance, qu'est l'*Ecole d'Athènes*, il faut bien saisir sa représentation, son thème, son sens, son sujet, son histoire et ses sous-entendus. Le discernement de l'œuvre, c'est son sens intrinsèque ou *symbolique* dont il est question.

C'est par une approche scientifique [historique, archéologique, anthropologique, sociologique, etc.] qu'elle dévoile l'essentiel de ces principes sous-jacents. En effet, ces derniers révèlent la mentalité de base des stratèges, d'une période historique, d'une classe sociale, d'une conviction religieuse, politique ou philosophique que l'artiste allait peindre, allait mettre en « *vie* » pour la postérité.

---

[327] FRANÇOIS MARIE IER DELLA ROVER, est un *condottiere* [chef d'armées de mercenaires] fut duc d'Urbino et duc de Sora [province de Frosinone].

[328] DONATO DI ANGELO, architecte et peintre italien.

[329] GIOVANNI ANTONIO BAZZI, peintre italien.

B - « Ecole d'Athènes » vitrine des « penseurs » et de la « culture hellénique »

L'analyse brève de la peinture « *Ecole d'Athènes* », nom donné à cette fresque de Raphaëllo au XVIIIe siècle dévoile des détails troublants révélateurs de la mystification de la Grèce antique et de la Renaissance. Encore une fois, ne nous égarons pas, cette fresque se veut un document symbolique mais surtout historique de la « *culture grecque* », berceau de la « *civilisation* » occidentalo-chrétienne. En effet, quoi de plus fort et de plus mémorable que de l'afficher en haut-lieu, l'épicentre spirituel et temporel de l'Occident chrétien : le *Vatican*. La fresque devient ainsi une œuvre à la gloire du Pape Jules II, dont la cour est comparée à « *l'Athènes du Ve siècle* ».

Une petite observation historico-déductive s'impose lorsqu'il est question d'aborder les « *ouvrages* » et surtout les « *livres* » des personnages comme Hippocrate, Galien, Dioscoride, etc. « *Ouvrages* », « *livres* » sont des expressions continuellement usitées par les historiens et les hellénistes [sur tous les supports] lorsqu'ils abordent les penseurs grecs et la société grecque. Quelques définitions sont nécessaires.

1 - Qu'est-ce qu'un livre ?

L'*ouvrage* signifie un *livre* ou une *œuvre,* ici, un ensemble de réalisations d'un artiste, d'un auteur.

Le *Dictionnaire de la langue française*, plus connu sous le nom de *Littré*[330] définit le *livre* comme une « *réunion de plusieurs feuilles [de papier] servant de support à un texte manuscrit ou imprimé* ».

Le livre est un objet *finalisé* dans un but *utilitaire* qui permet à l'homme de communiquer au-delà de l'espace et du temps. C'est un *volume*[331] de pages reliées, exposant du texte [et/ou des illustrations] sous une page de titre commune. Sa forme induit une organisation linéaire [pagination, chapitres, etc.].

Durant et après l'Antiquité jusqu'au VIIIe siècle, les supports de l'écriture avaient été aussi divers qu'ingénieux. Bien entendu, les archéologues ne peuvent nous présenter que ce qu'ils ont découvert sur les sites ou les lieux de fouilles. Par exemple, des tablettes enduites de cire, des planchettes de terre ou d'écorce, ou bien des rouleaux

---

[330] *Littré.* Du nom de son auteur Émile Littré [1801-1881] est un dictionnaire normatif de la langue française

[331] *Volume.* Par le terme « *volume* », on entend dans cette étude un « *ensemble de feuilles de papier [ou cahiers] manuscrites [puis au XVe siècle imprimées] réunies au moyen d'une reliure, d'un brochage* ». En d'autres termes : un *livre* au sens où on le conçoit actuellement.

de papyrus, sans omettre les célèbres *ostraka*, ces fragments de poteries où les Grecs écrivaient, dans l'Athènes antique, les noms de ceux qu'ils voulaient bannir.

Quoi qu'il en soit, si des livres, comme définis ci-dessus, de type classique, reliés ou brochés, ont été produits dans l'Antiquité, indubitablement, l'Archéologie n'en a jamais retrouvée !

Il est aisé de penser qu'une société [Grèce antique] qui fut capable de prouesses techniques comme nous le font croire les spécialistes de l'Histoire et les hellénistes en nous présentant les travaux et découvertes, par exemple, d'un certain « Archimède, Euclide, Pythagore ou Hippocrate. », a pu connaître le « livre » sous ses différentes déclinaisons !

Mais si l'étude esquissée dans ce livre est juste, ces ouvrages manuscrits sont bien plus récents, mêmes très récents. Tout comme l'Antiquité grecque et romaine, bien évidemment !

a - Support de l'écriture dans l'Antiquité

Le « *livre* » au sens où il se conçoit actuellement n'existait pas dans l'Antiquité. L'écriture avait pour support des tablettes d'argile ou de pierre. Ceux-ci ont été remplacés par des *volumen* ou *rouleaux*[332] de papyrus, plus légers et donc plus transportables ; ils sont enroulés autour de deux axes verticaux en bois. D'usage séquentiel, le lecteur ne peut lire le texte que dans l'ordre où il est rédigé. De ce fait, placer un repère pour atteindre directement à un endroit précis est impossible. De plus, tenir les deux extrémités du rouleau ne permet en aucune façon d'écrire et de lire simultanément.

Le rouleau de *papyrus* [fibre végétale] est resté l'unique forme de ce que l'on peut appeler « *support de l'écriture* » pendant toute l'*Antiquité classique* et en Egypte notamment, puis le *parchemin* au Moyen-Âge chrétien.

- *Papyrus*

Le papyrus est un roseau composé d'une grosse racine rampante et d'une longue tige nue, à section triangulaire, portant une touffe de minces feuilles et une fleur en ombelle. Feuille constituée par la superposition de deux couches pressées de fines bandes de tiges de cette plante, l'une horizontale, l'autre verticale, séchée et poncée, utilisée par les Égyptiens de l'Antiquité pour la confection de leurs rouleaux [religion, administration]. Propriété exclusive de l'Etat, la fabrication du papyrus était étroitement contrôlée tant du point de vue de son utilisation que de sa commercialisation. Quoi qu'il en soit, le support « *papyrus* » était très onéreux. Les

---

[332] Les seuls *rouleaux* encore actuellement en usage sont les rouleaux de la *Torah*.

Egyptiens pouvaient obtenir des supports de qualité variable, les meilleurs serviront pour les écritures sacrées. On écrivait avec un *calame* [tige de roseau taillée en pointe] ou avec des plumes d'oiseau. Le *support d'écriture* en papyrus [*papyrus égyptien*] a une forme de rouleau [*volumen*], collage de plusieurs feuilles pouvont atteindre une dizaine de mètres[333]. Il se déroule horizontalement ; le texte est d'un seul côté, disposé en colonnes. Le titre était indiqué par une étiquette fixée au cylindre pour enrouler le texte [« *Livre des morts* », début du IIe millénaire av. J.-C.].

- *Le parchemin*

Un autre *support de l'écriture* était le *parchemin*. Il s'agit de la peau d'animal [mouton, chèvre, agneau, veau ou âne ou antilope], grattée, amincie, rendue imputrescible et doucie à la pierre ponce. Le parchemin permet une meilleure conservation dans le temps à condition de limiter son utilisation. Plus solide en tant que support, il permettait aussi d'effacer aisément le texte [*Palimpseste*]. Ce support de l'écriture est onéreux à cause de la rareté de la matière et du temps de préparation. Quoi qu'il en soit, celui-ci reste inadapté à l'écriture du fait de l'absorption de la préparation, une sorte d'« encre », de mauvaise qualité quant à sa composition, à sa fixation, à sa durée de vie [par rapport à l'*encre de Chine*]. En effet, la fixation superficielle [grande absorption] de la préparation pour l'écriture ainsi que le frottement mécanique, c'est à dire l'usure dûe à l'enroulemen et au déroulement du rouleau fait que les textes écrits s'éffacent rapidement à la longue. Le parchemin demeure donc un support de l'écriture peu adapté.

Le *palimpseste* est un manuscrit rédigé sur un parchemin précédemment utilisé, et dont on a fait disparaître les inscriptions pour y écrire à nouveau. Ce procédé fut utilisé au Moyen-Âge par les copistes [*moines copistes*] qui, du fait de la chèreté du parchemin, réutilisaient d'anciens manuscrits pour y recopier de nouveaux textes. Dès lors, les vieux manuscrits étaient préalablement *désencrés* ou effacés grâce à de la pierre ponce.

- *Le support de l'écriture dans la Grèce antique*

Le *support de l'écriture* est essentiellement la tablette de bois blanchie avec du gypse[334], la tablette de bois enduite de cire. Plus tard, les Grecs utilisent le *parchemin* [peaux tannées de bovins, d'agneaux ou de chèvres]. La tablette d'argile est apparue tardivement au début du premier siècle après J.-C. Rarement le *papyrus*, très onéreux qu'ils obtiennent difficilement de marchands phéniciens. En effet, les fabriques de

---

[333] Les chroniques de Ramsès III pouvaient dépasser les 40 mètres.
[334] *Gypse*. Minéral essentiellement constitué de sulfate de calcium à l'état cristallin.

papyrus sont propriétés exclusives du Pharaon et l'utilisation du papyrus est essentiellement religieuse et administrative. Donc son commerce est des plus règlementés. Un autre support plus durable celui-ci, la plaque de bronze et les monuments en pierre. Tous ces supports en particulier le bois, l'argile, le cuir, le papyrus ont en commun : leur *fragilité*. Le temps et les agressions de l'environnement [chaleur, humidité, poussière, moisissure, etc.] provoquent irrémédiablement leur décomposition, leur destruction et donc leur disparition.

2 - Le papier support par excellence de l'écriture

a - Qu'est-ce que le papier ?

La feuille de papier est une matière à base de cellulose, constituée de fibres végétales naturelles ou transformées, réduites en une pâte homogène qui est étendue. Une fois sèche, elle se présente sous forme de feuille mince. L'histoire du papier remonte à l'Antiquité en Chine. Le processus de fabrication du papier est resté le même depuis cette époque. Deux étapes sont nécessaires : la désintégration de la matière première dans l'eau afin d'obtenir des fibres suspendues et, la constitution de feuilles feutrées quand cette suspension est répandue sur une surface poreuse et adaptée, à travers laquelle l'eau peut s'égoutter.

Quel que soit le procédé employé, que ce soit fin ou grossier, qu'il n'y ait que de la cellulose ou d'autres matériaux adjoints [laine, soie, coton, etc.], c'est la mise en suspension dans l'eau des fibres et leur égouttage qui souscrivent à l'obtention du papier.

b - Le papier en Chine

Les premiers vestiges d'un papier grossier, découverts sur l'ancien *limes*[335] des Han, datent en Chine du IIe siècle av. J.-C. L'inscription sur papier la plus ancienne connue à ce jour est datée de 8 av. J.-C., sous la dynastie des Han occidentaux [206 av. J.-C. à 220]. Il s'agit d'un fragment de lettre en sinogrammes anciens dont le papier est constitué à partir de fibres de lin. La composition du papier en Chine consiste pour l'essentiel de fibres de lin, d'une certaine quantité de fibres de bambous et d'autres composants qui permettent de varier à l'infini les papiers, éventuellement en couleur.

Cai Lun [50-120], haut fonctionnaire de la cour impériale chinoise pendant la dynastie des Han orientaux qui, en 105, aurait systématisé pour la première fois l'art

---

[335] *Limes.* Nom donné par les historiens modernes aux systèmes de fortifications établis au long de certaines des frontières, ici de l'Empire chinois.

de produire du papier et en aurait amélioré la technique afin de le fabriquer en masse. Dès lors, le papier devint le support courant de l'écriture. La *xylographie*[336] apparaît en Chine vers le VIIIe siècle et s'étend aussitôt.

Le papier fût un excellent moyen de diffuser le bouddhisme, mais aussi le folklore et les us et coutumes [arts occultes, horoscopes, almanachs, manuels d'instruction élémentaires, formulaires pour les concours officiels, chroniques, etc.]. Rapidement le papier fût largement utilisé par les milieux dirigeants et les érudits.

c - Le papier dans l'Empire musulman

• *Bataille de Talas : secret du papier et de l'encre de Chine*

La *Bataille de Talas* se déroula en 751 sur les rives de la rivière Talas au Kirghizstan près de la ville du Kazakhstan Taraz, anciennement Jambyl. Les troupes abbassides du général Ziyad Ibn-Salih conduisant les armées khurassaniennes de Abu-Muslim au service du *Khalife* Abu al-Abbas As-Saffah [722-754] affrontèrent les troupes chinoises de la dynastie Tang conduites par le général d'origine coréenne Gao Xianzhi [Kao Sien-chih]. La bataille fut rude et les chinois sont vaincus. Beaucoup d'entre eux furent capturés et emmenés comme captifs à Damas et à Bagdad. Ces prisonniers chinois transmirent les méthodes secrètes de fabrication du *papier* et de l'*encre* que l'on appelle de « *Chine* » qui permirent quelques années plus tard, en 755 la création de manufactures de papier qui alimenta l'Empire musulman.

La naissance du livre apparaît. Le premier *livre* [*Kitāb, Codex, Liber*] de l'Histoire au sens étymologique du terme fut le Coran [Qour'ān] qui se propagea, par ce moyen, plus rapidement. Déjà, au IXe siècle, les Musulmans utilisèrent l'*impression xylographique*[337] pour imprimer le Coran. Puis, l'effervescence intellectuelle des penseurs musulmans qui créèrent les Sciences et les Techniques activa la diffusion du livre et par conséquent, celle de toute une littérature : une *culture* sans précédent dans l'Histoire humaine. Celle-ci engendrant la stupéfiante *Civilisation de l'Islam Classique*. Les idées, les expériences, les découvertes, les recherches des érudits musulmans se répandirent de manière fulgurante à travers tout l'Empire musulman et bien au-delà et sortirent des ténèbres de l'Ignorance maintes nations à travers le monde.

---

[336] La *xylographie*. Procédé de reproduction multiple d'une image sur un support plan, papier ou tissu, en utilisant une tablette de bois gravé comme empreinte pouvant être reproduite par estampage [ou impression], moins onéreux que le travail réalisé à la main par des copistes.

[337] Technique de gravure sur bois, en relief, permettant l'impression d'une figure ou d'un texte dont tous les caractères sont gravés sur la plaque et non mobiles.

L.A. Sedillot déclare[338] : « *On a déjà vu combien d'inventions utiles et importantes nous ont été transmises par les Arabes... [Musulmans] que l'on ne saurait leur refuser la gloire de les avoir mises en lumière et de les avoir propagées d'un bout à l'autre du monde. C'est ce qu'ils ont fait pour le papier, la boussole et la poudre. Parce que l'on s'est imaginé, d'après quelques textes apocryphes, que les Chinois en avaient connu l'usage à une époque ancienne, on a cru que l'on pouvait enlever aux Arabes [Musulmans] l'honneur d'en avoir doté l'Europe. Les Arabes [Musulmans] n'auraient-ils pas, prenant des Chinois le papier de soie, emprunté en même temps l'imprimerie, soi-disant inventée dès le VIe siècle par les Chinois si ces derniers l'avaient connue ? […]* »

Le *papier* se diffuse avec l'expansion de l'Islam. Il était devenu une matière si banale en terre de l'Islam au début du Xe siècle que les marchands des bazars enveloppaient de papier toutes les marchandises qu'ils vendaient. En Syrie, le *papier de Damas* ou *Charta Damascena* fabriqué à base de coton remplaçant la soie, le chanvre et le lin, était renommé dès le VIIIe siècle [en Occident-Nord de l'Espagne-, entre le XIe et le XIIe siècle].

On le retrouve à Bagdad en 793, au Caire en 900. En Afrique du Nord, par exemple, la ville de Fez disposait de 500 meules à la fin du Xe siècle qui étaient utilisées pour la fabrication du papier, ce qui atteste une industrie papetière adaptée depuis de longue date. Il arrive dans le Sud de l'Espagne en Al-Andalus dès les premières années du IXe siècle ; la ville de Xativa [Scetabis -actuel San Felipe-], dans la province de Valence, en 1056, devint la capitale de cette industrie. Puis le papier se propage en Occident : en Sicile en 1102, à Fabriano [Italie] en 1276 ; dans le sud de la France au milieu du XIIIe siècle. Il n'arrive dans le nord de la France qu'au milieu du XIVe siècle à Troyes.

En Europe, le papier est alors un produit rare et des *édits* [lois, ordonnances, règlements] sur le recyclage du papier sont décrétés.

Les premiers papiers dont s'est servie toute la chrétienté sont d'importation musulmane. Les moulins à papier s'installent très tardivement en Europe [Italie, France, Espagne chrétienne, Allemagne, Grèce, etc.]. C'est en Italie que les plus anciens moulins à papier se signalent, vers le XIVe siècle à Fabriano [Ancône] et le papier de Fabriano fût longtemps renommé en Occident.

Puis, d'autres fabriques se sont implantées plus tard à Padoue, à Trévise, à Venise, à Milan qui fournissaient en papier l'Allemagne du Sud. En France, l'industrie du papier est importée d'Espagne. La première indication historique sur l'introduction en

---

[338] L.A. SEDILLOT, « Histoire des Arabes », Edit. Librairie de L. Hachette et Cie, Paris, 1854.

France de l'industrie papetière est qu'en 1189, un évêque de Lodève autorisa l'installation de moulins à papier sur le cours de l'Hérault.

o   *Technique de la fabrication du papier*

Les Musulmans connaissaient l'usage du papier bien avant la date de 751 [*Bataille de Talas*] et qu'ils l'utilisaient eux-mêmes après l'avoir copieusement amidonné et lustré. Rapidement, ils saisirent l'intérêt de ce nouveau support de l'écriture pour propager l'Islam et développer les sciences, les techniques, bref, vulgariser la Culture. Samarcande [Ouzbékistan] en sera le tout premier centre de production de papier du monde musulman, bientôt suivi par des fabriques dans tout l'Empire. Par ailleurs, les Musulmans en amélioreront la fabrication en incorporant à sa préparation des tissus, substituèrent le coton à la soie, inventant de ce fait, le *papier de Damas*. La révolution du papier catalysa ainsi l'âge d'or islamique : la *Civilisation de l'Islam Classique* [*CIC*].

Dès le milieu du VIIIe siècle, en 755, à Bagdad et à Damas la pâte est coulée sur des formes, et des *vergeures*[339], visibles sur les feuilles de papier, attestent de l'emploi des châssis. Le papier ainsi produit était faiblement compact et raboteux. Avant de le coller et de le lisser, il est traité par un enduit, une sorte de gelée composée d'amidon et de farine, qui en remplissait les pores. Celui-ci rendait le papier compact et en blanchissait la surface. Puis, la feuille ajustée sur une table est polie à l'aide d'une pierre dure, puis collée à la colle d'amidon en imbibant la feuille dans une solution.

d - Le papier à la Renaissance

C'est la naissance de l'Imprimerie en Occident [Mayence - Allemagne] vers 1450 qui a permis la vulgarisation du Savoir par l'usage des livres. Naturellement, l'augmentation de l'utilisation du papier s'amorça et de ce fait la fabrication du papier. Celui-ci devient alors l'objet d'une industrie qui ne cessera d'évoluer, avec utilisation de l'énergie hydraulique [moulin à eau].

3 - Encre de chine

L'*encre* est une substance fortement teintée, généralement noire, qui sert à marquer le support, papier, textile, etc. Les encres sont utilisées pour l'écriture, le dessin ou la décoration. Composition solide ou liquide, à base de noir de carbone, originaire de Chine, l'encre est utilisée principalement pour l'écriture et le dessin au lavis ou à la

---

[339] *Vergeure*. Filigrane laissé sur le papier vergé [papier présentant un filigrane rectiligne}.

plume. Les premières encres, tant en Chine, en Orient en général, qu'au Proche et Moyen-Orient, puis en Europe, sont toutes à base de noir de fumée, lié par de la gomme laque. L'*encre de Chine* se distingue des encres au plomb ou à base d'oxydes métalliques couramment utilisées en Occident. Une grande innovation est l'*Encre au fer* crée par les Musulmans à partir du IXe siècle avec ses trois ingrédients de base : *noix de galle, sulfate de fer* ou de *cuivre, gomme laque*. Ces derniers l'introduisent en Occident au Xe siècle. Ce sera la seule à permettre l'usage des plumes d'oiseau pour l'écriture, tandis qu'en Extrême-Orient la tradition de l'encre au noir de fumée se perpétue avec l'usage du pinceau. L'évolution majeure réside dans l'emploi de colle, plutôt que de gomme.

L'encre de Chine et surtout l'encre au fer, dès qu'elle fixée sur le papier, le temps n'a plus de prise sur elle : ses nuances et son éclat défient les siècles, voire les millénaires. Dans ces cas le papier doit bien sûr être lui aussi de grande qualité !

4 - Le *Kitāb*

Le « *Kitāb* » est une révolution analogue à l'invention de l'écriture. Dorénavant, le support de l'écriture par excellence s'identifiera au *Kitāb* ou *Livre*. La numérotation des pages [d'abord par des lettres arabes puis en *chiffres alqalsadiens*] s'ajouta à cette innovation. La principale caractéristique du *Kitāb* étant la notion de « *page* ».

Le *Kitāb* se traduit par « *Liber* », « *Librum* » [accusatif singulier de *liber*] en latin qui devint en langues vernaculaires : français *livre* ; italien et espagnol : *libro* ; anglais : *book* ; allemand : *buch*, etc. Par conséquent, le *Kitāb* désigne un volume reliant des feuilles comportant des signes graphiques : l'*écriture*. Une *feuille*, c'est un morceau de papier rectangulaire susceptible de recevoir un texte écrit, une illustration. Le papier est une matière fabriquée à partir d'une pâte de fibres végétales étalée et séchée en couche mince pour former une feuille pour écrire, dessiner. Le *Kitāb* du même format parallélépipédique que celui utilisé pour les imprimés de la Renaissance et les livres modernes, avec des pages reliées ensemble et une couverture. La structure du Kitāb offre la possibilité d'accéder directement à n'importe quelle partie du texte.

Maints versets du *Coran* [*Qour'an*] contiennent le terme *Kitāb*[340]. En effet, c'est dire l'importance octroyée à l'*écriture* [où même Dieu consigne les Univers] qui sert de

---

[340] « *Même si Nous avions fait descendre sur toi [Moûhammad] un Livre en papier qu'ils pouvaient toucher de leurs mains, ceux qui ne croient pas auraient certainement dit : « Ce n'est que de la magie évidente ! »* » (*Qour'an* 6-7).

véhicule à l'étude, à la quête de la connaissance, à la transmission du savoir et à l'évolution de la Société de l'Homme, donc à la *Civilisation humaine*. C'est ainsi que l'application méthodique de l'esprit, cherchant à comprendre et à apprendre la réalité de l'Univers déboucha sur la conception des Sciences par les érudits musulmans. Naturellement, ces derniers consignèrent tous leurs travaux de recherches, d'observations, d'analyses, d'expérimentations, en d'autres termes scientifiques, dans les *Kitāb* ou *Livres*. Par exemple, la monumentale œuvre de l'illustre médecin A. Al-Majusi [m. 995] : « *Kitāb al-Kamil fi al-Sinaha al-Tibbiya* » dont la traduction est « *Le Livre complet de la Médecine* » ou encore un autre titre « *Kitāb al-Maliki* » traduit par « *Le Livre Royal*] » illustre cette effervescence intellectuelle enregistrée et diffusée qui caractérise la *Civilisation de l'Islam Classique* [ou *CIC* du IXe au XIVe siècle] qui métamorphosa les sociétés humaines.

Ainsi, historiquement et chronologiquement, le *Coran* [Qour'an] est le premier *livre* en tant que : « *assemblage de feuilles, portant des signes [Révélation, Message] destinés à être lus* ». En d'autres termes, l'invention du « *livre* » sous lequel le Coran a été consigné est un ensemble de feuilles de papier écrit des deux côtés et rassemblé en cahiers composant un livre au sens moderne du terme. En conséquence, le Coran sous forme de livre et non sous forme de rouleaux de parchemin ou de tablettes d'argile a enclenché un engouement des plus prodigieux auprès des Savants musulmans qui y consignèrent leurs disciplines nouvellement créées, leurs découvertes, leurs pensées, etc. Le Coran, premier *Kitāb*, s'imposa donc dans tout l'Empire musulman. Le *Kitāb* devint le moyen universel de transmettre et d'échanger l'information, la culture, les Sciences, la littérature, les idées, etc. Le haut prestige que lui accorde le Coran encouragea la diffusion du savoir et à sa vulgarisation dans toutes les couches de la société musulmane.

Il est indéniable de constater que « Kitāb, Science, Savant » riment avec « prestige, notoriété, fortune » mais surtout, et là c'est une spécificité des savants musulmans : « Être au service de l'Humanité ! ». En effet, être au service de l'Homme, c'est être au service de Dieu ! Naturellement, le Kitāb ou Livre est un merveilleux outil d'atteindre la satisfaction divine !

« Nulle bête marchant sur terre, nul oiseau volant de ses ailes, qui ne soit comme vous en communauté. Nous n'avons rien omis d'écrire dans le Livre. Puis, c'est vers leur Seigneur qu'ils seront ramenés » (Qour'an 6-38)
« C'est Lui qui détient les clefs de l'inconnaissable. Nul autre que Lui ne les connaît. Et Il connaît ce qui est dans la terre ferme, comme dans la mer. Et pas une feuille ne tombe qu'Il ne le sache. Et pas une graine dans les ténèbres de la terre, rien de frais ou de sec, qui ne soit consigné dans un livre explicite » (Qour'an 6-59)
« consigné dans des feuilles honorées [al-Lawhoul-Mahfoûz] » (Qour'an 80-13)

La Chrétienté découvre le *Kitāb* par l'entremise des traducteurs qui déployèrent leur talent linguistique pour faire découvrir les œuvres et les penseurs musulmans. Dès lors, les Sciences, la littérature, la théoloigie, les arts [plastiques, musique, culinaire...], l'architecture, etc., bref la *Civilisation de l'Islam Classique* révolutionna durablement leurs sociétés et métamorphosa leurs mentalités.

a - « Kitāb al-Mansuri fi al-Tibb [Liber ad regem Almansorem] »

A titre de comparaison avec les *« livres »* des *« penseurs grecs »* dont aucune trace n'apparaît ni d'un point de vue historique, ni archéologique hormis celle qui se dévoile pour la première fois au Moyen-Âge et qui est diffusée à grande échelle à partir du XVe siècle par l'imprimerie [Renaissance et siècles suivants].

En observant deux pages du *Kitāb* ou *Livre* [ou *Codex* ou *Liber*] *« Kitāb al-Mansuri fi al-Tibb [Liber ad regem Almansorem]* de l'illustre M.I.Z. Ar-Razi [865-925] rédigé à Bagdad en 903, le constat est que ce manuscrit [*Kitāb, Livre*] assemblage de feuilles de papier, dont le contenu [c'est à dire l'écriture en encre de Chine], n'a rien perdu de son aspect, de sa structure morphologique et scripturale et donc de son contenu après onze siècles [*N.D. Khalili Collection of Islamic Art - MSS 329 - London*].

Cette spécificité de ce *livre manuscrit* constitué de feuilles de papier et rédigé par l'un des fondateurs de la médecine, M.I.Z. Ar-Razi, un *réel savant*, est incontestablement *authentique*. Nous sommes aux antipodes des fantomatiques *« livres »* des *« penseurs grecs »* apparus comme par *« miracle »* [la Chrétienté en raffole] sous forme imprimée et au cours des XV-XVIe siècle !

Observations.

L'œuvre *« Kitāb al-Mansuri fi al-Tibb [Liber ad regem Almansorem - Livre Al-Mansuri[341] de la Médecine]* a été rédigé en dix tomes de plusieurs centaines de pages écrit sur du *papier* à l'*encre de fer* recto et verso avec des dessin, des schémas, etc. Cet ouvrage dont le neuvième tome a été traduit par Gérard de Crémone en latin est devenu rapidement très populaire en Occident : un fondamental des Sciences médicales.

M.I.Z. Ar-Razi [865-925], A.J.A Ibn Al-Jazzar [898-980], A.H. Ibn-Sina [980-1037] créent la Médecine en tant que Science [on est donc très loin de la magie, de la superstition et du mythe fondement de la culture et de la pensée des Grecs] en se basant uniquement sur leurs expériences, leurs observations, leurs analyses, leurs

---

[341] Œuvre médicale dédiée au au souverain samanide de Ray, ABU SALIH AL-MANSUR [m. 976].

examens, leurs découvertes, leurs intuitions, etc. Bientôt, des générations entières de penseurs musulmans suivront leurs pas en enrichissant continuellement les sciences médicales avec, à leur tour de nouveaux apports médicaux : O.I. Ibn-Imran [m. 908], A.Q. Zahrawi [936-1013], A.M. Ibn-Zuhr [1091-1162], etc.

« *Kitāb al-Mansuri fi al-Tibb* [*Liber ad regem Almansorem*] » de M.I.Z. Ar-Razi [865-925] - *The N.D. Khalili Collection of Islamic Art - MSS 329 - London.*

5 - Codex et imprimerie

Le *codex* n'est autre que le synonyme de *Liber* ou *Kitāb* ou *livre* manuscrit [puis imprimé]. Le *Codex* ou *Kitāb* rompt définitivemeht avec le *volumen*[342], c'est à dire le *rouleau* de papyrus ou de parchemin utilisé dans l'Antiquité. L'adoption du codex dans la chrétienté est d'autant plus manifeste que Gutenberg [1400-1468] allait transformer le codex en un produit, dupliqué au moyen

---

[342] *Volumen.* Il s'agit d'une bande de matière support de l'écriture pendant l'antiquité, jusqu'à l'apparition du *Kitāb* ; le plus souvent, il est à base de papyrus qui s'enroule naturellement.

des techniques de l'imprimerie quant à son contenu et à sa diffusion [vulgarisation]. C'est le début des *imprimés* : les *incunables* [ouvrage qui date des premiers temps de l'imprimerie avant 1500]. Le premier codex ou livre imprimé est la *Bible* en latin dite *Bible à quarante-deux lignes* qui date de 1453.

Le *codex* est constitué de *cahiers* provenant du pliage des *feuilles* dont il se compose. Le pli d'une feuille de papier aboutit au *bifeuillet*, soit deux *feuillets* ou quatre *pages*. Il s'agit d'un format *in folio*. Lorsque le bifeuillet est plié à nouveau en deux, on a un *in quarto* [deux bifeuillets, quatre feuillets, huit pages], puis un *in octavo* [quatre bifeuillets, huit feuillets, seize pages]. Quand le format souhaité est obtenu, les bifeuillets, dont le bord a été découpé, peuvent être assemblés les uns dans les autres, et réunis par un fil de couture. Deux bifeuillets donnent un *binion*, puis, respectivement un *trinion*, un *quaternion* [le plus fréquent]. De ce dernier terme dérive le mot « cahier ».

C - Les « livres » ou « ouvrages » grecs

Comme indiqué ci-dessus, le *papyrus* très fragile est pratiquement inexistant en Grèce, seuls les prêtres et l'administration égyptienne s'en servaient [il se conservait mieux qu'ailleurs car le climat en Egypte est chaud et sec]. Quant au *papier*, il était inexistant en Grèce introduit par les Musulmans en Occident au VIIIe-IXe siècle [Espagne musulmane].

En fournissant un gigantesque effort de concentration et même avec l'assistance de stupéfiants, il est très difficile, voire impossible d'admettre que des personnages comme Hippocrate, Galien, Dioscoride, Aristote, Platon et tous les « penseurs » de la Grèce antique aient pu être les auteurs d'écrits en plusieurs volumes, de collection de « livres » en plusieurs tomes !

Il est utile de le réitérer : aucun vestige archéologique ne vient contredire ces faits ô combien indéniable !

Si l'on pénètre dans cette logique les questions fusent. Où sont les « écrits », les « livres », les « ouvrages » des Egyptiens, des Perses, des Phéniciens, des Mésopotamiens, des Assyriens, etc., de la même période pourtant beaucoup plus avancés en tout domaine que ce soit culturel, politique, social, architectural, etc. au regard des Grecs et détenteurs d'une civilisation beaucoup plus raffinée et plus ancienne que celle de la Grèce ? N'ont-ils pas de système d'écriture ? Sont-ils incapables de rédiger un quelconque « ouvrage » ou « livre » dans quelque domaine que ce soit ? Sont-ils des sous-développés, incapables d'écrire une quelconque littérature, d'exprimer une quelconque idée ? Sont-ils analphabètes ? N'ont-ils aucune société urbaine ? Sont-ils des peuples sauvages vivant de cueillettes, de pêche et de chasse ?

Si les Grecs et les Romains avaient des livres, pourquoi pas les Egyptiens, les Perses, les Mésopotamiens, les Assyriens, les Phéniciens ou les Carthaginois pourtant beaucoup plus évolués qu'eux ?

La réponse est que ni les Grecs, ni les Egyptiens, ni les Assyriens, ni les Perses, ni les Mésopotamiens, ni les Carthaginois n'étaient en mesure de consigner un quelconque écrit ou texte sous forme de « livre » ou d'« ouvrage » de plusieurs dizaines, voire de plusieurs centaines de nos pages actuelles comme le prétendent les historiens ou hellénistes ! Aucun support de l'Antiquité [bois, argile, cuir, métal, pierre, etc.] ne pouvait comporter autant de signes graphiques qui transcrivent les paroles et les pensées !

De plus, la société grecque, à par les quelques familles, les *Eupatrides* [qui dirigent les Cités], sont un peuple illettré et à culture à transmission traditionnellement et foncièrement orale !

Le seul support capable de contenir une telle quantité d'informations en système de caractères pour représenter la parole ou la pensée [écriture pictographique] est le papier et rien que le papier [bien entendu jusqu'à l'arrivée de l'ordinateur et du support informatique]. C'est pour cette raison que l'on parle de « livre » ou d'« ouvrage » qu'à partir du VIIIe siècle et à aucune autre période de l'Histoire !

Afin de conclure avec cette analyse succincte, une autre problématique apparaît.

Comment les historiens et tous les spécialistes des Sciences humaines peuvent-ils connaître avec une telle précision la biographie, les prétendus « ouvrages » et « livres » des personnages comme Dioscoride, Galien, Hippocrate, Archimède, Aristote, etc. Alors même qu'ils n'ont aucune indication sur quelque support que ce soit d'un autre personnage nommé Jésus-Christ qui, lui, est postérieur de plusieurs siècles ? Vraiment, c'est un non-sens ! Et de quelles sources se réfèrent-ils, sur quel support sont-elles enregistrées et où sont-elles ? D'où proviennent-elles celles qui sont utilisées pour étayer leurs allégations, celles-là mêmes qu'ils établissent sous forme de dogmes ? On reste perplexe !

Encore une fois, même la mobilisation et la mise en œuvre de toutes les forces psychiques et ressources intellectuelles en vue de refuser l'évidente sottise qui crève nos yeux celle des soi-disant « ouvrages » ou « livres » grecs, il est difficile de se convaincre. Vraiment, il est ardu d'admettre cette aberration logique et historique. Mais hasardons-nous tout de même sur le terrain du non-sens !

Dans le pire des cas, en admettant qu'Hippocrate, Dioscoride, Galien, Diophante, Pythagore, Aristote, Platon, etc. aient pu réellement exister, ils seraient à l'instar de tous leurs « *concitoyens* », leurs *coreligionnaires*, de véritables superstitieux, d'authentiques adeptes de la mythologie, de réels partisans de la magie, des fidèles de l'irrationnel, des dévoués du légendaire, des zélés du paranormal. Dès lors, ils ne pouvaient en aucune manière s'imaginer ou concevoir les Sciences qui sont apparues à la fin du VIIIe siècle. Comment peuvent-ils faire des recherches empiriques eux qui pataugent [comme tous leurs concitoyens] dans l'absurde, les mythes et le culte des héros.

Ainsi, il est invraisemblable que, par exemple, A.W.M. Ibn- Rushd [1126-1198] aurait eu connaissance d'un personnage aussi irréel qu'Aristote. Ceci est valable pour les savants musulmans fondateurs de la médecine [et de toutes les autres disciplines scientifiques] qui, selon les historiens et les hellénistes, ont soi-disant repris les travaux des *mythiques* Hippocrate, Galien, etc.

1 - Paradoxe des historiens

Lorsque l'on pose aux historiens [toute spécialité confondue] la question : « *Quelles sont les sociétés les plus évoluées de l'Antiquité ?* »

La réponse est sans ambiguïté, il s'agit de la Grèce, de Rome, de la Perse, de l'Egypte, de la Mésopotamie, de l'Assyrie, de la Phénicie, de Carthage pour ne citer que celles-là.

Lorsque l'on repose une autre question à ces mêmes historiens : « *Citer quelques noms d'érudits ou savants des sociétés de l'Antiquité* ». Ils énumèrent [un à un] l'ensemble des érudits ou *savants* de la société gréco-romaine. Quant aux érudits ou *savants* de la Perse, de l'Egypte, de la Mésopotamie, de l'Assyrie, de la Phénicie, de Carthage, ils sont incapables d'en énoncer un seul. A croire que ces sociétés végétaient dans la période ténébreuse de la *Préhistoire*. En conséquence, l'absence de tels penseurs éveille dans l'esprit l'idée que ces sociétés étaient primitives, c'est à dire maintenues à un stade de développement intellectuel, culturel, social, économique, etc. certainement insuffisant par rapport à celui de la Grèce et de Rome évidemment plus évolué.

Lorsque l'on interpelle les historiens [toute spécialité confondue] par la question : « *Quelle est la structure ou base fondamentale sur laquelle repose la Connaissance de l'Univers dans l'Antiquité ?* »

La réponse de leur part est sans équivoque et unanime : *il s'agit de la mythologie, des légendes, de la superstition et de la magie.*

Puis à la question : « *Quelle est la définition de la Science ?* »

La réponse est évidemment : « *Ensemble structuré de connaissances qui se rapportent à des faits obéissant à des lois objectives [ou considérés comme tels] et dont la mise au point exige systématisation et méthode* ». Par conséquent, d'après cette définition, la Science est *antinomique* avec la mythologie, les légendes, la superstition et la magie. En d'autres termes, ces dernières sont d'une incompatibilité absolue avec la notion même de Science !

En conclusion, on aboutit à la question cruciale : « *Pourquoi alors les historiens [toute spécialité confondue] affirment-ils [sur tous les supports] que la Science est apparue dans la société de la Grèce antique ?!* »

2 - Tradition orale ou écrite ?

En résumé, le *livre* se définit comme un assemblage de feuilles en nombre plus ou moins élevé, portant des signes destinés à être lus. Ensemble de feuilles de papier écrites des deux côtés et rassemblées en cahiers. Un livre est composé d'un titre et du nom de son auteur. La Grèce antique est une société à culture foncièrement orale. La forme écrite d'une langue a toujours été dotée de plus de prestige que la forme parlée. Elle peut également posséder une grammaire plus complexe et un vocabulaire particulier. Le dialecte est la forme spécifique d'une langue qui diffère des autres formes de cette même langue par certains aspects grammaticaux, phonologiques et lexicaux.

A juste titre, la *Koinè*[343] est un dialecte « *social* » ou « *sociolecte* » qui caractérise la forme de langue usitée par un groupe d'individus limités comme les prêtres, les notables et les officiers de l'armée qui formaient les *Eupatrides* des cités grecques et romaines. Les *Eupatrides* eurent en commun des particularités sociales telles qu'un niveau d'instruction semblable, l'appartenance à la même classe sociale ou l'exercice d'une même profession. L'activité littéraire de la période hellénistique n'est que compilation et fixation de quelques textes sur tablettes de bois blanchies, qui sont classés et qu'on imite servilement. Les quelques « *érudits* » s'adressent à un public d'auditeurs de *bonne éducatioin*, les *Eupatrides*, très restreints, disséminés géographiquement mais disposant d'une langue élitiste commune, la *Koinè élitiste,* imposée et supplantant progressivement les dialectes locaux. A l'instar de la plupoart des sociétés de l'Antiquité, la quasi totalité de la population grecque est illettrée et inculte. Fidèles à leurs illustres prédécesseurs, les poètes reprennent leurs thèmes. Ainsi,

---

[343] *Koinè.* Terme signifie « *commun* ». Terme qui a servi pour qualifier plusieurs formes du parler grec.

la poésie hellénistique est une poésie lyrique, épique, allusive et imprégnée de récits mythiques et de légendes à transmission orale. Les écrivains issus des Eupatrides fixèrent et propagèrent ce dialecte littéraire standard.

La ligne de partage entre différents dialectes est délicate à établir, en principe, la différence du rang social liée aux moeurs et au langage demeure une séparation et l'intelligibilité mutuelle entre locuteurs est un critère. La société grecque foncièrement illettrée [l'écriture est l'apanage des prêtres, des nobles, des officiers de l'armée et des « scribes » au service de l'Etat], discriminatoire et esclavagiste, impose naturellement une barrière entre deux locuteurs de classes distinctes et donc de parlers différents qui ont de la peine à se comprendre et donc à échanger des idées fussent-elles élémentaires. Conséquemment, le développement intellectuel qui n'a de sens qu'en ce qu'il devient un moteur au service du progrès social et aux échanges d'idées dans une égalité et un respect mutuel, avec toutes les couches sociales, reste donc dans les sociétés grecques inexistant !

Sachant que les Grecs n'écrivent pas, leur culture est à transmission foncièrement orale. En effet, seuls quelques éléments de la classe dirigeante [Eupatrides, clergé, officiers des armées] ont connaissance de l'écriture et donc s'adonnent, dans le cas échéant, aux textes. Dès lors, les titres de leurs prétendus « *livres* » ont été attribués, il y a des siècles de cela [Renaissance, Siècle des Lumières] et au XVIIIe siècle à l'époque du *Romantisme*], avec toujours la même interrogation : *que sont et où sont ces fameux « livres » de l'Antiquité classique ?*

Observons quelques-uns des fameux « *livres* » supposés avoir été produits par des personnages antiques si bien représentés par la fresque de Raphaëllo : l'*Ecole d'Athènes*.

3 - Georges Gémiste ou Plethon [1355-1452]

Il est important de connaître ce personnage qu'est Georges Gémiste ou Plethon pour bien comprendre qui est véritablement « Platon » !

Georges Gémiste, dit *Plethon* [1355-1452], fut l'un des esprits les plus originaux de son temps[344]. Encore jeune, il fit ses études chez Elisha [ou Elissaios], un Juif adepte de la *Falsafa*[345] à la cour des Musulmans, la ville d'*Edirne* [anciennement *Andrinople* ou

---

[344] L. Bréhier, « *La civilisation byzantine* ». Edit. Albin Michel, Paris, 1970.

[345] *Falsafa* [*Philosophie* « *islamique* »] se définit comme la *philosophie* inspirée de la *Révélation* afin de présenter la conception de l'Islam et sa vision à propos de l'Univers, de la Création, de la Vie et du Créateur [Dieu]. La Falsafa, c'est également toutes les conceptions et les travaux intellectuels qui ont été recherchés dans le cadre de la culture et de la Civilisation de l'Islam Classique [CIC] sous le règne de l'Empire

Adrianople] devenue depuis sa conquête par le sultan Murad Ier [1326-1389] en 1365 non seulement la capitale de l'émirat, mais aussi un centre de savoir à l'égal de Damas et de Bagdad. C'est là qu'il acquis un solide enseignement universitaire sous la férule des Professeurs musulmans où il étudia et s'imprègna de la culture et des œuvres des savants comme Al-Khwarizmi, Al-Battani, Al-Biruni, Al-Khazin, etc. Puis, il revint à Constantinople pour y instruire ses coreligionnaires de son érudition [astronomie, géographie, histoire, musicologie, etc.]. Hélas, il se heurta à l'intransigeance de ses compatriotes qui ont jugés ses acquis et sa pensée comme subversifs par la hiérarchie orthodoxe. Accusé d'hérésie, il fuit à Mistra [au XIIIe siècle près de Sparte] devenu un centre intellectuel notable dans le *despotat de Morée*[346].

Membre de la délégation byzantine à titre de délégué laïc au concile de Florence [1437-1439], G. Gémiste fit dans cette ville de nombreuses conférences où il diffusa sa pensée en Europe de l'Ouest[347]. Lors de ce séjour, il fit la connaissance de Cosme de Médicis qui lui vouera une fascination débordante. Ce dernier sera séduit profondément par les travaux de G. Gémiste qui devient son mentor. C'est ainsi que Cosme de Médicis eut l'idée de l'*Académie platonicienne de Florence*, placée sous l'égide de Marsile Ficin et qui aura pour vocation de développer et de diffuser les travaux de Pléthon.

M. Ficin, directeur de l'Académie se mit à l'ouvrage en encadrant les professeurs [dont Plothin qui y enseigna] tout en traduisant et en commentant les textes de Plethon en version latine, ainsi que divers autres ouvrages[348]. Les étudiants et adeptes italiens de Plethon prirent la relève de leur maître et continuèrent à enseigner après le départ de celui-ci à l'*Académie platonnicienne de Florence*[349]. De retour à Mistra, G. Gémiste ou Plethon fut nommé au Sénat et désigné comme magistrat de la ville. A l'instar de Platon à Syracuse, Plethon se consacra à jouer le rôle de Platon en se

---

musulman sans aucune nécessité d'être raccordé à des vérités religieuses ou des textes islamiques légitimes. Quelquefois, la Falsafa est présentée comme étant simplement un travail intellectuel effectué par des musulmans.

[346] *Despotat de Morée* est un territoire de l'Empire byzantin crée au milieu du XIVe siècle dans la presqu'île du Péloponnèse et pour capitale la cité de Mistra. Le terme de « *despotat* » désigne à la cour de Constantinople un membre de la famille impériale. Son équivalent le plus proche est prince, un despotat est l'équivalent d'une principauté.

[347] J. HARRIS, « The influence of Plethon's idea of fate on the historian Laonikos Chalkokondyles », in *Proceedings of the International Congress on Plethon and his Time*, 2002, ed. L.G. Benakis and Ch. P. Balogou [Athens : Society for Peloponnesian and Byzantine Studies, 2004].

[348] F. MASAI, « Plethon et le platonisme de Mistra ». Edit. Les Belles Lettres, Paris, 1956.

[349] J. HERRIN, « *Byzantium, The Surprising Life of a Medieval Empire*, », Edit. Princeton University Press, Princeton & Oxford, 2009.

promenant avec ses disciples le long de l'*agora* [lieu de rassemblement, le marché de la cité] développant à la fois ses idées de réformes politiques et la controverse religieuse[350].

Marsile Ficin parla de Plothin comme d'un « second Platon » alors que le cardinal Basilios [ou Basilius] Bessarion [1403 -1472] se demandait si l'âme de Platon ne s'était pas incarnée en celle de Plethon !

Observations.
Platon n'est-il rien d'autre que Plethon ? Et « l'Académie platonicienne de Florence » n'est-elle pas autre chose que « l'Académie plethonocienne de Florence » ?

N'est-il pas vraisemblable que la plupart des travaux ou livres de Plethon ont été l'œuvre de ses disciples [humanistes] qui étaient nombreux tout au long de la Renaissance ?

4 - Œuvres de Platon par Marsile Ficin

Marsile Ficin publie en 1484 la première traduction de l'ensemble des œuvres de Platon [Plethon], enrichie d'un *commentaire* pour chacun des dialogues. Éditer et commenter les œuvres de Platon s'avèrent dès lors une entreprise capitale pour la Renaissance.

L'histoire des œuvres complètes de Platon ou « *Platonis opera omnia* » de Marsile Ficin commence en septembre 1462, lorsque l'humaniste reçoit de Côme de Médicis des manuscrits contenant tous les travaux de Plethon en grec. Quelques jours plus tard, Amerigo Benci [1431-1474] la deuxième fortune de Florence fournit à Ficin d'autres *codex* [manuscrits] de Plethon toujours en grec, mais incomplets. En 1463, M. Ficin a déjà traduit neuf dialogues des textes reçus de son protecteur Côme de Médicis et, à la mort de celui-ci en 1464, M. Ficin en a ajouté un dixième, ainsi qu'un *argumentum* [commentaire] pour chaque dialogue.

---

[350] De nombreux manuscrits qui se trouvent dans diverses bibliothèques en Europe sont attribués à Plethon mais une grande partie est de divers auteurs. Ceux-ci contiennent des extraits des œuvres de personnages comme Lucien de Samosate, Appien, Strabon, Théophraste, Aristote, Diodore de Sicile, Xénophon et Denys d'Halicarnasse. Plethon rédigea des livres de philosophie, théologie, musique, rhétorique, grammaire, histoire, des traités de géographie et des oraisons funèbres : *Mémoire pour Théodore, De Isthmo, Mémoire pour Manuel, Oracles magiques des mages disciples de Zoroastre et Commentaire sur ces Oracles, Prolegomena Artis Rhetoricae, Oraison Funèbre pour Cléopa, Oraison Funèbre pour Hélène, Zoroastri et Platonicorum dogmatum compendium, Du destin, Des vertus, Traité des lois*. La plupart des œuvres de Plethon se trouvent dans la collection Patrologia Graeca [édition de référence des textes grecs des Pères de l'Église] de Jean-Paul Migne publiée entre 1844 et 1855. La liste complète est contenue dans la *Bibliotheca Hagiographica Graeca* [éd. Harles 1895 et 1909].

En avril 1466, vingt-trois dialogues sont traduits et, selon P. O. Kristeller[351], une ébauche des trente-six dialogues est achevée entre 1468 et 1469. Ensuite, M. Ficin poursuit d'autres travaux jusqu'en 1474. En 1484, des mécènes [Filippo Valori, Francesco Berlinghieri, le frère Domenico da Pistoia et Lorenzo Veneto] financent l'impression de son œuvre à un tirage de 1025 exemplaires à l'imprimerie du couvent bénédictin de San Jacopo di Ripoli. L'*éditio princeps* des « *Platonis opera omnia* » sort de presse. La seconde édition est publiée à Venise le 13 août 1491.

a - Le Timée de Platon

En aucun cas, il s'agit ici de faire une analyse textuelle [philosophique, stylistique, etc.] méthodique du *Timée*, par exemple : loin de là, cela n'est pas nécessaire car sans intérêt. En effet, une simple observation des plus concises sur ce type d'écrits en dira long sur la globalité des œuvres du fameux « *Platon* » et de tous ses coreligionnaires [*Aristote, Pythagore, Ptolémée, etc.*].

Cet examen très istructif validera incontestablement notre étude sur les travaux de cet auteur. De plus, un pont capital, il est très intéressant d'analyser la *structure* de leurs « *livres* » [format, pagination, quantité de lignes d'écriture, taille et caractères utilisés, etc.].

Selon les historiens et les hellénistes, le *Timée* qu'ils attribuent à Platon est un ouvrage de cosmologie qui expose un modèle de l'Univers physique [*cosmos*] qui représente d'une façon cohérente l'Univers. Toujours d'après ces spécialistes, le *Timée* renferme, outre la cosmologie d'autres domaines, tels que les mathématiques, la physique, la biologie, la chimie, la médecine, la psychologie, la politique, la religion, etc.

En somme, à en croire les historiens et les hellénistes, le *Timée* est le premier ouvrage encyclopédique des connaissances « *grecques* ». Ainsi, les penseurs de la Grèce antique ont établi la cosmologie selon une réflexion rationnelle sur les origines et les structures de l'Univers.

Observations.

Dans le Timée, Platon expose explicitement Dieu dans ses écrits alors que l'on sait qu'à l'époque de ce « *Platon* », tous les Grecs étaient polythéistes. En effet, les traces de « *textes* » du Christianisme n'apparaissent qu'au VIIIe siècle.

---

[351] PAUL OSKAR KRISTELLER [1905-1999] est un spécialiste de la Renaissance et de l'humanisme. P. O. KRISTELLER, « Die Philosophie des Marsilio Ficino ». Frankfurt, Edit. Klostermann, 1972. - « Marsilio Ficino as a Beginning Student of Plato, « Scriptorium » 20, 1966.

Enfin, franchement que dire des thèses, des textes, des écrits gréco-romains qui datent de 600, 500, 300 ans av. J-C. ? !

On constate que l'*Antiquité classique* est une « *Antiquité* » vraiment très très proche de nous. Ainsi, la *Cité d'Athènes* n'est, en réalité que le *Duché d'Athènes* au XIVe siècle ; que la fameuse « *Guerre de Troie* » correspond à l'expédition des *Croisades* avec la prise de Constantinople qui était considérée comme la vraie « *Troie* ».

La connaissance de l'Univers est pour les Grecs [les Romains, les Perses, les Egyptiens, etc.], une interprétation intellectuelle exclusivement et strictement régie par l'irrationnel, l'occultisme, la superstition, les légendes et par la mythologie. Les Grecs et leuts « *penseurs* » expliquent les origines du monde par la cosmogonie. En cela, leurs dieux incarnent les puissances de la nature [le ciel, la mer et la terre] et sont donc à même de la contrôler et à gérer la destinée de l'humanité, du monde et de l'Univers. Puisque ces phénomènes naturels sont gouvernés par les dieux, nulle aspiration à vouloir chercher à les comprendre puisque les *voies des dieux sont impénétrables*. Donc, le simple fait d'y penser ne pouvait effleurer leur esprit.

Rien de commun avec l'*Astronomie* crée par A. Al-Farghani [805-880], I.J. Al-Batani [856-929], A.R. Al-Biruni [973-1048], N.E. At-Tusi [1201-1274] ou A.Y. Al-Kindi [801-866].

La connaissance scientifique demeure un non-sens dans la société et la culture grecque. Les Sciences apparaissent à la fin du VIIIe siècle[352] *!*

La recherche scientifique, c'est à dire la méthode hypothético-déductive est l'œuvre exclusive des penseurs musulmans à la fin du VIIIe siècle dont les précurseurs sont Jabir Ibn-Hayyan [lat. Geber -721-815 - Chimie] et M. Al-Khwarizmi [lat. Algoritmi -800-847 - Mathématiques] !

Si l'on décèle quelques notions d'ordre scientifique notamment astronomique dans le Timée, c'est quelles ont pour origine le XVe siècle. Georges Gémiste, dit Plethon [1355-1452] fit ses études à Edirne [ancienneme comme cela a été écrit ci-dessusnt Andrinople ou Adrianople] devenue depuis sa conquête par le sultan Murad Ier en 1365 non seulement la capitale de l'émirat, mais aussi un centre de savoir. C'est là que Plethon acquiert un solide enseignement universitaire sous la férule des savants musulmans. Il en étudia et s'en imprégna de cette somme de Savoir [astronomie, mathématiques, géographie, etc.]. Puis, il revint à Constantinople pour y instruire ses

---

[352] NAS E. BOUTAMMINA, « Les contes des mille et un mythes - Volume II », Edit. BoD, Paris [France], novembre 2011.

coreligionnaires de son érudition ainsi acquise.

Etant donné que :

1. *Platon n'est relaté exclusivement que par les manuscrits de Plethon*
2. *Platon n'a d'existence que par Plethon*
3. *Plethon ne s'illustre que par Platon*

Il s'ensuit que : Platon n'est rien d'autre que Plethon ! D'où, les quelques préceptes scientifiques retrouvées dans les écrits du Timée de Platon qui ne sont rien d'autres que les manuscrits de Pléthon confiés à Côme de Médicis qui les a ensuite remis à Marsile Ficin afin de les traduire en latin, de les commenter, de les narrer, de les enseigner et de les diffuser.

Pléthon est l'un des nombreux auteurs à utiliser un pseudonyme pour écrire, développer et diffuser ses idées ! Le pseudonyme ou nom d'emprunt deviendra, par la suite un élément qui s'avère utile à une personne appartenant ou désireuse de se révéler au milieu littéraire ou artistique.

Platon est le pseudo de Plethon !

Une page du Timée [« *Platonis Opera Omnia* »] de Marsile Ficin imprimé à Florence en 1484[353].

b - Tableau récapitulatif des œuvres de « Platon » [Plethon]

Selon les historiens, les philosophes et les hellénistes, « *Platon* » a laissé un grand nombre d'écrits [37 livres et 4 apocryphes] qui sont rédigés presque tous sous la forme de dialogues.

---

[353] La traduction du *Timée* est préfacée par le commentaire de M. Ficin, intitulé *Compendium dans Timeum*. M. Ficin a choisi cette date de publication de 1484 en raison de sa signification astrologique - la conjonction de Saturne et de Jupiter [reprise dans le commentaire *des Lettres* de Platon]- qui était censée annoncer de grands changements dans le Christianisme.

ŒUVRES ATTRIBUEES A « PLATON »

TITRE	LIVRE [VOLUME]	NOMBRE DE PAGES[354]	DIMENSION [EN CM]
EDITIONS « LES BELLES LETTRES »[355]			
Introduction. Hippias mineur. Alcibiade. Apologie de Socrate. Euthyphron. Criton	I	398	13 x 20
Hippias majeur. Charmide. Lachès. Lysis	II	284	13 x 20
Protagoras	III - 1re partie.	152	13 x 20
Gorgias. Ménon	III - 2e partie.	369	13 x 20
Phédon	IV - 1re partie.	235	13 x 20
Le Banquet	IV - 2e partie.	184	13 x 20
Phèdre	IV - 3e partie	193	13 x 20
Ion. Ménexène. Euthydème	IV - 1re partie.	291	13 x 20
Cratyle	V - 2e partie.	229	13 x 20
La République - Livres I-III	VI	233	13 x 20
La République - Livres IV-VII	VII - 1re partie.	233	13 x 20
La République - Livres VIII-X	VII - 2e partie.	248	13 x 20
Parménide	VIII - 1re partie.	260	13 x 20
Théétète	VIII - 2e partie.		13 x 20
Le Sophiste	VIII - 3e partie.	217	13 x 20
Le Politique	IX - 1re partie.	184	13 x 20
Philèbe	IX - 2e partie.	191	13 x 20
Timée. Critias	X	396	13 x 20
Les Lois - Livres I-II	XI - 1re partie.	140	13 x 20
Les Lois - Livres III-VI	XI - 2e partie.	304	13 x 20
Les Lois - Livres VII-X.	XII - 1re partie.		13 x 20
Les Lois - Livres XI-XII. Épinomis	XII - 2e partie.	274	13 x 20
Lettres	XIII - 1re partie.	182	13 x 20
DIALOGUES APOCRYPHES			
Du Juste. De la Vertu. Démodocos. Sisyphe. Éryxias. Axiochos.	XIII - 2e partie.	240	13 x 20
DIALOGUES SUSPECTS			
Second Alcibiade. Hipparque. Minos. Les Rivaux. Théagès. Clitophon	XIII - 2e partie.	276	13 x 20

---

[354] De nos jours, le *nombre de pages* et le *format* sont différents, à peu de chose près, avec les *incunables* [Ouvrages qui datent des premiers temps de l'imprimerie avant 1500] c'est à dire les premiers textes complets [en grec] de Platon à être imprimés. Ce document, ici, sert beaucoup plus à illustrer le fond que la forme du problème « *Platon* », c'est à dire les moyens et le support utilisé par le présumé auteur de l'Antiquité.

[355] Le choix de ces éditions des « *Belles Lettres* » et des « *Pléiades* » est simplement d'ordre *didactique* [nécessité d'avoir un équivalent à analyser et à comparer] et *méthodologique* [les œuvres sont complètes, la pagination est celle qui se raapproche des incunables].

EDITIONS « LES PLEIADES »			
Le Petit Hippias. Le Grand Hippias. Ion. Protagoras. Apologie de Socrate. Criton. Alcibiade. Charmide. Lachès. Lysis. Euthyphron. Gorgias. Ménexène. Ménon. Euthydème. Cratyle. Le Banquet. Phédon. La République	I[356]	1450	10,5 x 17
Phèdre. Théétète. Parménide. Le Sophiste. Le Politique. Timée. Critias. Philèbe. Les Lois. Appendice .	II[357]	1700	10,5 x 17
ÉCRITS APOCRYPHES			
Épinomis. Lettres. Le Second Alcibiade. Hipparque. Les Rivaux. Théagès. Clitophon. Minos.			

5 - Structure des « livres » des penseurs grecs

Il s'agit de l'agencement d'un ensemble construit [contenu, format, pagination, etc.] qui fait de cette composition un tout cohérent et lui donne son aspect spécifique : un *livre* [un *codex*].

Ce chapitre n'a d'autre objectif que de permettre au lecteur de se faire une idée de ce qu'est le contenu d'une page d'écriture [caractères, nombre de lignes, etc.]. Des centaines de pages ont été nécéssaires afin de réaliser un livre [codex]. Ajoutons à cela, qu'il s'agit ici de livre imprimé [Incunable] alors que leurs prétendus auteurs les ont rédigés à la main, c'est à dire des manuscrits. Dès lors, augmentez la pagination notablement par rapport à l'imprimé et vous aurez un nombre prodigieux de pages d'écriture pour contenir la quantité qstronomique de leurs écrits !

a - In-folio

L'*in-folio* correspond à une forme de livre où la feuille imprimée a été pliée une fois, donnant ainsi deux feuillets, soit quatre pages. L'in-folio est plus ou moins grand, selon l'étendue de la feuille. Aux XVIIe et XVIIIe siècles, les *in-folio* sont généralement des ouvrages de référence, fort volumineux [pesant à peu près une dizaine de

---

[356] PLATON, « Œuvres complètes - Tome I ». Éditeur : Joseph Moreau, Léon Robin. Traducteur : Joseph Moreau, Léon Robin Parution en Juillet 1940 Bibliothèque de la Pléiade, n° 58 - Achevé d'imprimer le 24 Avril 1940. 1472 pages, 105 x 170 mm.

[357] PLATON, « Œuvres complètes - Tome II ». Éditeur : Joseph Moreau, Léon Robin. Traducteur : Joseph Moreau, Léon Robin. Parution le 9 Mars 1943 Bibliothèque de la Pléiade, n° 64 - Achevé d'imprimer le 14 Septembre 1942. 1680 pages, 105 x 170 mm.

kilogrammes par tome] et ont un format voisin de nos actuels papiers A3 [deux fois plus grand que la page habituelle des imprimantes de bureau].

b - Exemple de structure d'un livre de « penseur grec »

- *Une page de « Summa naturalium Aristotelis De anima liber primus[358] »*

Une page de « *Summa naturalium Aristotelis De anima liber primus* » - Venise 1498.

---

[358] La « *Summa naturalium* » de Paul de Venise [ou Paulus Venetus -1369-1429] était un philosophe scolastique, théologien. Il expose les théories physiques d'Aristote en six parties qui correspondent chacune à un « *livre* » : la *Physique*, le *Traité du ciel*, *De la génération et la corruption*, les *Météorologiques*, *De l'Âme*, la *Métaphysique*.

- « *Platonica theologia de immortalitate animorum* » - « *Opera quae extant omnia* »

L'incunable « *Platonica theologia de immortalitate animorum* », œuvre attribuée à *Platon* et traduite du grec en latin par Marsile Ficin, imprimée à Venise le 13 août 1491 a une dimension *in-folio* de 320 x 215 mm et composé de 448 feuilles de 62 lignes chacune.

L'incunable « *Opera quae extant omnia* », œuvre de *Platon*, première édition complète traduite par Jean de Serres [1540-1598] à la demande d'Henri Estienne [1531-1598]. Il s'agit de trois volumes de dimension *in-folio* de 341 x 225 mm. Impression en caractères grecs et latins à Genève en 1578.

6 - Petit calcul arithmétique de la pagination des œuvres de Platon

TITRE	NUMERO DE LIVRES [VOLUME]	NOMBRE DE PAGES[359]
EDITIONS « LES BELLES LETTRES »[360]		
Introduction. Hippias mineur. Alcibiade. Apologie de Socrate. Euthyphron. Criton	I	398
Hippias majeur. Charmide. Lachès. Lysis	II	284
Protagoras	III - 1re partie.	152
Gorgias. Ménon	III - 2e partie.	369
Phédon	IV - 1re partie.	235
Le Banquet	IV - 2e partie.	184
Phèdre	IV - 3e partie.	193
Ion. Ménexène. Euthydème	IV - 1re partie.	291
Cratyle	V - 2e partie.	229
La République - Livres I-III	VI	233
La République - Livres IV-VII	VII - 1re partie.	233
La République - Livres VIII-X	VII - 2e partie.	248
Parménide	VIII - 1re partie.	260
Théétète	VIII - 2e partie.	

---

[359] Le *nombre de pages* et le *format* actuels sont différents. L'incunable de l'œuvre de Platon de Marsile Ficin [référence] à une dimension de 320 x 215 mm et assemblant 448 feuilles de 62 lignes chacune. Comparez aux ouvrages des Editions « *Belles Lettres* » et des « *Pléiades* » qui sont respectivement de 130 x 200 mm et de 105 x 170 mm.

[360] Le choix de ces éditions des « *Belles Lettres* » et des « *Pléiades* » est simplement d'ordre *didactique* [comparatif] et *méthodologique* [œuvres sont complètes, la pagination est celle qui s'appriche des incunables].

Le Sophiste	VIII - 3ᵉ partie.	217
Le Politique	IX - 1ʳᵉ partie.	184
Philèbe	IX - 2ᵉ partie.	191
Timée. Critias	X	396
Les Lois - Livres I-II	XI - 1ʳᵉ partie.	140
Les Lois - Livres III-VI	XI - 2ᵉ partie.	304
Les Lois - Livres VII-X.	XII - 1ʳᵉ partie.	274
Les Lois - Livres XI-XII. Épinomis	XII - 2ᵉ partie.	
Lettres	XIII - 1ʳᵉ partie.	182
NOMBRE TOTAL DE PAGES		5197
DIALOGUES APOCRYPHES		
Du Juste. De la Vertu. Démodocos. Sisyphe. Éryxias. Axiochos.	XIII - 2ᵉ partie.	240
NOMBRE TOTAL DE PAGES + PAGES DES DIALOGUES APOCRYPHES		5437
DIALOGUES SUSPECTS		
Second Alcibiade. Hipparque. Minos. Les Rivaux. Théagès. Clitophon	XIII - 2ᵉ partie.	276
NOMBRE TOTAL DE PAGES : DIALOGUES APOCRYPHES + DIALOGUES SUSPECTS		5713
EDITIONS « LES PLEIADES »		
Le Petit Hippias. Le Grand Hippias. Ion. Protagoras. Apologie de Socrate. Criton. Alcibiade. Charmide. Lachès. Lysis. Euthyphron. Gorgias. Ménexène. Ménon. Euthydème. Cratyle. Le Banquet. Phédon. La République	I³⁶¹	1450
Phèdre. Théétète. Parménide. Le Sophiste. Le Politique. Timée. Critias. Philèbe. Les Lois. Appendice .	II³⁶²	1700
NOMBRE TOTAL DE PAGES		3150
ÉCRITS APOCRYPHES		
Épinomis. Lettres. Le Second Alcibiade. Hipparque. Les Rivaux. Théagès. Clitophon. Minos.		

³⁶¹ PLATON, « Œuvres complètes - Tome I ». Éditeur : Joseph Moreau, Léon Robin. Traducteur : Joseph Moreau, Léon Robin Parution en Juillet 1940 Bibliothèque de la Pléiade, n° 58 - Achevé d'imprimer le 24 Avril 1940. 1472 pages, 105 x 170 mm.

³⁶² PLATON, « Œuvres complètes - Tome II ». Éditeur : Joseph Moreau, Léon Robin. Traducteur : Joseph Moreau, Léon Robin. Parution le 9 Mars 1943 Bibliothèque de la Pléiade, n° 64 - Achevé d'imprimer le 14 Septembre 1942. 1680 pages, 105 x 170 mm.

a - « Opera - Platonica theologia de immortalitate animorum »

L'incunable *« Platonica theologia de immortalitate animorum »* est une œuvre [collection de textes] attribuée à Platon traduite du grec en latin par l'humaniste Marsile Ficin. Cet ouvrage est imprimé pour la première fois sous les presses de Bernardinus de Choris de Cremona et Simon de Luere pour Andreas Torresanus à Venise le 13 août 1491, *In-folio* [320 x 215 mm]. Il est composé de 448 feuilles de 62 lignes chacune, tête de chapitre, deux colonnes, une foliation, des espaces pour les initiales imprimées.

- *« Timée vel de Natura Divini Platonis* [363] *»*

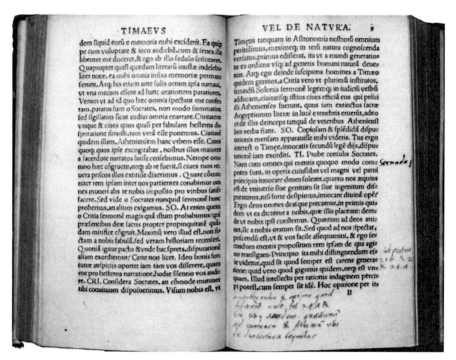

« Timée vel de Natura Divini Platonis » - Traduction latine de M. Ficin - Paris 1536.

---

[363] Ce volume contient la traduction latine de Marsile Ficin du *Timée*, édité par Francisco Zampino [Franciscum Zampinum]. Le texte a été imprimé à Paris par Prigent Calvarin en 1536 [une réimpression de l'édition originale 1527] et plus tard lié avec quatre autres textes publiés entre 1532 et 1557 par différents imprimeurs. Ces textes comprennent les travaux suivants : de *Philosophi annonce Platonis Dogmata Introduction* et *Philosophi Platonici De doctrina Platonis Liber, Speusippus de Alcinoüs Platonis Discipuli Liber de Platonis Definitionibus*, de *Philosophi Platonici Liber de Morte, Phédon, De Elocutione Liber*, et le *Opuscula*.

b - « Charmide ou Sur la sagesse »

A titre d'exemple, dans le volume II des œuvres de Platon, « *Charmide ou Sur la sagesse* », est un dialogue qui appartient à la série dite des « *Premiers Dialogues* » et qui est selon les hellénistes relativement bref : il est composé de *trente-sept pages* [37 pages] dans l'édition de Burnet[364].

c - Observations concises

FORMAT ET PAGINATION

Incunable [Titre]	Format	Nombre de pages[365]	Nombre de lignes par feuille
« *Platonica theologia de immortalitate animorum* »	320 x 215 mm	448 x 2 = 896	1 page = 62 lignes 62 x 896 = 55552

NOMBRE DE LIVRES ET DE PAGES

Quantité de Livres [ou Volumes]	Nombre de pages
Editions « Les Belles Lettres »	
25 [XXV]	5713
Editions « Les Pleiades »	
2 [II]	3150

En prenant tout simplement 20% du total de la *pagination* [ce qui est vraiment très en-dessous du seuil de la réalité] :

Cas	Ouvrage	Nombre de pages
1ᴱᴿ	« Platonica theologia de immortalitate animorum »	20% de 896 = 179
2ᴱ	Editions « Les Belles Lettres »	20% de 5713 = 1142
3ᴱ	Editions « Les Pleiades »	20% de 3150 = 630

En conclusion, le « *Platon* » de l'Antiquité qui est né aux environs de 428/427 av. J.-C. et mort en 348/347 av. J.-C., si l'on prend l'hypothèse des 20% du total de la pagination selon les différentes éditions, il a rédigé :

---

[364] J. Burnet [1863-1928] est surtout connu pour son travail sur Platon. il a été professeur de latin à Edimbourg [1892 à 1926], puis professeur de grec à l'Université de St. Andrews.

[365] *Page.* Chacun des deux côtés d'un feuillet, d'une feuille de parchemin ou de papier, pouvant recevoir un texte manuscrit, dactylographié, imprimé et des illustrations.

CAS	NOMBBRE DE PAGES	NOMBRE DE LIGNES PAR PAGE	NOMBRE DE LIGNES D'ECRITURE
1ER	179	62[366]	179 x 62 = 11 098
2E	1142	62	1142 x 62 = 70 804
3E	630	62	630 x 62 = 39 060

Une question des plus capitales, celle qui n'a jamais éffleurée ni les historiens, ni les hellénistes, ni les philosophes, ni les critiques littéraires est :

Puisque le papier[367], le codex[368], l'encre de Chine [et bien entendu l'imprimerie] n'éxistaient pas au Ve siècle avant J.-C. avec quels moyens d'écriture [instrument et substance -préparation- servant à écrire] et sur quel support, le fameux « Platon » [qui a vécu dans l'Antiquité, dans un pays tout juste sorti de la Préhistoire] a-t-il rédigé cette quantité tout simplement astronomique de lignes d'écriture qui composent ses prétendues œuvres ? Et si support, il y avait, de quel type était-il et où est-il ?

Il faut préciser qu'aucune fouille archéologique de quelle sorte que ce soit n'a jamais mis à jour un quelconque vestige ou quelque chose qui ressemble de près ou de loin à un « livre » ou « codex » d'origine grecque !

Cette analyse succinte est un raisonnement qui débouche sur des faits, des témoignages historico-déductifs, archéologiques, anthropolgiques dirons-nous[369], susceptibles d'établir de manière irréfutable [matériel et technique] la vérité ou la réalité du personnage Platon et ses supposés travaux qui expriment l'essentiel : l'inexistence de Platon !

Par extension, chacun des personnages constitutifs de ce que l'on appelle Antiquité classique et qui désigne la Grèce antique comme Aristote, Galien, Hippocrate, Pythagore, Euclide, Archimède, Thalès, Héraclite, etc., etc. s'inscrivent dans le même ordre d'analyse que Platon. De plus, il n'existe aucune preuve de l'identité et aucune trace de leur existence

---

[366] Ce chiffre de 62 lignes est celui usité dans les incunables. Celui des ouvrages modernes diffère par le format de l'ouvrage, la police d'écriture et sa taille. Quoi qu'il en soit, le chiffre de 62 lignes esr une bonne moyenne.

[367] Le *papier* connu des Musulmans depuis le VIIIe siècle fut introduit en Europe au XIIIe siècle, ainsi que le Codex. En effet, le Coran est le premier *codex* [Manuscrit consistant en un assemblage de feuilles de papier].

[368] *Codex*. Manuscrit consistant en un assemblage de feuilles de papier, de forme semblable à nos livres actuels, par opposition au rouleau de papyrus.

[369] D'autres éléments tout au long de cette étude ne manqueront pas d'enrichir le fait que les personnages de l'Antiquité grecque [et romaine], leurs œuvres et en fait la *« culture »* classique *héllène* était insignifiante, voire n'a jamais existé et qu'elle est l'œuvre des stratèges de la Renaissance [Eglise, monarques, humanistes, artistes, nantis, etc.] !

historique, historiographique ou archéologique à part celle établit à la Renaissance, et à l'époque moderne [Siècle des Lumières -XVIIe siècle] jusqu'au XIXe siècle [Romantisme] et qui perdure !

Les historiens, les hellénistes, les philosophes, les spécialistes de l'Antiquité, établissent une biographie des plus complètes, une représentation physique des plus « authentiques » [portraits, statues, bustes, peintures, etc.], un état civil des plus « officiels », les détails historiques et chronologiques des « œuvres », précisent l'habitude alimentaire, déterminent la tenue vestimentaire, relatent les voyages, exposent les loisirs et les passe-temps favoris, dévoilent le caractère, révèlent les émotions, et enfin, expliquent les pensées des personnages de l'Antiquité tels que : Thalès [625 av. J.-C.-547 av. J.-C.], Pythagore [580 av. J.-C.-495 av. J.-C.], Héraclite [fin du VIe siècle av. J.-C.], Hippocrate [460 av. J.-C-370 av. J.-C], Socrate [384 av. J.-C.-322 av. J.-C.], Aristote [384 av. J.-C.-322 av. J.-C.], Euclide [vers 300 av. J.-C], Archimède [vers 287 av. J.-C.-212 av. J.-C.], etc.

Un fait étrange, tous ces « penseurs » grecs sont morts bizarrement à un âge très avancé à une époque où la moyenne de vie était de 35-40 ans : Thalès [78 ans], Pythagore [85 ans], Hippocrate [90 ans], Platon [80 ans], Archimède [75 ans] !

A titre de comparaison, les historiens, les spécialistes de l'Histoire des religions et des théologies ne possèdent aucune information, ni aucune trace de l'existence d'un certain Jésus-Christ beaucoup plus proche de nous [An 1] et qui est la figure essentielle de la religion catholique et le personnage central de l'Eglise…!

D - Livres des « penseurs grecs »

Encore une fois, il ne s'agit pas ici de faire une critique textuelle [*philosophique, stylistique, etc.*] systématique des *œuvres* des prétendus « *penseurs grecs* ». Néanmoins, une observation des plus élémentaires sur ce genre d'écrits satisfera notre curiosité sur la réalité, la véracité globale des œuvres de ces fameux « *penseurs grecs* » [*Zénon d'Elée, Aristote, Pythagore, Ptolémée, etc.*] si chers à l'Occident chrétien qui, selon lui, constitue le socle de leur « *civilisation* ». A l'instar de l'analyse des œuvres de « *Platon* », cet examen très instructif entérinera incontestablement et définitivement le mythe des œuvres des « *penseurs de la Grèce antique* ».

Un examen rapide des quelques *personnages antiques*[370] peints sur la fresque de Raphaël l'*Ecole d'Athenes* qui symbolise les figures majeures de la pensée antique sera des plus édifiantes !

a - « Livre » grec : rappel

Il faut garder en mémoire ce qu'est un livre. Donc, à titre indicatif, le format et la pagination des « *ouvrages* » [« *codex* »] attribués à ces « *penseurs antiques* » sont ceux de l'*in-folio* correspondant à une forme de livre où la feuille imprimée a été pliée une fois, donnant ainsi deux feuillets soit quatre pages. A titre de comparaison, les incunables comme « *Platonica theologia de immortalitate animorum* » et « *Opera quae extant omnia* » de format respectivement de 320 x 215 mm et 341 x 225 mm composés de 448 feuilles de 62 lignes par page fournissent des informations qui peuvent être pris comme élément de référence pour se faire une idée des livres ou ouvrages atribués aux « *penseurs* » grecs et censés avoir été rédigés par eux !

b - Quelques observations fondamentales

Afin de se faire une idée sur l'Antiquité en général et la Grèce antique en particulier, il est capital d'avoir à l'esprit ces quelques éléments pour bien comprendre cette étude et surtout ce que veulent nous *raconter* les historiens, les hellénistes ; tous ceux qui mystifient l'Histoire et qui paralysent la raison avec des mythes et des légendes aux antipodes de la Science, de la connaissance, de la raison, en d'autres termes de l'honnêteté intellectuelle, notions censées être défendues :

1.   *La connaissance de l'univers est pour les Grecs [et les Romains], une interprétation intellectuelle uniquement et exclusivement axée sur la magie, la superstition, les légendes et sur la mythologie. Chaque dieu responsable d'un élément [air, terre, eau, feu, etc.] ou phénomène naturel [foudre, tonerre, vent, pluie, inondation, etc.] détient une autorité qui explique ses pouvoirs sur l'Homme et sur la nature.*

2.   *Les Grecs [Eupatrides, prêtres, officiers de l'armée] enseignaient et apprenaient la Philosophie qui est l'étude de la mythologie. Ainsi, les récits des dieux que l'on transmettait oralement, contribuaient à la pratique fervente du culte.*

3.   *Selon le « savoir » grec, le mont Olympe, situé en Thessalie est le lieu où résidaient les dieux qui constituaient une société hiérarchisée en termes d'autorité et de*

---

[370] Répertoire d'auteurs non exhaustif.

pouvoir. Les dieux parcouraient de manière autonome le monde et s'associaient à l'un des éléments suivants : le ciel, la mer et la terre.

4. *Tirer des lois générales d'une observation des phénomènes naturels est inconcevable si la conception intellectuelle du monde est figée dans la mythologie, la superstition et les légendes !*

Afin d'éviter les répétitions d'explications, les redondances d'expressions, il est utile de créer une formule qui servira à englober les caractéristiques fondamentales de la pensée grecque : le « *Théorème de la pensée grecque* » !

c - Théorème de la pensée grecque

Le *Théorème de la pensée grecque* c'est la proposition qui peut être démontrée par un raisonnement logique à partir de faits donnés ou d'hypothèses justifiables. Il se définit ainsi :

« *La société grecque existait par et pour sa religion : la Cosmogonie qui se caractérise par la mythologie, la magie, la superstition, la légende. De ce fait, l'irrationnel et l'aberration établissent la conception « intellectuelle de l'Univers » de la Grèce antique. Ainsi, cette idée ou pensée du monde est antinomique avec la Science, c'est à dire le rationnalisme, la logique, la raison. C'est vraiment un non-sens.* »

Ainsi, à l'examen d'un prétendu « *penseur grec* », il est aisé de le caractériser par la formule : *Théorème de la pensée grecque*. Par exemple, Euclide est l'archétype défini par le *Théorème de la pensée grecque*.

1 - Zénon de Citium ou Zénon d'Élée [335 av. J.- C.-262]

Selon les historiens et les hellénistes, Zénon de Cition philosophe, fondateur en 301 av. J.-C. du *stoïcisme*, l'école du Portique. Aucun de ses ouvrages, entendons-nous ici un *livre* ou un *codex* [ou même tout autre support], c'est à dire un manuscrit consistant en un assemblage de feuilles de papier, de forme semblable à nos livres actuels, par opposition au rouleau de papyrus ne nous est parvenu.

Néanmoins, les historriens et les hellénistes possèdent, selon eux, les *intitulés* ou *titres* [inscription au début d'un ouvrage pour indiquer son sujet].

LIVRES ATTRIBUES A « ZENON »

TITRE	
République	*Sur les amours*
Sur la royauté	*Protreptiques*
Constitution lacédémonienne	*Entretiens*
Sur le mariage	*Chries*
Sur l'impiété	*Mémorables*
Thyeste	*Contre les Lois de Platon*

Observations.

Zénon de Citium est l'archétype défini par le *Théorème de la pensée grecque.*

Les historiens et les hellénistes lui attribuent un discours sur l'*atome* mais qui n'a rien à voir avec la particule infiniment petite, insécable et homogène, constituant, avec d'autres éléments de même nature, la *matière.*

Depuis le Moyen-Âge, à la *Renaissance* et surtout depuis l'époque moderne [*Siècle des Lumières*], la nomenclature scientifique en arabe crée par les savants perso-berbéro-andalous lorsqu'ils fondèrent les Sciences a été systématiquement éradiquée au profit du *grec* pour la terminologie des sciences exactes [mathématiques, physique, astronomie, etc.] et du *latin* pour la terminologie des sciences de la Vie [médecine, botanique, agronomie, zoologie, etc.]. C'est une tradition qui se perpétue. Toute découverte en Science exacte reçoit un nom grec et celle en Science de la Vie obtient une dénomination latine. Dès lors, le terme *atome* qui provient du grec « *atomos* » ne déroge pas à la règle lorsqu'il a été adopté à la fin du XIXe siècle par les physiciens européens et n'a plus été remise en cause depuis.

2 - Epicure [341 av. J.-C.-270 av. J.-C.]

Selon les historiens et les hellénistes, Epicure est un philosophe grec, fondateur, en 306 av. J.-C., de l'*épicurisme*[371].

Selon l'avis catégorique de tous les spécialistes de l'histoire, des hellénistes, des critiques littéraires : tous les ouvrages d'Epicure sont assurément « perdus » !

Chose étrangement « bizarre » [sic], tous ces ouvrages « perdus » sont néanmoins catalogués, imprimés, lus, étudiés, commentés [?] !

---

[371] *Epicurisme.* Morale qui se propose comme souverain bien la recherche des plaisirs.

LIVRES ATTRIBUES A « EPICURE »

TITRE		
Des Atomes et du Vide	La Fin	Du Toucher
De l'Amour	Du Canon ou le Critère	Du Destin
Grand Abrégé d'un traité	Chérédème	Des Dieux
Contre les physiciens	Opinion sur les Passions, à Timocrate	Banquet
Petit Abrégé d'un traité	Néoclès, à Thémista	Prognostic
Contre les physiciens	L'ambigüité, contre Démocrite	Protreptique
Contre les Mégariques	Euryloque, à Métrodore explicitations	Sur l'image
Doutes ou les difficultés	Contre Théophraste	Sur les simulacres
Les Choix et les rejets	Sur la Vision	Aristobule
Lettres	De l'Angle dans l'atome	De la Musique
La rhétorique	De la Justice et des autres vertus	Des Offrandes et de la Grâce
Polymède	Timocrate [3 livres]	Métrodore [5 livres]
Antidore [2 livres]	Maximes, à Mithrès	Callistolas
De la Royauté	De la Sainteté ou de la Piéé	Hégésianax
Des modes de Vies [4 livres]	Examen des Apories	De ce qu'il faut chercher et de
Les maladies et la mort, à Mithrès	Anaximène	ce qu'il faut fuir

3 - Boèce ou Anaximandre [vers 470 av. J.-C.-524 av. J.-C.]

D'après les historiens et les hellénistes, *Anicius Manlius Severinus Boethius*[372]communément dénommé Boèce est un *philosophe* et un homme politique latin. Selon ces mêmes auteurs, il fut le transmetteur de la « *logique aristotélicienne* » en Occident et une référence de la philosophie médiévale.

Observations.

Boèce est l'archétype défini par le *Théorème de la pensée grecque*.

Un *philosophe* est un commentateur ou *exégète* de la *cosmogonie*, c'est à dire de la *Myhologie*.

« *Logique aristotélicienne* », voilà un *néologisme* étonnant, c'est à dire un mot, tout nouveau que l'on introduit dans le vocabulaire hellène du XVe siècle et qui est tout à fait inconnu de la Grèce antique [mythe, légende, superstition, magie, fantastique, etc.] et encore moins d'Aristote, si *Aristote* y fût !

---

[372] Peut-être que ces noms [*Anicius Manlius Severinus Boethius*] sont ceux des moines copistes qui ont réalisés l'œuvre de ce Boèce ou Anaximandre et à lui donner « *vie* », peut-être que Boèce ou Anaximandre est le patronyme du Supérieur de l'Abbaye ou le contre-maître du scriptorium ?

LIVRES ATTRIBUES A « BOECE [OU ANAXIMANDRE] »

TITRE	
Consolation de la philosophie [5 livres - en 524 av. J.-C.]	Traités théologiques [512-523 av. J.-C.] • De Fide Catholica • Contra Eutychen et Nestorium • De Hebdomadibus • Utrum Pater • De Trinitate
Institution arithmétique	Institution musicale

Observations.

L'*Arithmétique*, branche des *Mathématiques*, fût inventée par M. Al-Khwarizmi [800-847] et parachevé à son plus haut niveau [forme actuelle] par A.H. Al-Qalsadi [m. 890] qui crée les *chiffres alqasadiens* [O, 1, 2, 3, 4, 5, 6, 7, 8, 9], les quatre opérations fondamentales [+, -, x, ÷], le positionnement des quatre opérations, les décimales… ce qui révolutionna les Mathématiques !

La *Musicologie* [*théorie musicale*, les *accords* et les *intervalles* et leur notation, etc.] fût l'œuvre du mathématicien M. Al-Farabi [lat. *Alpharabius* - 872-950] qui l'a *modélisée*, c'est à dire qu'il l'a établie en un système mathématique ou logique représentant les structures essentielles d'une réalité physique, c'est à dire sonore et harmonique [vibration, onde] et capable de l'expliquer ou d'en reproduire dynamiquement le fontionnement [à l'aide d'un instrument : *houd* ou *luth* - « *guitare* »].

Une petite observation s'impose. Les *traités théologiques* censés avoir été rédigés entre 512 et 523 av. J.-C. par Boece ou Anaximandre [470-524 av. J.-C.] ne traitent-ils pas du Christianisme à une époque où celui-ci n'existait pas ! Etrange ! Vraiment !

4 - Pythagore [580 av. J.-C.-495 av. J.-C.]

Selon les historiens et les hellénistes, Pythagore est un philosophe et un réformateur religieux, c'est à dire de la *mythologie* [et du culte des héros]. Toujours d'après ces spécialistes, il aurait été également « *mathématicien* » et, selon une tradition tardive, il aurait été un « *scientifique* ». La vie énigmatique de *Pythagore* permet difficilement d'éclaircir son histoire. *Mathématicien*, philosophe, thaumaturge et ésotériste, il n'a jamais rien écrit, et les 71 lignes des « *Vers d'Or* » qu'on lui attribue ne sont pas de lui, signe des légendes formées autour de son nom.

Aucun écrit du personnage « Pythagore » ! Selon l'immense majorité des auteurs [historiens, hellénistes, etc.], Pythagore n'aurait jamais rien écrit. Néanmoins, on lui attribue des livres.

Observations.

Pythagore est l'archétype défini par le *Théorème de la pensée grecque.*

Un *Philosophe* est un commentateur ou *exégète*[373] de la *cosmogonie*, c'est à dire de la Mythologie. Naturellement, le personnage « *Pythagore* » ne peut que vouer un culte aux Dieux de l'Olympe, artisans de l'Univers, au culte des héros, aux esprits. Thaumaturge et ésotérique, Pythagore est selon les historiens et les hellénistes un « *mathématicien* » et un « *scientifique* » ! Vraiment, ceci est un non-sens !

La Science qui considère que l'Univers est géré par des lois physiques ou biochimiques est antinomique du mythe, du culte des héros, de la magie, du féerique, de l'irrationnel qui conçoit le monde comme animé par des forces maléfiques, diaboliques, magiques et contrôlé par des dieux, des démons et des esprits.

Comment peut-on être un mathématicien ou un scientifique et considérer que l'Univers est géréer par le surnaturel, l'irationnel ?

LIVRES ATTRIBUES A « PYTHAGORE »

TITRE	
De l'éducation	*De la politique*
De la nature	*Mémoires Pythagoriques*

5 - Héraclite [576 av. J.-C.-480 av. J.-C.]

Selon les historiens et les hellénistes, Héraclite d'Éphèse est un philosophe grec. Les spécialistes de la Grèce antique [historiens, hellénistes] affirment qu'ils n'ont que des suppositions quant au personnage « *Héraclite* » et à ses « *écrits* ». Néanmoins, ils lui attribuent un livre qu'ils intitulent « *Fragments* », mais, toujours d'après leurs observations, ils ignorent tout de son contenu. Il paraît que ce livre se divisait en trois parties dont il ne reste que quelques *fragments* [plus d'une centaine] d'où son titre.

---

[373] *Exégète.* Celui fait de l'*exégèse*, c'est à dire l'analyse interprétative d'un texte [ici la pensée mythologique].

6 - *Hippocrate* [460 av. J.-C-370 av. J.-C]

Selon les historiens et les hellénistes, Hippocrate le Grand est un « *médecin* » grec, mais aussi philosophe, considéré traditionnellement comme le « *père de la médecine* » car il est le plus ancien « *médecin grec* » sur lequel les historiens et les hellénistes disposent, selon eux, de sources sur sa vie et ses oeuvres, *même si celles-ci ne sont que légendes et fictions* [?] !

Observations.

Hippocrate est l'archétype défini par le *Théorème de la pensée grecque.*

Par *philosophe*, on entend commentateur de la *cosmogonie*. De culture et de religion « *cosmogonique* », les Grecs ont la certitude que les dieux sont l'origine et la finalité de la destinée humaine et naturellement de tout trouble, accident ou maladie et qu'eux seuls peuvent guérir [ou faire mourir]. De ce fait, une fois atteint par la maladie, le destin du malade est déjà cellé : les dieux ont décidé et eux seuls peuvent intervenir. Dès lors, le malade est abandonné à son sort et exilé hors de la société et où il erre jusqu'à sa mort dans ou à proximité des *panthéons*. Pour les plus fortunés, seules les offrandes dans les temples, sous les recommandations des *haruspices*[374] et des *oracles*[375] peuvent peut-être influencer ou attendrir les dieux pour octroyer éventuellement la guérison miraculeuse.

Cet état d'esprit, le Christianisme en a hérité. Puisque si l'individu est malade, c'est qu'il a forcément pêché ; seul le pardon de Dieu et de son fils Jésus-Christ peut, le cas échéant, reconsidérer la volonté divine. En effet, seul un miracle lors d'un office religieux [prières, eau bénite, imposition des mains sur le malade au nom de Jésus-Christ] par un homme d'Eglise ou un saint accompagné d'offrandes peut retourner la situation. Mais quoi qu'il en soit, la souffrance du malade est un don divin et un caractère essentiel de la foi d'un bon chrétien qui lui confère l'absolution. Ainsi, nul besoin d'essayer de soulager leurs souffrances, ni de rechercher un traitement, ni même de s'approcher des malades. Cette notion de la pathologie, du malade, de la souffrance est exactement le prototype de la conception de la prétendue « *médecine grecque* » [qui n'a de médecine que le nom] !

Voilà, la prétendue « *médecine* » *grecque* qui n'en est en aucune manière un art de guérir connu sous le nom de *Médecine*. Celle-ci a été l'œuvre exclusive des illustres savants que sont M.I.Z. Ar-Razi [865-925], A.J.A Ibn Al-Jazzar [898-980], O.I. Ibn-

---

[374] *Haruspice.* Prêtre chargé de prédire l'avenir, d'interpréter la volonté des dieux en observant principalement les entrailles des victimes, mais aussi certains phénomènes naturels [tremblements de terre, orages, nuages, etc.].

[375] *Oracle.* Divinité consultée ; personnalité religieuse qui la consulte et qui transmet ses réponses.

Imran [m. 908], A.H. Ibn-Sina [980-1037] fondateurs des *Sciences médicales*[376] en tant que Science, c'est à dire un ensemble structuré de connaissances qui se rapportent à des faits obéissant à des lois objectives [ou considérés comme tels] et dont la mise au point exige systématisation et méthode.

Nous sommes à des années-lumières de la magie, de la superstition et du mythe fondement de la culture et de la pensée des Grecs.

Les sciences médicales de ces éminents savants ont été le fruit exclusif de leurs expériences, de leurs observations, de leurs analyses, de leurs examens, de leurs découvertes, de leurs intuitions, de leurs innovations, etc. Bientôt, des générations entières de penseurs musulmans suivront leurs pas en enrichissant continuellement les sciences médicales avec, à leur tour de nouveaux apports médicaux : A.Q. Zahrawi [936-1013], A.M. Ibn-Zuhr [1091-1162], etc., etc. pour ne citer que ceux-là.

LIVRES ATTRIBUES A « HIPPOCRATE »

Corpus hippocratique ou « *Corpus hippocraticum* »	
Serment d'Hippocrate	*Les Aphorismes*
Le Livre des pronostics	*Airs, eaux, lieux*
Le Régime dans les maladies aiguës	*Sur la maladie sacrée*

Corpus hippocratique ou « Corpus hippocraticum »

En raison de la variété des thèmes, des styles d'écriture et de la date apparente de rédaction, les chercheurs estiment que le *Corpus hippocratique* ne pourrait en aucun cas pu être écrit par une seule personne. Franz Zacharias Ermerins [1808-1871][377] évalue le nombre des auteurs du « *Corpus hippocratum* » à dix-neuf.

Observations.

Le serment d'Hippocrate n'est autre que *le Serment d'Ibn-Sina ou Serment d'Avicenne.* Il s'agit du prologue de la célèbre et monumentale encyclopédie médicale « *Al-Qanun fî al-Tibb* [*Le Canon de la Médecine*] » qui en introduction formule l'éthique de la pratique médicale. Ce *Serment d'Avicenne* fût professé initialement par M.I.Z. Ar-Razi, mais c'est A.H. Ibn-Sina qui l'institutionnalisa[378].

---

[376] Nas E. Boutammina, « Les Fondateurs de la Médecine », Edit. BoD, Paris [France], septembre 2011.

[377] F.Z. Ermerins était un médecin Néerlandais éditeur d'ouvrages médicaux dont le travail littéraire a englobé Hippocrate et la médecine antique grecque.

[378] Nas E. Boutammina, « Les Fondateurs de la Médecine », Edit. BoD, Paris [France], septembre 2011.

C'est cocasse[379] de la part des historiens d'écrire que les écrits d'Hippocrates sont faux et qu'ils appartiennent aux légendes alors que le personnage lui-même est faux et qu'il découle de la légende étant donné qu'il n'a jamais existé !

7 - Aristote [384 av. J.-C.-322 av. J.-C.]

Selon les historiens et les hellénistes, Aristote est un philosophe grec, il est le disciple de « *Platon* ». Il est considéré comme un « *encyclopédiste* ». Toujours d'après ces spécialistes de l'Histoire, il s'est beaucoup intéressé aux arts et aux *sciences* [Physique, Astronomie, Biologie] de son époque ; il en théorisa les principes et effectua des recherches empiriques pour les appuyer.

Aristote est également considéré, avec les *stoïciens*, comme l'*inventeur de la logique*. De l'avis de tous les historiens et les hellénistes, il n'existe guère de trace biographique, ni même de témoignages sur les « *livres* » d'un certain Aristote. Toujours selon les auteurs, les œuvres qu'on lui attribue lui sont postérieures de plusieurs siècles[380]. Valentin Rose assure que la quantité de livres mis sous le patronyme d'Aristote sans qu'il en soit l'auteur est considérable[381] !

Les historiens et les hellénistes considèrent qu'Aristote est le *fondateur de la logique* !

Observations.

Aristote est l'archétype défini par le *Théorème de la pensée grecque*.

Aristote, tout comme ses coreligionnaires, considère, c'est sa conception intellectuelle de l'Univers, que, par exemple [il ne s'agit que d'un insignifiant exemple], *Zeus* est le roi des dieux, qu'il règne sur le Ciel, qu'il est le fils de *Cronos[382]* et de *Rhéa[383]*, qu'il est marié à sa sœur *Héra[384]*, qu'il est le père de plusieurs dieux et de très

---

[379] *Cocasse.* Qui est d'une drôlerie un peu bizarre, voire ridicule.

[380] 19 œuvres, dont des dialogues, aujourd'hui « *perdus* », ainsi que trois types d'ouvrages également perdus, au nombre de trente environ.

[381] VALENTIN ROSE, *Aristoteles pseudepigraphus*, Leipzig, 1863.

[382] *Cronos.* Dans la mythologie grecque, *Cronos* ou *Kronos* est le fils d'Ouranos [le Ciel] et Gaïa [la Terre], est le roi des Titans et le père de Zeus, Poséidon, Hadès, Héra, Déméter et Hestia. Il est souvent confondu avec son homophone Chronos, divinité primordiale du temps dans les traditions orphiques.

[383] *Rhéa.* Dans la mythologie grecque, Rhéa, ou Rhéia est une Titanide, fille d'Ouranos [le Ciel] et de Gaïa [la Terre], sœur et femme du Titan Cronos, et mère des dieux Hestia, Déméter, Héra, Hadès, Poséidon et Zeus.

[384] *Héra.* Dans la mythologie grecque, Héra ou Héré, fille des Titans Cronos et Rhéa, est la femme et la sœur de Zeus. C'est également la sœur de Déméter, d'Hadès, de Poséidon et d'Hestia. Elle est la protectrice de la femme et la déesse du mariage, gardienne de la fécondité du couple et des femmes en couche. Elle est très jalouse des infidélités de son mari Zeus.

nombreux héros. Enfin, Zeus vit dans le mont *Olympe*[385], c'est à dire la plus haute montagne de Grèce et qui est le domaine des dieux. Attendu que son sommet reste dissimulé aux mortels par les nuages, l'*Olympe* est également un lieu de villégiature sur lequel les dieux grecs avaient élu domicile pour passer leur temps à festoyer [nectar et *ambroisie*[386] qui les rend immortels], à se divertir avec les éléments, à se distraire avec les hommes ; enfin, à contempler le monde.

A l'examen de ce court paragraphe, on est en droit de douter de cette fameuse logique *aristotélicienne*. En effet, qu'y a-t-il de logique dans la croyance à de telles niaiseries, stupidités, inepties, représentées par la Mythologie grecque et vénérée par Aristote et ses coreligionnaires ! Incontestablement, Aristote ainsi que sa société pataugent dans l'illogisme, l'irrationalité, l'absurdité, l'incohérence, l'aberration.

En effet, la *logique* se définit par : « *Science relative aux processus de la pensée rationnelle [induction, déduction, hypothèse, etc.] et à la formulation discursive des vérités* ».

Comment peut-on formuler qu'Aristote est « logique » et qu'il en est l'inventeur !

Comment peut-on affirmer qu'Aristote est un « *scientifique* » et qu'il connaissait la Physique, l'Astronomie, la Biologie, qu'il en théorisa les principes et effectua des recherches empiriques pour les appuyer ; alors que ces sciences seront le fruit d'hommes débarassées du joug de la mythologie, de la superstition, des légendes, de la magie, de la cosmogonie, etc. donc de l'irrationnel, de l'illogisme au VIIIe siècles : les savants musulmans ! En effet, ce sont eux qui mirent au point la *logique* et pour preuve, ils créèrent les Sciences expérimentales, celles-là même que la Chrétienté s'est empressée de récupérer, de traduire, de commenter et en prenant soin de falsifier leur origine !

LIVRES ATTRIBUES A « ARISTOTE[387] »

Gryllos ou de la rhétorique	*Protreptique d'Aristote*	*Début de la Métaphysique*
Le Banquet[388]	*Sur la philosophie ou du Bien*	*Grylos ou De la rhétorique*
Le Sophiste	*Catégories*	*Protreptique*
Eudème ou de l'âme	*De l'interprétation*	*Physique [1, 2, 5 livres ?]*
Premiers Analytiques	*Seconds Analytiques*	*De l'âme [3 livres]*

---

[385] *Mont Olympe.* Il s'agit de la plus haute montagne de Grèce, avec un sommet à 2 917 mètres. Elle fait partie de la chaîne du même nom.

[386] *Ambroisie.* Selon la mythologie grecque, substance à base de miel, d'une saveur et d'un parfum délicieux, servant de nourriture aux dieux de l'Olympe, et procurant l'immortalité à ceux qui en mangent.

[387] A croire ce tableau, le nombre de « livres » octroyé à Aristote est tout simplement ahurissant. Aristote a dû utiliser une quantité industrielle de *papier* et d'*encre de Chine* qui dépasse l'imagination [*sic*] !

[388] Bizarrement, la plupart de ces « *auteurs* » grecs rédigent un livre qu'ils intitulent « *Le Banquet* » [?].

Topiques	Réfutations sophistiques	Début de la Politique
Eudème ou De l'âme	Sur l'Univers	Météorologiques
Sur la philosophie [Peri philosophías] •	De la mémoire et de la réminiscence	Petits Traités d'histoire naturelle [Parva naturalia]
De la Génération et de la Corruption	Des rêves	Du sommeil et de la veille
Traité du Ciel	De la longévité et de la vie brève	Rhétorique
De la respiration	De la divination dans le sommeil	De la jeunesse et de la vieillesse
De la vie et de la mort	Poétique	De la sensation et des sensibles
Histoire des animaux	Parties des animaux	Du Mouvement des animaux
Marche des animaux	Génération des animaux	Métaphysique
Éthique à Nicomaque	Éthique à Eudème	Des vertus et des vices
La Grande Morale	Politique	
L'Organon : Catégories, De l'interprétation, Premiers Analytiques, Seconds Analytiques, Topiques, Réfutations sophistiques		

a - Commentaires d'Aristote ?

A la lecture du paragraphe « *Observations* », il est invraisemblable que, par exemple, A.W.M. Ibn-Rushd [lat. *Averroes* -1126-1198] aurait eu connaissance d'un personnage aussi irréel qu'Aristote et qu'il ait rédigé un quelconque commentaire sur lui !

Quoi de plus probant pour soutenir la création d'un être fictif, en l'occurrence Aristote que de se servir de l'autorité incontestable et considérable de l'un des plus grands savants de l'Histoire et de lui attribuer les « Commentaires d'Aristote ». C'est une question d'autorité !

8 - Euclide [vers 300 av. J.-C]

Selon les historiens et les hellénistes, à l'unanimité, il n'existe aucune trace, aucune information, aucune lettre, aucune indication autobiographique [même sous la forme d'une préface à un texte], aucun document officiel, et même aucune allusion par un de ses contemporains sur la vie, la mort ou les œuvres du personnage « *Euclide* ». Néanmoins, les historiens affirment qu'Euclide est un *mathématicien* de la Grèce antique, souvent désigné comme le « *père de la géométrie* », car on lui attribue un « *livre* » intitulé « *Éléments* », qui est considéré comme l'un des textes fondateurs des mathématiques en Occident. Il paraît qu'Euclide a vécu vers 300 av. J.-C.

Observations.

Euclide est l'archétype défini par le *Théorème de la pensée grecque*.

Peter Schreiber[389], spécialiste de l'histoire des Mathématiques affirme : « [...] *sur la vie d'Euclide, pas un seul fait sûr n'est connu* ».

Jean Itard[390] [1902-1979] un historien français des mathématiques et grand spécialiste des périodes du XVIe et XVIIe siècle [*Renaissance* et *Siècle des Lumières*], il se passionne pour l'histoire des mathématiques et Euclide est particulièrement étudié. L'auteur, confronté aux contradictions et à l'absence de sources fiables concernant le personnage Euclide, affirme, en 1961 qu'Euclide en tant qu'individu n'existait pas et que le nom pouvait désigner soit *le titre collectif d'une école mathématique*, soit celle d'un *maître* réel entouré d'élèves, soit même un *nom purement fictif* !

A.M.I. Al-Mahani [820-880] était un astronome et surtout un mathématicien. Il est le grand instigateur de la *Géométrie* dont il contribua de manière essentielle par ses travaux. A.M.I. Al-Mahani était l'un des mathématiciens modernes qui a donné les lettres de noblesse à la Géométrie [plane, sphérique, etc.]. A.M.I. Al-Mahani présentant de manière systématique, à partir d'axiomes et de postulats et avec des démonstrations, un large ensemble de théorèmes sur la géométrie et l'arithmétique théorique. Son Livre X « *Éléments d'Al-Mahani* » constitue l'un des premiers traités de géométrie algébrique. Pour la première fois, les nombres irrationnels y sont définis et classés.

Dans son livre X l'algébrisation des propositions 91 à 102 des « *Éléments d'Al-Mahani* » à partir de l'*Algèbre* de M. Al-Khwarizmi [800-847], fait apparaître des nombres irrationnels comme solutions d'équations algébriques quadratiques. Ainsi, apparaît le *calcul algébrique*. Dès lors, des nombres négatifs et les règles de calcul s'y rapportant s'exposent. Les simplifications qu'exige l'écriture algébrique contredisant les résultats des propositions envisagées dans un cadre exclusivement géométrique, une opposition se présente entre les objectifs algébriques et géométriques qui sera résolue par une toute autre voie que prendra l'algèbre par les travaux des mathématiciens comme Thabit ibn Qurra [826-901], A. Ibn-Yusuf [835-912], A.M. Al-Karaji [953-1029][391], I.Y. Al-Maghribi Al-Samawal [1130-1180][392].

---

[389] P. SCHREIBER, « *Euklid* », Leipzig, Teubner, coll. « *Biographien hervorragender Naturwissenschaftler, Techniker und Mediziner* », [n° 87], 1987, 159 p.

[390] J. ITARD, « Les livres arithmétiques d'Euclide », Paris, Hermann, 1961.

[391] A.M. AL-KARAJI était un célèbre mathématicien et ingénieur. Ses ouvrages en mathématiques et en géométrie font de lui le fondateur de la Géométrie. Voici quelques-uns de ses livres : « *Al-Badi fi'l-hisab* » - « *Al-Fakhri fi'l-jabr wa'l-muqabala,* » - « *Al-Kafi fi'l-hisab* ».

[392] I.Y. AL-MAGHRIBI AL-SAMAWAL [1130-1180] est un mathématicien et médecin. Il est célèbre pour ses travaux en algèbre des polynômes et pour son traité « *Al-Bahir fi'l-jabr* [*La Mer de l'algèbre*] » dans lequel il développe des techniques opératoires sur les polynômes, extrait des racines carrés, et expose une des

Le livre d'un certain *Euclide* et nommé « *Eléments* » est une copie du Moyen-Age des « *Eléments d'Al-Mahani* » auquelle on a rajouté, sous forme de compilation, des éléments d'autres mathématiciens [Thabit Ibn-Qurra [826-901], A. Ibn-Yusuf [835-912], A.M. Al-Karaji [953-1029], O. Khayyam [1050-1123], I.Y. Al-Maghribi Al-Samawal [1130-1180], etc.

Tous les savants musulmans ont pris le soin de décrire minutieusement et dans les moindres détails dans leurs livres, l'ensemble des éléments décrivant les sciences qu'ils inventères, ainsi que les recherches, les observations, les analyses, les découvertes qui ont permis de fixer les lois de ces disciplines scientifiques !

Le premier texte imprimé intitulé « *Éléments* », en latin, est issu de Campanus de Novare, à partir de versions du texte en arabe, et a été publié à Venise en 1482 par l'imprimeur Ehrard Ratdolt.

Johannes Campanus de Novare [1220-1296] astronome[393] et mathématicien italien, il voyagea à Damas, à Baghdad et en Espagne musulmane. Traducteur d'œuvres des savants musulmans de l'arabe en version latine, il est surtout connu pour sa traduction de l'arabe en latin des « *Éléments d'Euclide* » [*sic*] : « *Elementa geometriæ* » qu'il réalisa en 1260 en se référant aux travaux d'un autre célèbre traducteur Adélard de Bath [1080-1160] qu'il a transcrit en latin en 1120. La version « *Elementa geometriæ* » fut recopiée pendant deux siècles, avant d'être imprimée à Venise en 1482 sous le titre de « *Preclarissimus liber elementorum Euclidis* ».

LIVRES ATTRIBUES A « EUCLIDE »

ELEMENTS D'EUCLIDE	
LIVRE	CONTENU
I - IV	Géométrie plane
V - X	Les proportions
V	Proportions de grandeurs
VI	L'application des proportions à la géométrie : théorème de Thalès, figures semblables.
VII	L'arithmétique : divisibilité, nombres premiers.

---

premières formes de raisonnement par récurrence. Il fixe aussi la formule de somme des carrés des premiers entiers.

[393] Dans le domaine de l'astronomie, il rédigea « *Theorica Planetarum* », traité dans lequel il s'agissait d'expliquer le mouvement des planètes autour de la Terre à partir de mouvements circulaires. Il tirait ses données planétaires des « *Tables de Tolède* » du célèbre astronome berbéro-andalou Ibn-Yahya Al-Zarqali ou Al-Zarqali [lat. *Azarquiel* -1029-1087].

VIII	L'arithmétique des proportions et des suites géométriques.
IX	Infinité des nombres premiers, somme d'une suite géométrique, nombres parfaits.
X	Tentative de classification des grandeurs irrationnelles.
XI - XIII	Géométrie dans l'espace.
Les Données	Musique
Les Pseudaria	De la division des figures
Les Porismes	Coniques
Des Phénomènes	Les Lieux rapportés à la surface
Optique	

9 - Archimède [vers 287 av. J.-C.-212 av. J.-C.]

Selon les historiens et les hellénistes, Archimède de Syracuse est un grand scientifique grec, physicien, mathématicien [géométrie] et ingénieur. Aucun renseignement n'existe sur sa vie et donc sur ses présumées « œuvres ». Toutefois, les historiens et les hellénistes, comme à leur habitude, le considèrent comme l'un des principaux scientifiques de l'Antiquité classique, le plus grand mathématicien de « tous les temps ». On lui attricue la méthode d'exhaustion[394] pour calculer l'aire sous un arc de parabole avec la somme d'une série infinie et a donné un encadrement de « Pi » d'une grande précision.

Selon les historiens et les hellénistes, Archimède a aussi introduit la spirale qui porte son nom, des formules pour les volumes des surfaces de révolution et un système ingénieux pour l'expression de très grands nombres [en chiffres romains ?]. Les historiens et les hellénistes rapportent, selon eux, que pour son étude du cercle, il détermine une méthode d'approximation de « pi » à l'aide de polygônes réguliers et propose les fractions suivantes comme approximations : 22/7, 223/71, et 355/113. [en chiffres romains ?] ! Le nombre très restreint de copies [reproduction d'un écrit] du travail, semble-t-il rédigé par le personnage « Archimède » qui apparaît au Moyen-Âge a été une puissante source d'inspiration pour les scientifiques au cours de la Renaissance. Archimède a en revanche jugé inutile de consigner par écrit ses travaux d'ingénieur qui ne nous sont connus que par des tiers [?].

Observations.
Archimède est l'archétype défini par le *Théorème de la pensée grecque*.

---

[394] *Méthode d'exhaustion.* En mathématiques, la *méthode d'exhaustion* est un procédé de calcul d'aires, de volumes et de longueurs de figures géométriques complexes.

« *Archimède* » est un *cosmogonite*[395], donc il ne peut en aucun cas pouvoir imaginer un Univers autre que mythologique, magique, superstitieux. Ainsi, il ne peut en aucune manière s'apparenter à un *scientifique* qui, lui, conçoit l'Univers comme un Système régi par des Lois physiques et biochimiques.

Finalement, la probabilité d'existence d'un personnage Archimède tel que nous le présentent les historiens et les hellénistes est quasiment nulle. Par conséquent, rien de ce qu'ils affirment concernant ses œuvres, ses travaux n'a de sens !

Incontestablement, le Moyen-Âge chrétien a été l'âge d'or de la copie, de la traduction, du commentaire des livres des savants musulmans[396]. Il fût également l'âge d'or du plagiat de ces œuvres et de leur diffusion sous le patronyme ou le pseudonyme des plagiaires dans toute la chrétienté pour finalement être institutionnalisé à la Renaissance grâce à l'imprimerie. D'après les spécialistes [historiens et hellénistes] *Archimède*[397] a étudié le *cercle* et il détermina une méthode d'approximation de « *Pi* » à l'aide de polygônes réguliers et où proposa les fractions suivantes comme approximations : 22/7, 223/71 et 355/113 [?] !

Une problématique monumentale se pose : Comment cet Archimède peut-il effectuer une quelconque fraction, utiliser des chiffres alors que ces notions [de fraction, de chiffres, de calcul] n'existaient même pas à sa prétendu époque et qu'elles sont nées de l'œuvre de A.H. Al-Qalsadi [m. 890] !

Pi est un nombre. Il est représenté par la lettre grecque du même nom : π. C'est en Occident au XVIIIe siècle que l'usage de la lettre grecque π est apparue et s'est imposée !

---

[395] *Cosmogonite.* Adepte de la Cosmogonie. Qui appartient ou se rapporte à à la Cosmogonie.

[396] Se référer au chapitre : « LES TRADUCTEURS ET QUELQUES-UNES DE LEURS TRADUCTIONS ».

[397] ARCHIMEDE est l'exemple même de la corruption de noms arabes en latin. En effet, ce nom n'est que la transcription d'un groupe de mots arabes. Al-Cheikh se prononce *Al-Chir* et qui représente un titre honorifique d'un cercle de savants ou d'une confrérie ; *Ahmed* est souvent latinisé en *Amedis*. Ainsi, on obtient pour *Al-Cheikh Ahmed* sa corruption en *A-Chir-Ahmedis* qui n'est autre que *Archimedis* alors en vogue chez les interprètes, et que les auteurs chrétiens utilisèrent lors des traductions d'ouvrages arabes. A titre d'exemple, G.A. Borelli [1608-1679] resta fidèle à cette expression en traduisant en 1661 à Florence l'ouvrage du mathématicien Ali Ibn-Ahmed Al-Nasawi [Abou Al-Hasan], plus connu sous le nom de Al-Cheikh Ahmed, intitulé : « *Archimedis Liber assumptorum [Conicurum lib. V, VI, VII]* ». De plus, une simple lecture de certains imprimés du XIIe au XVIe siècle en version latine fournit d'amples informations sur cette évidence.

U. BALDINI, « Borelli Giovanni Alfonso », Dizionario biografico degli Italiani, 12 [Rome, 1970].

Comme cela a déjà été exprimé, depuis le Moyen-Âge, à la *Renaissance* et surtout depuis l'époque moderne [*Siècle des Lumières*], la nomenclature scientifique arabe crée par les savants perso-berbéro-andalous lorsqu'ils fondèrent les Sciences a été systématiquement falsifiée, voire effacée au profit du *grec* pour la terminologie des sciences exactes [mathématiques, physique, astronomie, etc.] et du *latin* pour la terminologie des sciences de la Vie [médecine, botanique, agronomie, zoologie, etc.]. C'est une tradition qui se perpétue. Toute découverte en Science exacte reçoit un nom grec et celle en Science de la Vie obtient une dénomination latine.

La valeur de Pi = 3,141 592 654. Dailleurs, Pi, notion totalement inconcevable par l'esprit irrationnel grec ne peut que s'écrire en *chiffre alqalsadien* et en *décimal*, concepts totalement apparus au IXe siècle !

L'*Arithmétique*, branche des *Mathématiques*, fût inventée par M. Al-Khwarizmi [800-847] et parachevé à son plus haut niveau [forme actuelle] par A.H. Al-Qalsadi [m. 890] qui crée les *chiffres alqasadiens* [O, 1, 2, 3, 4, 5, 6, 7, 8, 9], les quatre opérations fondamentales [+, -, x, ÷], le positionnement des quatre opérations, l'écriture décimale… ce qui révolutionna les Mathématiques pour la postérité[398] !

A.H. Al-Qalsadi développe l'écriture décimale qui est une manière d'écrire des nombres réels positifs à l'aide des puissances de 10 [négatives ou positives]. Quand les nombres sont des entiers naturels, le développement décimal correspond à l'*écriture en base 10*[399].

Lorsqu'ils sont décimaux, on obtient un développement décimal limité. Lorsqu'ils sont rationnels, on peut obtenir un développement décimal illimité périodique. Enfin, lorsqu'ils sont irrationnels, le développement décimal est illimité et non périodique.

---

[398] Certains auteurs rapportent que les *chiffres* sont originaires d'Inde. Cela mérite quelques petites observations. D'abord, toutes les sociétés voisines avec l'Inde [Chine, Perse, Arabie, Yémen, etc.] avec tous leurs rapports qu'ils soient politiques, économiques, culturels, religieux, etc. n'ont jamais entendu parler de « *chiffres indiens* ». De plus, les historiens rapportent qu'Alexandre le Grand a conquis une partie de l'Inde mais les Grecs n'ont jamais rapporté la moindre allusion aux « *chiffres indiens* », sinon ils les auraient adoptés et diffusés dans leur pays, à Rome et dans tout l'Occident. Enfin, si les Indiens avaient inventé les « *chiffres* », ils les auraient sûrement utilisés en créant et en développant les mathématiques ; c'est dire que le système numéral et les Sciences [mathématiques, Physique, etc.] ne sont donc jamais apparus en Inde. Par conséquent, les Indiens ne sont aucunement à l'origine des chiffres et des mathématiques.

[399] Le *système décimal* est un système de numération utilisant la base dix. Dans ce système, les puissances de dix et leurs multiples bénéficient d'une représentation privilégiée.

a - Mécanique[400]

André Bonnard [1888-1959] [401] est un enseignant, helléniste, traducteur et écrivain vaudois. Il affirme d'une manière judicieuse : « *L'esclavage ne se contentait pas de rendre inutile l'invention des moyens mécaniques de production : l'esclavage avait tendance à freiner les recherches scientifiques qui auraient permis la création des machines. C'est dire qu'il fait obstacle au développement même de la science. Elle s'est enfermée dans les spéculations théoriques et le résultat, pour ce qui est du progrès, restait le même... Les inventions mécaniques ne se développèrent donc jamais [en Grèce] parce qu'on disposait d'esclaves. Faute d'être stimulée par la nécessité de rechercher et de développer les moyens mécaniques de production que l'esclavage remplaçait, la « science » grecque n'est jamais née* ».

Les frères Banou Moussa Ibn-Shakir [Mohamed [m. 872], Hassan et Ahmed IXe siècle][402] sont des savants fortunés et de grands mécènes. Ils se consacrèrent aux domaines de l'astronomie, des mathématiques et de la physique et dans l'ingéniérie où ils excéllèrent. Leurs connaissances, leurs ingéniosités et leurs découvertes font que les Banou Moussa Ibn-Shakir sont les pères de la *Mécanique*[403], c'est à dire la science, branche de la physique, dont l'objet est l'étude du mouvement, des déformations ou des états d'équilibre des systèmes physiques.

A.I. Al-Jazari [1136-1206][404] fut un célèbre ingénieur qui rédigeât un important traité de mécanique où il expose ses oeuvres [oiseau artificiel, machines volantes, horlogerie, automates, instruments scientifiques -astrolabe, balance mécanique- .etc.][405]. Son traité fut traduit, commenté, copié, et finalement plagié à la Renaissance et pendant les siècles suivants.

---

[400] NAS E. BOUTAMMINA, « Les contes des mille et un mythes - Volume II », Edit. BoD, Paris [France], novembre 2011.

[401] A. BONNARD, « *Civilisation grecque* », en 3 volumes [1954-1959], Editions Complexes, 1991.

[402] Les frères [MOHAMED [m. 872], HASSAN ET AHMED] BANOU MOUSSA IBN-SHAKIR, « Le livre des figures planes et sphériques ». Ils calculèrent l'aire du cercle, le rapport de la circonférence au diamètre, l'aire du triangle, etc...

[403] *Mécanique.* Science qui est classée en plusieurs domaines : la mécanique rationnelle [dite aussi mécanique classique], qui regroupe elle-même : la mécanique analytique [rassemblant différentes formulations très mathématisées de la mécanique classique], la mécanique du solide, la mécanique statique ou *mécanique des systèmes matériels.* La dynamique [physique], discipline de la mécanique classique qui étudie les corps en mouvement sous l'influence des forces qui leur sont appliquées.

[404] A.I. AL-JAZARI, « Kitâb fi mari-fât al-Hyiyâl al-Handasiya [« Livre de la connaissance des mécanismes ingénieux »] »

[405] D.R. HILL, « *On The Construction of Water-Clocks* », London : Turner & Devereux Occasional Paper No. 4, 1976.

Donald Routledge Colline [ou D.R.C. Hill - 1922-1994][406] était un peintre anglais ingénieur et historien des sciences et de la technologie. Parallèlement aux œuvres plus générales sur l'histoire de la technologie, il a rédigé des livres sur l'histoire médiévale de la science[407] et de la technologie musulmane[408]. Il a également traduit « *Le livre de la connaissance des dispositifs mécaniques ingénieux* [« *Kitâb fi mari-fât al-Hyiyâl al-Handasiya* »] » de A.I. Al-Jazari.

Voici quelques-uns des travaux de A.I. Al-Jazari : *Pompes hydrauliques, machines hydrauliques automatiques. Machines automatiques. Premiers « ordinateurs » de l'histoire [calculateur analogique]. Automate ou « robot ». Manivelle. Machine hydrolique reliée à l'horlogerie. Horloges [horloge-éléphant, montres hydrauliques, montres à lampes à huile]. Pompe aspirante à double effet automatique, prototype du moteur à vapeur revue et améliorée au début du XIXe siècle. Arbre à came. Mécanisme d'horlogerie [ressort, vis sans fin, roue dentée, vis de fixation, écrou, etc.]. Instruments de mesure. Roues d'irrigation. Instruments de musique. Norias[409] diverses. Bouilloires[410], etc.*

A.R. Al-Khazini [m. 1118][411] est l'un des plus grands savants de l'histoire, un esprit universel. Astronome, physicien et mathématicien. Il excella dans le domaine de la mécanique : mécanique classique, mécanique des milieux continus [déformation des solides et à l'écoulement des fluides], mécanique des fluides.

b - Loi de la gravitation universelle ou loi de Al-Biruni-Al-Khazini[412]

A.R. Al-Biruni formula le premier la théorie de la gravitation et A.R. Al-Khazini la développa. Selon lui, la gravitation est la force universelle inhérente aux corps qui les pousse à se mouvoir par eux-mêmes en ligne droite, vers le centre du monde [*centre de gravité*] et uniquement vers le centre ; cette force, à son tour résulte de la densité du corps.

---

[406] D.R. HILL, « *Science and Technology in Ninth Century Baghdad*, in *Science in Western and Eastern Civilization in Carolongian Times* », Edit. P. L. Bouzer and D. Lohrmann ; Birkhäuser ; Boston, 1993.

[407] D.R. HILL, « *Islamic Science and Engineering* », Edinburgh : Edinburgh University Press, 1993.

[408] D.R. HILL, « *A History of Engineering in Classical and Medieval Times* », London: Croom Helm & La Salle, Illinois : Open Court, 1984.

[409] *Noria*. Machine hydraulique utilisée pour l'irrigation, constituée d'une chaîne sans fin s'enveloppant sur un tambour et sur laquelle est attachée une série de récipients qui puisent l'eau dans un puits ou un cours d'eau et la versent, à la partie supérieure, dans un réservoir ou une rigole.

[410] Un couvercle en forme d'oiseau siffle indiquant que l'eau [ou un autre liquide] a atteint le stade de l'ébullition.

[411] A.R. AL-KHAZINI, « Kitâb Mizân al-Hikmah [« Le livre de la Balance de Sagesse »] ».

[412] N. KHANIKOFF, « Analysis and Extracts of Kitâb mizân al-Hikma by al-Khazini in the twelfirth century »

$$F=Gm1\ m2\ d2^{413}$$

A.R. Al-Khazini énonça les règles fondamentales de la *thermodynamique*, l'influence de la température sur la densité ou loi de proportionnalité entre les déformations élastiques d'un corps et les efforts auxquels il est soumis. Il analysa la nature de la combustion et établit les tables des poids spécifiques qui sont généralement d'une grande précision. Il détermina la loi des alliages ainsi que celui du calcul de la progression géométrique ou *loi de l'échiquier*. L

L. de Vinci [1452-1519], le fameux « *penseur* » de la Renaissance, pour ne citer que lui, plagia sans scrupule les découvertes et inventions entre autre, de O. Ibn Al-Haytham, K.D. Al-Farisi [chambre noire ou *camera obscura*, travaux d'optique, lentilles, lunettes, etc.], des frères Banou-Moussa Ibn-Shakir [machines hydrauliques, pompes, systèmes de canalisation, machines militaires, etc.] et de A.I. Al-Jazari [machines volantes, travaux aérodynamiques, etc.] que lui attribuèrent ses coreligionnaires avec la bénédiction des autorités temporelles et spirituelles et diffusées largement par l'imprimerie à la *Renaissance*, à l'*époque moderne* [*Siècle des Lumières*].

L. de Vinci est incontestablement le prototype même de l'humaniste, à savoir un individu *Arriviste, Opportuniste, Affairiste* [AOA] diamétralement opposé au « *génie* » que l'Histoire nous dépeint.

c - Hydrodynamique : principe de Al-Biruni

Le concept fut formulé sous une forme plus générale par A.R. Al-Biruni puis développé par A.R. Al-Khazini. Selon la *loi Al-Biruni-Al-Khazini*, la pression d'un fluide en milieu clos est propagée de manière uniforme dans toutes les directions et dans toutes les parties du récipient, à condition que les différences de pression résultant du poids du fluide soient sans importances. Le second principe important de la statique des fluides fut découvert par A.R. Al-Biruni.

Le principe de Al-Biruni stipule : « *un corps immergé est soumis à une force verticale ascendante égale au poids du liquide déplacé par le corps. Le point où toutes les forces produisent l'effort de poussée est appelé le centre de poussée. Il correspond au centre de gravité du fluide déplacé. Le centre de poussée d'un corps flottant est placé directement au-dessus du*

---

[413] Ainsi, *F* est la force de gravitation ; *m1* et *m2* représentent les masses respectives des deux corps ; *d* désigne la distance entre les corps ; enfin, *G,* la constante gravitationnelle. La valeur de cette constante a été calculée par divers procédés et notamment par la balance hydrostatique.

centre de gravité de ce corps. Plus est grande la distance entre ces deux points, plus la stabilité de ce corps est importante. »

Il faut souligner que toutes les découvertes furent l'objet d'expérimentations et mises systématiquement en pratique. Ainsi, le principe de l'hydrostatique de A.R. Al-Biruni servit à la construction navale [commerciale ou militaire] que les musulmans maîtrisaient. Ainsi, la *Recherche & Développement* sur la Mécanique des fluides ou *Hydrodynamie* déboucha sur un résultat pratique : la *constructionn navale.*

A.R. Ibn-Khaldun [1332-1406], le père fondateur des Sciences humaines rapporte : « *Les Musulmans furent les seuls constructeurs de bateaux [et navigateurs] dans le monde ; les chrétiens étaient incapables de faire flotter une planche sur l'eau*[414] ».

LIVRES ATTRIBUES A « ARCHIMEDE »

TITRE	
De l'équilibre des figures planes [*2 livres*].	*La quadrature de la parabole*
La catoptrique	*Des spirales*
Des corps flottants [*2 livres*].	*De la mesure du cercle*
L'Arénaire	*De la sphère et du cylindre* [*2
De la Méthode[415]	*livres*]

10 - Eschine [*vers 390 av. J.-C-322 av. J.-C*]

Selon les historiens et les hellénistes, Eschine est un *orateur attique*[416] et homme politique athénien. Aucun document ne retrace sa vie. Néanmoins, on lui attribue des livres dont il « *reste* » 3 discours *: « Contre Timarque », « Sur la fausse ambassade », « Contre Ctésiphon ».*

11 - Thalès [*625 av. J.-C.-547 av. J.-C.*]

Selon les historiens et les hellénistes, Thalès de Milet, appelé communément *Thalès* est un philosophe et « *savant* » grec. On lui attribue de nombreux exploits

---

[414] A.R. IBN-KHALDUN, « Mûqâddima [« Les Prolégomènes »] » - « Kitab al-Ibar [« Livre des considérations sur l'histoire universelle »] »

[415] L'unique copie de *La Méthode* et l'unique copie du « *Traité des corps flottant*s » en grec datent du Xe siècle et figurent sous un texte religieux du XIIe siècle sur un *palimpseste. Palimpseste.* Manuscrit sur parchemin d'auteurs anciens que les copistes du Moyen-Âge ont effacé pour le recouvrir d'un second texte.

[416] *Orateur attique.* Les auteurs, les orateurs, qui ont employé le dialecte littéraire grec attique, c'est à dire d'Athènes.

arithmétiques, grâce à son séjour en Égypte. Il a put mettre en œuvre ses connaissance en mathématiques, particulièrement en géométrie, en calculant, paraît-il, la hauteur de la Grande Pyramide [?]. D'après les spécialistes de l'Histoire, c'est un personnage légendaire et à ce jour, aucun texte de sa main[417] n'a été rédigé. Néanmoins, cela n'empêche pas les auteurs d'affirmer que sa méthode d'analyse du réel en fait l'une des figures majeures du *raisonnement scientifique* !

Observations.

Thalès est l'archétype défini par le *Théorème de la pensée grecque.*

Aucune œuvre, aucun travail, ni aucun traité n'existe d'un Thalès qui est un personnage fictif parmi tant d'autres. Ceux qui lui ont attribués une *pensée scientifique* [mathématiques, physique] se sont référés, tout simplement, aux traités scientifiques des savants muslmans [At-Tusi, Abou-Kamil, Al-Khazin, etc.] qui circulaient parmi les « *érudits* », les traducteurs, les copistes, les collectionneurs, dans toute la chrétienté et qui ont servis à fabriquer, surtout à l'époque de la Renaissance, tous les « *penseurs grecs* » [Thalès, Euclide, Archimède, Diophante, etc.] à préfabriquer [dans les *scriptoriums* puis dans les ateliers de copies des *imprimeries*] leurs théories, leurs « *découvertes* » et, en fait, toute leur « *pensée scientifique* » !

12 - Diophante [vers IIIe siècle]

Selon les historiens et les hellénistes, Diophante d'Alexandrie était un *mathématicien* grec. On lui attribue l'étude des équations dites « *diophantiennes* », il est surnommé le « *père de l'algèbre* » [?].

Les spécialistes de l'Histoire s'accordent pour affirmer qu'ils n'ont aucun élément probant sur sa vie. Il paraît qu'il aurait vécu à Alexandrie [Egypte].

De même, ces auteurs rapportent que Diophante s'est rendu célèbre pour son étude des *équations à variables rationnelles*, et les « *équations diophantiennes* » furent nommées en son honneur. Son nom donne l'adjectif *diophantien*, souvent utilisé en théorie des nombres pour décrire un problème qui s'y rapporte.

Les auteurs affirment que sur les 13 tomes dont on n'a aucune trace, par chance, un *manuscrit* a été ramené à Rome par Johannes Müller von Königsberg [1436-1476]. De ce manuscrit, on va produire une dizaine de tomes [?] ! Son ouvrage principal est : « *Arithmética* ».

---

[417] GEOFFREY STEPHEN KIRK, JOHN EARLE RAVEN & MALCOLM SCHOFIELD, « *Les philosophes présocratiques : Une histoire critique avec un choix de textes* », vol. 16, Fribourg, Saint-Paul, coll. « Vestigia », 1995

Observations.

Diophante est l'archétype défini par le *Théorème de la pensée grecque.*

L'unique information sur des prétendus « *livres* » de Diophante a été rapportée par le traducteur d'ouvrages de savants musulmans Johannes Müller von Königsberg [1436-1476] [418] plus connu sous le nom de Regiomontanus.

Ainsi, Diophante apparaît pour la première fois en Europe occidentale grâce à la « *découverte* » de Regiomontanus en 1463 d'un manuscrit ramené à Rome après la prise de Constantinople en 1453. De l'avis de Regiomontanus, celui-ci pensait avoir aperçu 13 livres de « *Diophante* ».

Johannes Müller von Königsberg plus connu sous son pseudonyme latin Regiomontanus, est un astronome, mathématicien allemand et célèbre traducteur d'œuvres d'astronomie et de mathématiques de I.J. Al-Batani [lat. *Albatanius* -856-929], M. Al-Khwarizmi [lat. *Algoritmi* -800-847], pour ne citer que ceux-là, dont il puisa ses connaissances scientifiques.

Regiomontanus ou J. Regiomontani qui traduisit l'œuvre mathématiques de M. Al-Khwarizmi : « *Al-Kitâb al-Mukhtasar fi hisâb al-Jabbr wa al-Mûqâbâla* [*Livre de la restauration et la comparaison*] » en une version latine [il y en eut plusieurs] intitulée « *Algorithmus Demonstratus* » et imprimée en 1465.

Les premières diffusions de Diophante datent de la fin du XVIe siècle. Divers auteurs se sont mis à l'œuvre afin de *garnir* et de *légitimer* le « livre » de Diophante « *Arithmetica* ». Ainsi, *ils* « *réorganisèrent* », *par des rajouts* de problèmes et de théorèmes [de source *al-khwarizienne, abou-kamilienne, ibn-thabitienne, etc.*]. Finalement, le personnage *Diophante* leur permettait de les « *faire passer* » et du même coup, celui-ci prendra « *vie* » et autorité pour la postérité à la gloire de l'Occident et du « *génie* » cérébral occidentalo-chrétien.

Raphaël Bombelli [1526-1572] [419], Girolamo Cardano [ou Jérôme Cardan -1501-1576], Guilielmus Xylander [ou Wilhelm Holtzman -1532-1576], Claude-Gaspard Bachet [dit de Méziriac -1581-1670], Albert Girard [1595-1632], Pierre de Fermat [m. 1665] [420].

---

[418] REGIOMONTANUS, « *De Triangulis omnimodis* » et « *Epytoma in almagesti Ptolemei* ». 1464

[419] RAPHAËL BOMBELLI est un mathématicien italien. Il traduit en italien « *Arithmetica* » en 1572 qu'il intitule « *Algebra* » et imprimé à Venise en 1572.

[420] PIERRE DE FERMAT est un magistrat, un mathématicien et un habile latiniste et helléniste d'origine française. Il s'est aussi intéressé aux sciences physiques ; on lui doit notamment le principe de Fermat en optique qui n'est autre que le plagiat des travaux du fondateur de l'Optique O. Ibn Al-Haytham [lat. Alhazen -965-1039].

Chaque génération enrichit la vie et l'œuvre du personnage « *Diophante* » d'apports d'autres auteurs [O. Khayam, O. Ibn Al-Haytham, etc.] pour finalement constituer une compilation à peu près homogène, telle qu'elle se trouve actuellement sous l'intitulé « *Arithmetica* » ou « *Diophante* » ou « *Diophanyienne* », etc.

A ce propos, l'expression « équation diophantienne » qui apparait au XVIIIe siècle en hommage au personnage légendaire Diophante s'inscrit dans cette politique séculaire d'éradiquer toute origine al-khwarizienne, abou-kamilienne, ibn-thabitienne, ibn al-haythamienne, khayamienne, etc. !

13 - Ptolémée [vers 90-vers 160]

Selon les historiens et les hellénistes, Claude Ptolémée est un « *astronome* » et astrologue grec qui vécut à Alexandrie [Égypte]. On dit qu'il est également l'un des précurseurs de la *géographie*. On ignore tout de sa vie. Néanmoins, on affirme que Ptolémée fut l'auteur de plusieurs « *livres* » *scientifiques*, dont deux ont exercé par la suite une très grande influence sur les sciences. L'un est le traité d'*astronomie*, qui est aujourd'hui connu sous le nom « *Almageste* » et l'autre est « *Géographie*, qui est une discussion sur les connaissances géographiques du monde gréco-romain.

Selon les historiens et les spécialistes de la Grèce antique, l'œuvre de Ptolémée est l'aboutissement de la « *science antique* » fondée sur *l'observation des astres, les nombres, le calcul et la mesure* [?]. On attribue à « *Ptolémée* » la découverte d'un théorème qui porte son nom[421]. Dans sa composition « *mathématique* » [« *Almageste* »], Ptolémée veut suivre la méthode rigoureuse de la *géométrie* et procéder par la démonstration introduite par les « *mathématiciens* » de la Grèce antique, dont le grand représentant est « *Euclide* » [?].

Sa « *trigonométrie* » se fonde sur celle de ses coreligionnaires [« *Hipparque* », « *Ménélaos* »] qui ont développé la *trigonométrie sphérique* et qu'il cite dans l'*Almageste*. Toujours d'après les historiens et les hellénistes, dans l'*Optique*, Ptolémée traite des propriétés de la lumière, notamment de la *réflexion*, de la *réfraction* et de la *couleur*, ainsi que d'une *théorie de la vision*, fondée sur une combinaison des propriétés des objets observés, de la lumière.

Tous ces travaux de « Ptolémée » sont « apparus » grâce aux traductions en version latine réalisée par Eugène de Sicile [1130-1202] vers 1150 !

---

[421] Dans un quadrilatère convexe inscrit dans un cercle, le produit des diagonales est égal à la somme des produits des côtés opposés.

Observations.
Ptolémée est l'archétype défini par le *Théorème de la pensée grecque*.
Le seul théorème qu'on peut lui octroyer est celui du « *Théorème de la pensée grecque* » !

A.T. Fomenko [1945][422] étudia minutieusement l'*Almageste*, livre attribué à Claudius Ptolémée et que les historiens et les hellénistes font remonter au IIe siècle.
Il avait constaté qu'un paramètre de l'accélération lunaire ne concordait aucunement avec l'ancienneté du manuscrit. Par contre, celui-ci s'avérait exact si l'*Almageste* avait été rédigé *en réalité* dans une intervalla de temps comprise entre le VIIe et le XIVe siècle. Cela s'appliquait également aux éclipses de soleil et la correspondance de certaines dates dans les chroniques antiques.

D'autres chercheurs[423] remettent également les méthodes de datation employées en archéologie, principalement le *Radiocarbone* et la *Dendrochronologie* qui sont « *pré-calibrées* » sur la Chronologie usuelle *et ne donnent pas de résultats fiables* sur l'ensemble des époques étudiées !

Eugène de Sicile [ou de Palerme -1130-1202] est un spécialiste de la langue arabe, ce qui lui permet de s'illustrer en tant que traducteur. Ainsi, diverses œuvres de savants musulmans [astronomie, mathématiques, optique] furent traduites en grec, en latin. Il s'agit, en l'occurrence, des traités du fondateur de l'Optique O. Ibn Al-Haytham, latinisé *Alhazen* [965-1039]. Ce dernier se sert de la géométrie et de la trigonométrie et

---

[422] A.T. FOMENKO est un mathématicien russe de l'Académie des sciences de Russie, docteur ès sciences, professeur, chef de la chaire de géométrie différentielle de l'université de Moscou.
[423] CHRISTIAN BLÖSS est physicien et un critique zélé de la théorie de l'évolution telle qu'elle est établie par C. Darwin [1809-1882] et Ernst Heinrich P. Haeckel [1834-1919 -Biologiste et philosophe allemand qui a fait connaître les théories de C. Darwin en Allemagne et a développé une théorie des *Origines de l'homme*] et met l'accent sur les catastrophes émis par les planètes. En 1994, il rejoint le « *Berliner Geschichtssalon* » [*Salon de l'Histoire Berlinois*] » en compagnie de Uwe Topper et Hans-Ulrich Niemitz. Depuis ces auteurs travaillent sur l'examen critique des méthodes de datation comme la *datation au Radiocarbone* et la *Dendrochronologie*. Des arguments mathématiques remettent en question ce type de datations trop lointaines, trop hypothétiques en mettant en lumière leurs points faibles [Christian Bloss Hans-Ulrich Niemitz : *C14 crash*. Mantis édition 1997].
HANS-ULRICH NIEMITZ [1946-2010] est ingénieur, mathématicien, il a tenu une chaire à l'Université de technologie, de l'économie et de la culture à Leipzig. Ses domaines d'enseignement et intérêts sont la recherche historique et l'éthique de la science et de la technologie. H.U. Niemitz a réfuté la période du Moyen-Âge [« *La contrefaçon au Moyen Age* », *in Préhistorique présence précoce* -VFG-]. Dans son livre [« *C14 crash* ». Edit. Mantis, 1997] Niemitz conteste l'exactitude de la méthode de datation par le radiocarbone et la dendrochronologie et de toute autre méthode de datation scientifique.

procède par la démonstration à valider et à modéliser cette nouvelle science qu'il vient de créer : l'*Optique*.

Les travaux et découvertes en optique attribués au prétendu « Ptolémée » ne sont que la copie conforme des recherches fondamentales de O. Ibn Al-Haytham sur l'Optique [et les mathématiques : théorèmes et axiomes]. Tout individu non atteint de déficience mentale pourrait s'en rendre compte et sans aucun effort !

a - Astronomie, Géographie, Trigonométrie[424]

« Ptolémée » est un astrologue. L'*astrologie* est l'art d'interpréter les corrélations entre les événements terrestres, les positions et les déplacements des corps astraux, en particulier du soleil, de la lune, des étoiles.

Depuis les temps les plus reculés, l'homme s'intéressa à la voûte céleste, par crainte des phénomènes météorologiques et astronomiques [orages, éclipses, comètes]. L'incompréhension des phénomènes célestes l'encouragea à les déifier : ainsi est née la *Cosmogonie*, c'est à dire le récit mythique de la formation de l'Univers. Les peuples associaient les astres à des divinités dont il fallait s'assurer la bienveillance. C'est pourquoi, les astrologues égyptiens, babyloniens qui l'enseignèrent aux Grecs furent avant tout motivés par leurs croyances religieuses.

Des récits circulaient en Occident, et c'est au Moyen-Âge qu'ils ont été mis par écrit sous le patronyme du personnage « *Ptolémée* ». Il s'agissait d'une démonstration d'un univers astrologique transportant les divinités mythologiques dans des courses de chars ; et disposées sur un nuage flottant dans des sphères gribouillées de signes astrologiques. Ainsi, la voûte céleste s'inspirant de l'astrologie égyptienne fut adoptée en dogme pendant des siècles par l'Occident [et par l'Orient].

Les historiens et les hellénistes attribuent l'*Almageste* à Ptolémée qui constitue un imposant travail de *treize livres* qu'il est censé avoir rédigé vers l'An 140. Le contenu de ce que l'on appelle l'*Almageste* est une compilation de données cosmogoniques et astrologiques grecques et de rajouts d'écrits, de textes, de traités scientifiques d'origine musulmane. D'ailleurs, il est très aisé de différencier les documents *ptolémaïques* de ceux *al-biruniques, al-bataniques, ibn al-haythamiques*, par exemple.

En effet, les premiers expliquent que la conception selon laquelle la Terre est une gigantesque galette fixe et qui se situe au centre de l'Univers. Ainsi, les planètes et les

[424] NAS E. BOUTAMMINA, « Les contes des mille et un mythes - Volume II », Edit. BoD, Paris [France], novembre 2011.

étoiles qui incarnent les divinités grecques participent à une course de chars sans fin sur les nuages. Le ciel est subdivisé en sept pistes où chacune renferme un dieu, ainsi qu'un signe le personnalisant. La terre étant au centre et les dieux étaient placés dans les pistes 1 à 7.

Finalement, l'*hippodrome de Thessalonique* ou d'Athènes est la représentation du « *Système de Ptolémée* » qu'on doit nommer « *Hippodrome de Ptolémée* » !

Sans exception, tous les auteurs [historiens, hellénistes, scientifiques, etc.] mentionnent l'œuvre en *treize tomes*, l'*Almageste* qu'ils imputent à Ptolémée. En réalité, le nom « *Almageste* » vient de la corruption du mot « *Alm Al-Zidj* » ou « *Science des tables astronomiques* » qui est le traité de I.J. Al-Batani [856-929][425] lors de sa traduction par R. Retinensis [1143] et par P. Tiburtinus [XIIe siècle].

Le personnage « *Ptolémée* » est associé depuis le Moyen-Âge à l'*Astrologie* et à l'élaboration des horoscopes. L'un des « *livres* » de cette compilation [*Almageste*] intitulés « *Tetrabiblos* », l'astrologie est appliquée à l'élaboration méthodique des horoscopes. En effet, on retrouve le « *Système de Ptolémée* » identique, avec sa forme circulaire, ses douze subdivisons, ses douze signes portant les mêmes noms, et ses sept planètes[426]. La voûte étoilée fut une source de mythologie astrale considérable pour les peuples de l'antiquité et surtout pour les Grecs.

b - Géographie

La représentation imaginaire et superstitieuse des sociétés antiques, telles que celles des Grecs et des Romains, considéraient [et qui durera en Europe chrétienne jusqu'à la fin du XVIe siècle] que la terre est une galette plate flottant sur l'eau que surveillaient des dragons et des monstres hideux, les gardiens des dieux. Les Grecs à l'imagination des plus débordantes avaient la conviction, et c'est l'essence de leur croyance et de leur culture, que la Terre était gouvernée par les dieux. Ceux-ci, modifiaient continuellement sa morphologie selon leur tempérament ou en guise de châtiment [cataclysmes, tremblements de terre, inondations, etc.] et qu'il était interdit de s'approcher du domaine des dieux. Leurs croyances superstitieuses et magiques les terrifiaient et leur défendaient de s'aventurer *vers les terres* ou *mers inconnues*. Afin de piller les territoires étrangers connus, les Romains, par exemple, se contentaient d'un tracé que balisaient leurs légions le long des routes connues et sûres.

---

[425] I.J. AL-BATANI, « *Alm Al-Zidj* [« Science des tables astronomiques »] »

[426] M. SENARD, « Le Zodiaque, clef de l'ontologie appliquée à la psychologie »

La paternité de la géographie est partagée par M. Al-Idrisi [1100-1166] et A. Al-Bakri [m. 1094] qui créent ainsi cette discipline scientifique où la topographie terrestre était scrupuleusement étudiée par de nombreux procédés mathématiques, océanographiques, astronomiques, physiques, archéologiques, ethnographiques et historiques.

La géographie et la carte géographique sont nées ! La *carte* définissant un plan ; une carte géographique est une corruption du terme arabe « *Kharita* » [qui donne en français *carte*].

M. Al-Idrisi [1100-1166][427] est le père co-fondateur de la géographie. Il rédigea un monumental traité géographique descriptif en divisant la terre en sept zones climatiques qui furent à leur tour subdivisées en dix parties représentant chacune une carte détaillée.

M. Al-Idrisi travailla sur son monumental ouvrage de Géographie [description, carte du monde, illustrations] pendant quinze ans à la cour de la roi normand Roger II de Sicile [ou Roger de Hauteville -1095-1154] qui a commandé l'ouvrage autour de 1138 : « *Tabula Rogeriana* [« *Le Livre de Roger* »] » qui fut imprimé à Rome en 1592 et servit désormais de base et de modèle à toute la géographie en Occident.

A. Al-Bakri [m. 1094][428] l'un des plus illustre géographe et cofondateur de cette science. Il fut l'élève du célèbre historien andalou A.M.H. Ibn-Hayan [987-1076]. Il[429] se distingua en développant, de manière considérable, la science géographique.

c - Trigonométrie

Inventée par les mathématiciens musulmans, la *Trigonométrie* est une branche des mathématiques qui traite des relations entre les côtés et les angles des triangles ; des propriétés et applications des fonctions trigonométriques d'angles. La trigonométrie est subdivisée en *trigonométrie plane* traitant des figures appartenant à un plan et la *trigonométrie sphérique* qui s'occupe des triangles, sections de la surface d'une sphère.

La trigonométrie fut tout d'abord utilisée par les musulmans en astronomie, en topographie et en navigation dont le problème essentiel fut la détermination d'une distance inaccessible, comme la distance entre la Terre et la Lune ou d'autres distances

---

[427] M. AL-IDRISI, « *Kitâb Nûzhât al-Mûshtâk fî Khtirâk al-Afa* »

[428] A. AL-BAKRI, « *Kitâb al-Mûdjâm mâ stadjâm* »

[429] Son traité de botanique descriptive utilisant le système taxinomique déjà ancré dans la botanique et la zoologie musulmanes sera l'un des traités adopté par toutes les générations de naturalistes et botanistes chrétiens [C. Linne, C. Darwin].

que l'on ne peut mesurer directement, comme la largeur d'un grand lac [O. Ibn Al-Haytham en fit une démonstration historique sur le Nil]. On trouve d'autres applications de la trigonométrie en physique, en chimie et dans pratiquement toutes les branches d'ingénierie ; en particulier dans l'étude des phénomènes périodiques tels que la lumière [O. Ibn Al-Haytham s'en est servi pour créer l'*Optique*].

Le *triangle quelconque* : les applications pratiques de la trigonométrie impliquent souvent la détermination de distances qui ne peuvent être mesurées directement.

La *trigonométrie sphérique* : principalement utilisée en navigation et en astronomie, concerne les triangles sphériques, c'est-à-dire les arcs de grands cercles tracés sur la surface d'une sphère.

R. Al-Biruni [973-1048][430] est un savant universel [mathématicien, astronome, physicien, chimiste] et l'un des pères fondateurs de l'Astronomie. Il établit des règles de trigonométrie et d'astronomie et donne une table des sinus et tangentes.

Abou Djafar Al-Khazin [m. 961][431] est un mathématicien et un physicien de premier ordre. Son corpus capital renferme des formules fondamentales en astronomie et en trigonométrie sphérique qui permirent le développement considérable de ces disciplines.

Abou Al-Wafa Al-Buzajani [940-997][432] un des plus grands mathématiciens et astronomes. Il est le fondateur majeur de la *Trigonométrie*. Il créa le théorème des tangeantes et formula pour le triangle rectangle en trigonométrie sphérique, les règles de la substitution à un quadrilatère parfait dits des « *quatre grandeurs* » :

$$sin\ a,\ sin\ c = A,\ I$$

Ainsi, Abou Al-Wafa Al-Buzajani inventa le théorème des sinus pour le triangle sphérique à angles obliques, ainsi que la méthode de calcul du sinus 30° dont le résultat étonnant correspond à la valeur réelle en huit décimales. On lui doit l'introduction des tangentes, cotangentes, sécantes et cosécantes ainsi que beaucoup de travaux de constructions géométriques d'un intérêt essentiel.

---

[430] A.R. AL-BIRUNI, « *Kitāb al-Tâfhim li-Awâil sinâât al-Tandjim* » - « *Makâla fi Stikhrâdj al-Awtâr fi al-Dayira bi-khâwâss al- Khatt al-Mûnhâni fiha* »

[431] ABOU DJAFAR AL-KHAZIN, « *Kitāb fi al-Abad wa al-Adjram* ».

[432] ABOU AL-WAFA AL-BUZAJANI, « *Kitāb fi mâ yâhtâdj ilâyhi al- Kûttab wa al-Ummâl min ailm al-Hisâb* ».

Jabir Ibn-Aflah [m. 1240] est un savant célèbre qui se distingua par sa contribution à la *trigonométrie sphérique et plane* appliquée à l'astronomie en créant des formulations très importantes. Son corpus[433] en plusieurs volumes dont un formule sa création, la cinquième formule fondamentale pour le triangle rectangle en prenant comme base pour déduire ses formules, la règle des quatre dimensions :

$$cos.\ A = cos\ a\ sin\ B$$

En *trigonométrie plane*, il résout les problèmes en utilisant toutes les cordes sans faire appel aux fonctions trigonométriques sinus et cosinus. Son œuvre fut traduite par G. de Crémone [1150-1187] et conservé à la bibliothèque de l'Escurial. P. Apianus imprima et édita son corpus en 1534 à Nuremberg.

En définitive, les livres de ces fondateurs des Sciences furent récupérés, copiés, traduits, commentés, falsifiés, imprimés, diffusés le plus souvent sous les patronymes des plagiaires qu'ils soient réels [« érudits » du Moyen-Âge, de la Renaissance, de l'époque moderne, etc.] ou qu'ils soient fictifs [« savants grecs »] !

LIVRES ATTRIBUES A « PTOLEMEE »

TITRE	
L'Almageste [13 livres]	*Les tables faciles*
La Tetrabiblos [4 livres]	*Traité de géographie* [8 livres]
Les Harmoniques	*L'Optique* [5 livres]

14 - Dioscoride [*vers 40-vers 90*]

Selon les historiens et les hellénistes, Dioscoride est un « *médecin* », « *pharmacologue* » et « *botaniste* » grec dont l'œuvre a été la source principale de connaissance en matière de plantes médicinales durant l'Antiquité. On dit qu'il influença beaucoup le Moyen-Âge et jusqu'au XVIe siècle. Les spécialistes de l'histoire affirment qu'il n'existe aucun élément de la vie du personnage « *Dioscoride* », à part quelques mots contenus dans la préface de son « *livre* » qu'on lui attribue : « *De materia medica* [« *Sur les plantes médicinales* »][434] ». Sinon, rien ne laisse penser qu'il a existé ! D'après les auteurs, le « *livre* » est avant tout médical et il présente environ 500

---

[433] JABIR IBN-AFLAH, « Kitáb al-Hâya »

[434] *Materia Medica.* Aujourd'hui conservée à Vienne [Österreichische Nationalbibliothek - Autriche], elle est connue sous d'autres titres : Dioscoride de Vienne ou *Codex Vindobonensis, Codex Constantinopolitanus, Codex Byzantinus, Codex Aniciae Julianae.*

plantes en tout dont un grand nombre « *d'illustrations en couleur* » ; leurs descriptions sont « *énoncées d'une manière obscure* ».

Observations.

Dioscoride est l'archétype défini par le *Théorème de la pensée grecque.*

Les historiens et les hellénistes attribuent au personnage Dioscoride « *De materia medica* » constitué de 5 *livres.*

« *De materia medica* » est un ouvrage manuscrit qui apparut au Moyen-Âge. Il est continuellement enrichi par des apports de divers auteurs à la Renaissance. En effet, « *De materia medica* » fût imprimé en 1499 et 1518 à Venise [par Alde -XVIe siècle], à Cologne en grec-latin en 1529 [Marcellus Vergilius -XVIe siècle], en 1559 à Lyon [Martin Mathée -XVIe siècle].

Jean Ruel [ou Jean de la Ruelle -1479-1537] traduit et commente « *Materia medica* » sous les intitulés « *Pedacii Dioscoridis* » puis « *De Natura stirpium libri tres* » imprimés respectivement en 1516 et 1536.

Pierandrea Mattioli [1501-1577] enrichit « *De materia medica* » par des commentaires et des illustrations [500 gravures] « *Materia medica* » sous le titre de « *Commentarii in libros sex Pedacii Dioscoridis* » et imprimé à Venise en 1544.

Les historiens affirment que « *les descriptions des plantes du* « *Materia medica* » *sont* « *énoncées d'une manière obscure* ». En effet, lors des traductions de l'arabe en version latine ou grecque des livres de savants musulmans [ici la *Botanique*], ces traducteurs, fautes d'équivalents de mots latins ou grecs transcrivaient du mot à mot, latinisaient ou hellénisaient le mot arabe ou encore, le laissaient tel quel, tout simplement. En effet, ils étaient incapables de comprendre la signification des termes ou nomenclature de cette science nouvellement crée : la *Botanique*.

« *Dioscoride de Vienne* » copie « *De Materia medica* » est le plus ancien *exemplaire* conservé puisqu'il date aux environs du XIe siècle. Le *codex* mesure 37 x 30 cm. Les 491 *folios*[435] de vélin contiennent plus de 400 dessins d'animaux et de plantes, exécutés généralement dans un style naturaliste. Ce « *Dioscoride de Vienne* » ou « *De Materia medica* » d'une qualité supérieure est rédigé en arabe et comporte des annotations et parfois des commentaires en grec. Il s'agit d'une compilation de divers auteurs.

---

[435] *Folio.* Feuillet d'un manuscrit, d'un incunable, d'un registre ou d'un livre.

Le manuscrit contient 383 illustrations de plantes en pleine page, sur un total de 435 illustrations originales[436]. Les illustrations se répartissent en deux groupes. D'une part, celles qui suivent fidèlement les modèles originels consignées en arabe et montrent une illustration réaliste de chaque plante. D'autre part, on y trouve également des illustrations plus *abstraites*, signes évidents d'une reproduction *de seconde main ;* ceux qui les ont reproduits [*moines copistes*] ne les ont pas réalisées à partir d'un modèle de plante. La plupart des illustrations ont été peintes dans un style botaniste afin d'aider les *pharmacologues* à reconnaître chaque plante. Notons que la *Pharmacologie* [Science des médicaments] est une des sciences conçues par les savants musulmans en parallèle de la *Botanique*.

a - Botanique et Pharmacologie[437]

- *Botanique*

De tous temps, l'homme et sa société [grecque, egyptienne, etc.] cueillent et utilisent les effets des plantes, mais avec des objectifs d'ordre magique, métaphysique, surnaturel [entrer en contact avec les dieux, les démons, les esprits, etc.] sans aucune corrélation logique ou scientifique.

C'est au IXe siècle que naît la *Botanique* avec A.H. Al-Dinawari et c'est à la fin du XIIe et début du XIIIe siècle que M. Ibn Al-Baitar lui octroie ses lettres de noblesse et en fait une discipline scientifique parallèlement à la *Pharmacologie*. L'expression « *botanique* » vient du mot arabe « *bostan* » qui veut dire « *verger*[438] » ; de ce mot, « *bostan* », les savants musulmans [ou *botanistes*] en ont crée un autre « *Bostaniya* » qui qualifie la *Science des végétaux*. Les traducteurs chrétiens, faute de ne trouver aucun équivalent en version latine ou grecque, ils l'ont tout simplement latinisé en « *Botaniae* » qui passa dans les langues vernaculaires sous la forme « *Botanique* ».

La botanique est donc la science consacrée à l'étude des végétaux. Elle est une discipline scientifique qui la rattache aux autres sciences du vivant [médecine, zoologie, etc.].

Avec la création de la *Botanique*, la connaissance des végétaux trouve des applications dans les domaines évidemment de la *pharmacologie*, mais également de

---

[436] Egalement des illustrations d'oiseaux provenant d'autres traités
[437] Nas E. Boutammina, « Les contes des mille et un mythes - Volume II », Edit. BoD, Paris [France], novembre 2011.
[438] *Verger*. Terrain de plus ou moins grande importance planté d'arbres fruitiers d'une ou de plusieurs variétés.

l'*Agronomie*[439] [autre création des savants musulmans] : sélection et amélioration des plantes cultivées ; de l'*Horticulture* [art de cultiver les jardins potagers et floraux], une tradition bien ancrée dans l'Empire musulman. De nouvelles espèces de plantes furent mises au point : arbres fruitiers, variétés de fleurs, de légumes, etc.

Voici quelques artisans, pères fondateurs de la Botanique :

A.H. Al-Dinawari[440] [815-895] rédigea un traité de botanique et par son talent, il contribua de manière significative à la pharmacologie. Ses travaux les plus remarquables sont ceux de la greffe sur les fleurs et les arbres fruitiers.

Al-Hadj Al-Gharnati [XIe siècle][441] écrit une monumentale œuvre, un dictionnaire de botanique aussi imposant par sa qualité que par sa quantité de plantes répertoriées.

M. Al-Idrisi [1100-1166], l'un des célèbres fondateurs de la *Géographie* [l'autre étant A. Al-Bakri -m. 1094], lors de ses pérégrinations afin d'établir son traité de géographie, il s'adonna à la botanique où il répertoria et classa trois cent soixante plantes nouvelles.

A. Al-Nabati [1216] fit des travaux sur la vie des végétaux de l'Atlantique à la Mer Rouge où il observa et classa des centaines d'espèces.

M. Ibn Al-Baïtar [1190-1248][442] détient, par excellence le titre de père de la *Botanique* et de celle de la *Pharmacologie*[443]. Il rédigea un ouvrage encyclopédique qui demeura l'autorité principale jusqu'au XIXe siècle[444]. En Europe, cette œuvre monumentale servit à confectionner « *Materia medica* » et d'autres traités scientifiques [*Pharmacologie, Agronomie,* etc.] alors en vogue à l'époque de l'Imprimerie [Renaissance] et les siècles suivants. A titre d'exemple, le naturaliste suédois Carl Linnæus [Carl von Linné -1707-1778] s'est servi à profusion de l'*œuvre albaïtarienne* pour confectionner son ouvrage « *Systema Naturæ* [*Systèmes de la Nature*] » dont la première édition fût imprimé en 1735.

---

[439] *Agronomie.* Ensemble des sciences et des techniques de recherche et d'application concernant l'agriculture

[440] A.H. AL-DINAWARI, « *Kitāb al-Nabât* [« Livre des plantes »] »

[441] AL-HADJ AL-GHARNATI, « *Umdât al-Tabib fi mari-fât al-Nâbât li-kûll labib* »

[442] F.R. DIETZ, « Elenchus materiae medicae Ibn Baïtharis »

[443] L. LECLERC, « Etudes historiques et philologiques sur Ebn Beïthar »

[444] G. SARTON, « Introduction to the history of science »

Le sultan d'Egypte Al-Kamil confia à M. Ibn Al-Baïtar la responsabilité didactique et pratique de la *Pharmacologie* [*Raïs alâ sair al-ashâshâbin*]. Plus de mille quatre cent plantes, aliments et médicaments sont soigneusement analysés d'après leur composition chimique et leur pouvoir de guérison minutieusement formulés[445]. Ce savant universel mentionne dans sa classification de pénétrantes observations sur leur emploi en thérapeutique. Il fit de nombreuses excursions scientifiques où il étudie et expérimente les principes pharmacologiques des règnes animal, végétal et minéral afin d'établir son considérable ouvrage[446]. Il inclut dans son corpus les recherches et découvertes des autorités telles que M.I.Z. Ar-Razi, A.H. Ibn-Sina, M. Al-Idrisi ou Al-Ghafiki[447].

b - Pharmacologie

R. Al-Biruni [973-1048][448] définit la terminologie pharmacologique, indique les obligations des pharmaciens qui est le prototype de l'*Ordre des Pharmaciens*. Dans la seconde partie de son traité, il classe les médicaments par ordre alphabétique et analyse leur usage[449].

La *Pharmacologie* était non seulement l'affaire de spécialistes comme les pères fondateurs R. Al-Biruni [973-1048], Ibn Al-Baïtar [1190-1248], mais également celle des médecins comme M.I.Z. Ar-Razi [864-925], A.H. Ibn-Sina [980-1037], A.M. Ibn-Zuhr [1091-1162], ou A. Ibn Al-Abbas Al-Majusi [m. 995] qui, par leurs recherches importantes et judicieuces à la pharmacopée enrichirent l'œuvre de leurs prédécesseurs et la complétèrent en classant [*taxinomie*] les médicaments par ordre alphabétique et indiquèrent leur préparation et leur indication. Ainsi, ces savants incorporèrent la *Pharmacologie* comme partie intégrante de la médecine et la développèrent en l'enrichissant de leurs travaux et de leurs observations.

A.Y. Al-Kindi [801-866] est un savant d'esprit universel qui étudia la plupart des branches du savoir et contribua à leur essor. L'ampleur et la variété de sa production intellectuelle sont impressionnantes[450]. Dans son traité[451] de pharmacologie, l'auteur

---

[445] F.R. DIETZ, « Analecta medica »
[446] R. BASSET, « Les noms berbères des plantes dans le traité des simples d'Ibn Beïtar »
[447] M. MEYERHOF & G.P. SOBHY, « The abridged version of the book of simple drugs of Al-Ghafiki »
[448] R. AL-BIRUNI, « *Kitâb al-Saydana fi al-Tibb* »
[449] BERNARD CARRA DE VAUX, « Les Penseurs d'Islam », 5 vol., Paris, 1921-1926.
[450] G. SARTON, « Introduction to the History of Science »
[451] A.Y. AL-KINDI, « *Aqrâbâdhin* »

innove la *pharmacocinétique* et la *pharmocodynamie*. Il s'efforce d'exprimer mathématiquement la relation entre l'augmentation de la quantité des différents composants de chacun des médicaments et l'accroissement de l'effet de ces derniers sur l'organisme !

M.I.Z. Ar-Razi s'appuie sur l'expérimentation clinique de la pharmacopée qu'il met en place et, ainsi la Pharmacologie fait désormais partie intégrante de la médecine qui renforce donc l'arsenal thérapeutique. En conséquence, la chimie alliée à la botanique, à la minéralogie et aux produits d'origine animale sert admirablement la médecine en créant la *Pharmacologie moderne*[452]. M.I.Z. Ar-Razi rédigea ses traités et formula pour la première fois une classification concise des substances chimiques par un tableau qui illustre le chercheur se basant sur l'expérimentation positive du laboratoire débarrassée des théories extravagantes[453] et du surnaturel.

Les oeuvres de tous ces savants fixèrent la Pharmacologie générale jusqu'à l'époque contemporaine. Ainsi, pendant maintes générations, du Moyen-Âge, à la Renaissance et jusqu'au XVIIIe siècle, ces travaux ne furent que compilation et plagiat[454] !

Des progrès ne furent réellement réalisés que par l'avènement de la microscopie et des laboratoires industriels.

15 - Inventer un nom et fabriquer une œuvre

Au Moyen-Age chrétien et surtout pendant la Renaissance, rien de plus aisé que d'inventer un nom comme *Thalès* et de le placer sur l'en-tête d'un nouvrage, par exemple, de At-Tusi, traduit en version latine et de l'attribuer au personnage fictif qu'est Thalès. Peut-être que Thalès est le pseudonyme de de At-Tusi ?

Rien de plus aisé que d'inventer un nom comme Hippocrate, Galien, Dioscoride et de le placer sur l'en-tête d'un ouvrage, par exemple, de Ibn-Sina, Ar-Rhazi, Ibn-Zuhr, traduit en version latine et de l'attribuer au personnage fictif qu'est Hippocrate, Galien, Dioscoride. Peut-être qu'Hippocrate est le pseudonyme de Ibn-Sina que Galien est celui de Ar-Rhazi et que celui de Dioscoride est celui de Ibn-Zuhr ?

---

[452] M.I.Z. AR-RAZI, « *Al-Maqâla fi al-Hassa fi al- Kola* »
[453] E.J. HOLMYARD, « Makers of Chemistry »
[454] Peter Schoiffer [XVe siècle] imprima en 1484 « *Herbarius cum herbarium figuris* » et en 1485 « *Gart der Gesundheit* » ; Saladinus d'Ascoli [XVe siècle] « *Compendium aromatorium* » ; Manlius de Bosco [XVe siècle] « *Luminare majus apothecariorum* » ; J. Wonnecke de Caub [ou J. de Cuba] « *Ortus Sanitatis* » en sont quelques exemples.

Rien de plus aisé que d'inventer un nom comme Euclide, Diophante, Archimède et de le placer sur l'en-tête d'un nouvrage, par exemple, de Al-Khwarizmi, de Abou-Kamil, d'Ibn Al-Haytham, traduit en version latine et de l'attribuer au personnage fictif qu'est Euclide, Diophante, Archimède. Peut-être qu'Euclide est le pseudonyme de Al-Khwarizmi, Diophante est celui de Abou-Kamil et enfin, Archimède est celui d'Ibn Al-Haytham ?

Rien de plus aisé que d'inventer un nom comme Ptolémée et de le placer sur l'en-tête d'un nouvrage, par exemple d'Al-Biruni, traduit en version latine et de l'attribuer au personnage fictif qu'est Ptolémée. Peut-être que Ptolémée n'est rien d'autre que le pseudonyme de d'Al-Biruni ?

On peut réitérer cette argumentation, ce type de logique à l'infini, à tous les domaines des sciences et de la littérature sans trouver la moindre faille ni réfutation à cette démarche historico-déductive ô combien incontestable !

C'est par ce type de raisonnement logique du contenu implicite de l'Histoire de l'Occident [et du reste du monde] que se révèlent le mensonge et la mystification communément et institutionnellement érigés comme authentiques, et donc comme dogmes !

Quoi qu'il en soit, qui se soucie de remettre dans son état authentique la vérité historique et historiographique des Sciences et par extension de l'Histoire elle-même ?

VI - Controverses sur l'Antiquité grecque et les « *penseurs* » grecs

George Orwell [1903-1950] disait : « *Qui contrôle le passé contrôle le présent, qui contrôle le présent contrôle l'avenir* »[455].

A- A propos de la pensée grecque

Lorsque, par exemple, l'*Antiquité grecque* est abordée d'une manière raisonnable, argumentée avec à l'appui un ensemble d'éléments qui contredisent les préceptes « *historiques* » communément admis comme dogmes, l'esprit le plus ouvert se heurte à un *paradoxe*. Celui-ci met la lumière sur un point de vue irrationnel, prend le contrepied des certitudes logiques, de la vraisemblance.

La faculté qu'a la pensée [*pour ceux qui raisonnent*] de faire retour sur elle-même pour examiner une idée, une question, un problème, en d'autres termes la capacité de réfléchir conduit à un style d'approche conceptuelle qui caractérise le *Rétablisme*[456].

Le *Rétablisme* peut se concevoir comme une *Ecole* ou *mouvement* intellectuel, littéraire et artistique, principalement caractérisé par le refus de toute considération intellectuelle, esthétique ou morale de l'*Histoire orthodoxe*[457]. Le *Rétablisme* doit authentiquement rétablir la légitimité de l'*Histoire* [en tant que Science] en usant de la critique textuelle savante, des forces de la rationalité, de la logique et de la raison libérées du contrôle monoscripte et monolithique du *Dogmatisme historique* et *historiographique*.

---

[455] G. ORWELL, « 1984 ». Ecrivain d'origine anglaise.

[456] NAS E. BOUTAMMINA, « Le Rétablisme », Edit. BoD, Paris [France], mars 2015. 2ᵉ édition.

[457] *Histoire orthodoxe*. Histoire imaginée au *Moyen-Age*, compilée, écrite et diffusée pendant la *Renaissance*, institutionnalisée à l'*époque moderne* [*siècle des Lumières*] et vulgarisée à l'*époque contemporaine* par les autorités de l'Eglise [le bras séculier, l'aristocratie et les nantis] et qui constitue l'Histoire et l'historiographie officielles de l'Occident chrétien.

Le *Rétablisme* est donc le fait de remettre dans son état authentique, son état premier, original, ce qui a subi des altérations, ce qui a été pris ou possédé injustement ou illégalement par l'*Histoire orthodoxe*.

Le *Rétablisme* a pour vocation de reconstituer tout ou partie de l'Histoire dont les caractéristiques initiales ont été transformées, amoindries ou supprimées lors du passage dans l'appareil de l'Eglise et son bras séculier [monarques, bourgeoisie, etc.] ou dans le circuit politico-financier. L'Histoire et l'historiographie occidentales ont été fixées et calquées sur celles de l'Eglise tout au long du Moyen-Âge, puis institutionnalisées à la Renaissance. Pour l'Eglise, détentrice de l'écriture, donc de la connaissance, de la communication et de l'information, la valeur documentaire est fondée sur sa valeur discrétionnaire, ses droits subjectifs.

Normalement, l'*Histoire* [au sens scientifique] assistée de discipline comme l'archéologie, devrait invalider les dogmes « *hostoriques* ». A la Renaissance, l'autorité politico-religieuse en place s'est mobilisée pour promouvoir une *relecture* de l'Histoire, en fabricant par ses armées de moines copistes et ses mercenaires humanistes la somme des textes *antiques*. En effet, il était capital de se confectionner une légitimité qui s'appuie sur l'*antiquité* des actes fondateurs : Évangiles, Actes des apôtres, *textes conciliaires* [œuvre d'un Concile].

Jean Hardouin [1646-1729] érudit français entra dans l'Ordre des *Jésuites*[458] vers 1662. Il étudia la Théologie à Paris et devint bibliothécaire du Collège jésuite Louis-le-Grand [1683]. Il fût nommé par les autorités ecclésiastiques pour superviser la « *Conciliorum collectio regia maxima* » [1715]. Ces travaux les plus importants sont « *Chronologiae ex nummis Antiquis restitutae* » [1696] et « *Prolégomènes annonce censuram veterum Scriptorum* » ; il dénonça la plupart des écrits classiques antiques de la Grèce et de Rome qui étaient faux et qui ont été fabriqués par les moines au XIIIe siècle. Il a nié l'authenticité des œuvres les plus anciennes de l'art, telles que les pièces de monnaie, les inscriptions, etc. Il affirmait également qu'une grande partie des personnages de l'Antiquité n'ont pas produit les œuvres que l'on leur attribue. En effet, ce sont tout simplement des faux car d'un point de vue *stylistique*[459] les langues grecque et latine usitées sont celles du *Moyen-Âge tardif* ou *bas Moyen-Âge*[460]. J. Hardouin soutenait, en

---

[458] *Jésuite*. Membre de la Compagnie de Jésus, ordre séculier fondé en 1540.

[459] *Stylistique*. Connaissance pratique des particularités caractéristiques d'une langue donnée et notamment des figures et idiotismes

[460] Le *Moyen Âge tardif*, aussi appelé *bas Moyen-Âge*, est une époque distinguée par l'historiographie pour désigner la fin du Moyen-Âge en France, en particulier les XIVe et XVe siècles. Elle précède ainsi la *Renaissance* en succédant au *Moyen-Âge central*, dit également « *classique* ».

outre, que tous les conciles supposés avoir eu lieu avant celui de *Trente*[461] furent inventés de toute pièce. C'est dire le côté *faussaire* de l'Eglise, une seconde nature pour cette *Institution* !

Arnaldo Momigliano[462] [1908-1987] est un historien italien, spécialiste de la Grèce antique, de l'Époque hellénistique, du judaïsme antique et des questions relatives à l'historiographie ancienne et moderne[463]. L'auteur met en exergue les relations des Grecs et des Romains aux cultures *barbares*, et en particulier les limites de l'hellénisation[464].

A. Momigliano affirme : « *Le XVIe siècle voit l'épanouissement des Antiquités parallèlement à une étude révérencieuse des historiens antiques* […]. *Le père Hardouin à la fin du XVIIe siècle, conclut ; des contradictions qu'il découvrit entre monnaies et textes, que tous les textes antiques, à part quelques-uns, étaient des faux « dus à une bande de faussaires italiens de la fin du XVIe siècle ». J. Hardouin a même identifié le chef de bande : Severus Archontius qui, par mégarde, se dévoila pour ce qu'il était dans « Histoire Auguste*[465] » » : *un*

---

[461] *Concile de Trente*. Dix-neuvième concile œcuménique reconnu par l'Église catholique romaine. A l'origine, il était destiné à remettre de l'ordre dans l'Église. Il s'agissait en réalité d'une réponse du catholicisme à la Réforme protestante, à travers la révision de son autorité et la réaffirmation solennelle de certains dogmes. Convoqué par le pape Paul III le 22 mai 1542, en réponse aux sollicitations formulées par Martin Luther dans le cadre de la Réforme protestante, il commença le 13 décembre 1545. Étalées sur dix-huit ans, ses vingt-cinq sessions couvrent cinq pontificats [Paul III, Jules III, Marcel II, Paul IV et Pie IV].

[462] A. MOMIGLIANO, « Problèmes d'historiographie ancienne et moderne », traduction par Alain Tachet. Gallimard, 1983 [Bibliothèque des Histoires].

[463] A. MOMIGLIANO, « *Essays in Ancient and Modern Historiography* [1977] ». Traduction française : « *Problèmes d'historiographie ancienne et moderne* », Gallimard, Paris, 1983.

[464] A. MOMIGLIANO, « *Alien Wisdom : The Limits of Hellenization* [1976] ». Publié en français aux éditions Maspéro sous le titre de « *Sagesses Barbares* ».

[465] L'*Histoire Auguste* ou *Historia Augusta* est le nom qui est communément donné depuis le début du XVIIe siècle à un recueil de biographies d'empereurs romains composé en latin à la fin du IVe siècle. Ce recueil se présente comme une œuvre collective, rassemblant les travaux de six biographes. Longtemps ce recueil suscita un sentiment ambigu : d'un côté, on le considère comme l'une des sources les plus abondantes sur une époque très mal connue de l'empire, de l'autre, il accumule les erreurs apparentes, les informations triviales ou suspectes. D'une manière générale, tout en qualifiant ces compilations d'œuvres d'auteurs médiocres ou de stupidités sur le plan littéraire et sur la vision historique. Néanmoins, on lui accorde une certaine crédibilité historique du fait que ces recueils, malgré leurs « *défauts* » sont les seuls documents couvrant cette période confuse.
HERMANN DESSAU [1856-1931] est un épigraphiste [science historique et archéologique qui a pour objet l'étude, la classification et la traduction des inscriptions latines antiques gravées] et historien allemand. En 1889, il bouleverse définitivement la compréhension de ce recueil en montrant que la composition apparemment collective est une imposture. Selon H. Dessau, il n'existe en réalité qu'un seul auteur anonyme qui a composé son œuvre plus tardivement. Ce personnage inconnu a construit une imposture

numismate [p. 269-270]. Le plus étonnant est qu'à l'époque, on lui répondit fort sérieusement ».

M.A. Chuquet [1853-1925][466] écrit : « *M. Robert Baldauf[467] de Bâle, nous en apprend de belles dans « Historié und Kritik, einige kritische Bemerkuugen ». Homère, Eschyle, Sophocle, Pindare, Aristote sont tous les enfants d'un même siècle ; leur pays n'est certainement pas la vieille Hellade, mais l'Italie des XIVe et XVe siècles ; nos Grecs et nos Romains sont les humanistes italiens... L'histoire des Grecs et des Romains est une falsification générale de l'humanisme italien, l'histoire sur papyrus et parchemin une falsification totale, l'histoire sur marbre, bronze, etc., une falsification presque totale... Toute l'histoire des peuples européens est une création systématique jusqu'au XIIIe siècle, et jusqu'à la Réforme, une falsification partielle... Mais le plus grand œuvre de l'humanisme est la falsification de la Bible, tant de l'Ancien que du Nouveau Testament. Dans quelle erreur avons-nous vécu jusqu'à présent ? Je donne à mon abjuration la large publicité de la Revue critique ».*

Robert Baldauf[468] philologue suisse enseigna à l'Université de Bâle. Son œuvre « *Historie und Kritik [Histoire et critique]* » édité en 1902 [4 volumes] a suscité un intérêt critique concernant la chronologie et l'histoire écrite.

L'auteur est *mis à l'index* en raison des dangers que peuvent représenter ses travaux pour l'*Histoire Orthodoxe* ou *Histoire officielle*. Il n'y a aucune trace de son *existence* dans les archives administratives universitaires, ni aucune indication biographique[469]. On l'a tout simplement *biffé* de l'histoire comme s'il n'avait jamais existé !

---

littéraire et historique de premier plan. Ce faisant, il a légué une source difficile d'accès pour les historiens [comment y distinguer le vrai du faux ?], mais également une énigme qui dure : son identité.

[466] M.A. CHUQUET, « Revue Critiques d'Histoire et de Littérature ». Nouvelle série -Tome LIV, Edit. Ernest Leroux, Paris, 1902, p. 498.

[467] R. Baldauf, « Historié und Kritik, einige kritische Bemerkuugen, IV, Das Altertum, C. Metrik 11. Prosa », Bâle, Reinhardt, 99 pp., format album.

[468] R. BALDAUF, « « Historie und Kritik [einige kritische Bemerkungen] - IV : Das Altertum [Römer und Griechen] », C. Metrik und Prosa, Bâle, 1902.

[469] ROBERT BALDAUF est redécouvert au début des années 1990 lors d'une récente analyse de l'histoire allemande par Uwe Topper [1940] un artiste et chercheur amateur allemand et auteur de livres sur l'histoire, l'ethnographie et l'anthropologie. Certaines de ses théories ont donné lieu à des débats scientifiques. Depuis la fin dans années 1990, il est plus connu pour ses théories dites « *récentistes* » [« *Révisionnisme* historique »], révisant profondément la chronologie, avec sa variante de « *Nouvelle chronologie* » à cheval entre l'*hypothèse des temps fantômes* de Heribert Illig et la *Nouvelle Chronologie* d'Anatoli Fomenko. En 1995, U. Topper, avec un groupe d'auteurs allemands remettent tous en question la chronologie. Ils commencent à s'intéresser de près au Moyen-Âge. L'auteur publie une série de livres tentant de démontrer que l'Histoire, telle que nous la

Par ses recherches qui sortent du sentier battu, R. Baldauf arrive aux mêmes conclusions que Jean Hardouin mais en se servant d'une méthode différente, celle de l'analyse *philologique*[470].

R. Baldauf a examiné les archives du célèbre monastère bénédictin Saint- Gall [St. Gallen - Nord-Est de la Suisse], autrefois l'un des principaux centres du catholicisme et doté d'un scriptorium de renom. Il a étudié de nombreux manuscrits présumés anciens. Il s'avèra qu'ils étaient, pour la plupart, des œuvres récentes falsifiées. R. Baldauf a découvert des parallèles entre les livres historiques de l'*Ancien Testament* et les ouvrages du genre *Romance médiévale* ainsi que l'*Iliade* d'Homère. Ces observations

---

connaissons, a été façonnée à partir du XVIe siècle. D'après ses théories, il n'y a que très peu de faits correctement datés avant 1400 après J.-C. Les travaux de ces auteurs sur les *nouvelles chronologies* n'ont aucune reconnaissance dans la communauté des historiens et ont été catégoriquement réfutées.

HERIBERT ILLIG [1947] affirme qu'un long travail systématique a été effectué pour faire apparaître des périodes de l'histoire qui n'existent pas : en particulier le Haut Moyen-Âge [614-911].

ANATOLI TIMOFEÏEVITCH FOMENKO [1945] est un mathématicien russe de l'Académie des sciences de Russie, docteur ès sciences, professeur, chef de la chaire de géométrie différentielle et des applications de la faculté mécanico-mathématique de l'université de Moscou. Il a reçu en 1996 le prix d'État de la Fédération de Russie en mathématiques. A.T. Fomenko est aussi connu comme le théoricien d'une « *Nouvelle Chronologie* » en matière historique, théorie considérée comme de la *pseudo-science* par des historiens et des astronomes. Selon cette théorie, l'Histoire antique ne serait qu'une vaste invention des Jésuites aux XVIIe et XVIIIe siècles. Son principal argument est l'hypothèse que des textes auraient été mal expliqués par les historiens : certains textes sont considérés comme se rapportant à des périodes différentes, alors qu'ils parleraient du même sujet, mais rédigés par des auteurs différents et dans des langues différentes, avec toutes les modifications que cela entraîne [comme le nom des villes], et c'est ce qui aurait contribué à étendre l'Histoire. L'auteur affirme que toutes les histoires prétendument anciennes de Grèce, Rome, Égypte, Chine ne sont que des réécritures tardives, effectuées à la Renaissance à partir du récit d'évènements survenus en réalité au Moyen-Âge » résume l'archéologue Jean-Loïc Le Quellec [J-L. LE QUELLEC, « *Des Martiens au Sahara, chroniques d'archéologies romantiques* », Actes Sud/Errance, 2009, p. 93]. Toujours selon A.T. Fomenko, l'Histoire ne commence qu'au Xe siècle de notre ère. Jésus-Christ aurait été crucifié en 1083 à Constantinople. Nombre de dates nous sont parvenues avec un « i » ou un « j » suivi de chiffres : i235 ; j322. Ces deux lettres ont été interprétées, selon lui, comme désignant le chiffre « 1 », augmentant la date réelle de mille ans. Les Italiens considéraient qu'ils vivaient au *quattrocento* [400] et non au *mille quattrocento* [1400]. L'auteur en conclut que leur calendrier commençait en l'an 1000. Dès lors, les *Croisades* et la *Guerre de Troie* ne seraient qu'un seul et même évènement, le passé britannique procéderait de textes décrivant en réalité une partie de l'Empire byzantin [*Anglia* devenu plus tard *Albion* énoncerait une fraction de l'Empire Byzantin. D'ailleurs, les *Angels -Engels-* étaient une dynastie Byzantine], les *Hittites* seraient en vérité les Goths [A.T. FOMENKO, « *History : Fiction of Science* », Douglas, 2003]. A.T. Fomenko affirme dans sa « *Nouvelle Chronologie* » [A.T. FOMENKO, « *History fiction or science* », vol. 1], que la datation au *Carbone 14* a été calibrée sur la chronologie déjà acceptée. D'après lui, cette datation ne pourrait donc pas être utilisée pour la confirmer puisqu'elle en découle. Il conteste de même la *dendrochronologie* [étude de l'âge des arbres d'après les couches concentriques repérables dans la coupe transversale des troncs] et d'autres méthodes.

[470] *Philologie*. Étude, tant en ce qui concerne le contenu que l'expression, de documents, surtout écrits, utilisant telle ou telle langue.

ont été assez significatives pour le conduire à l'hypotèse que tant « l'*Iliade* » que la *Bible* sont des œuvres crées à la fin du Moyen-Âge.

Les chroniques médiévales qui sont attribuées à des auteurs différents avaient de telles similitudes entre elles que R. Baldauf n'a pas eu de mal à les identifier comme étant celles d'un même auteur, bien que le fait que les deux documents étaient présumés chronologiquement avoir un intervalle de deux siècles au moins. Quoi qu'il en soit, diverses expressions linguistiques caractéristiques des langues romanes que l'on retrouve dans les deux documents ne parviennent pas à correspondre à l'une des datations supposées. En effet, l'un concordait au IXe siècle, l'autre au Xe siècle.

De plus, certains manuscrits contiennent des passages clairement plus récents, comme certaines chroniques se déroulant dans les *bains maures* connus des Européens qu'à la fin de la Reconquista espagnole [début du XVIe siècle] et même des évocations de la *Sainte Inquisition*[471]. La « *poésie ancienne* » analysée par R. Baldauf [volume IV] prouve que de nombreux poètes prétendument « *anciens* » rédigent leurs poésies qui riment de manière analogue à celles des *troubadours*[472] médiévaux.

A l'inverse de J. Hardouin, plus prudent, R. Baldauf est persuadé que l'œuvre attribuée à Horace [poète romain - 65 av. J.-C.-8 av. J.-C.] est d'origine médiévale, signalant les influences allemandes et italiennes liées à son latin. En plus, R. Baldauf dévoile des similitudes prononcées entre la poésie d'Horace et celle d'Ovide [poète latin - 43-17] : la certitude que les travaux des deux « *auteurs* » découlent d'un tiers est indéniable. Il s'agit d'un [ou plusieurs] mystérieux écrivain [s] beaucoup plus tardif [s].

R. Baldauf résume ses recherches en ces termes : « *Nos Romains et les Grecs ne sont rien d'autres que les humanistes italien. Chacun d'entre eux - Homère, Sophocle, Aristote et de nombreux autres auteurs « ancien », si différents dans notre perception, sont de la même époque, le quatorzième et le quinzième siècle de la Renaissance italienne* ».

L'auteur rajoute que : « *Toute l'histoire des Grecs et Romains, de même « l'histoire » biblique qui l'illustre dans une certaine mesure, a été conçue et mis en place par les humanistes italiens, ainsi que leurs collaborateurs et les adeptes d'autres pays. L'Humanisme, nous a donné un monde fantastique : toute l'Antiquité, la Bible, ainsi que*

---

[471] L'*Inquisition médiévale*, introduite devant les tribunaux ecclésiastiques par le pape Innocent III en 1199. L'*Inquisition espagnole*, inféodée à la couronne d'Espagne, fondée en 1478, et l'*Inquisition portugaise*, inféodée à celle du Portugal [y dépendent les colonies espagnoles et portugaises]. L'*Inquisition romaine* [*Congrégation de l'Inquisition romaine et universelle*], fondée en 1542.

[472] *Troubadour*. Poète qui, aux XIIe et XIIIe siècles, composait des poèmes, satires, ballades, etc., avec leur accompagnement musical, et qui allait de château en château, propageant les valeurs de la société courtoise.

les débuts du Moyen-Âge. Tout ceci est une invention des écrivains humanistes. Cette histoire fictive, initialement rédigée sur parchemin, a été sculptée dans la pierre et coulée dans le métal, elle s'est enracinée dans notre conscience à un point tel qu'aucune critique réelle ne peut se faire ».

Généralement, les historiens « *officiels* » ou « *classiques* » [il existe quelques récalcitrants] adoptent la chronologie historique de l'*Antiquité*, du *Moyen-Âge* et des siècles suivants [*Renaissance, Siècle des Lumières*, etc.]. Des millénaires d'évènements et de faits « *historiques* », des récits « *écrits* », des sciences, de la littérature, de la théologie, de la poésie, etc. sont ainsi inventés, compilés, ajustés, réactualisés. La destruction de toute trace de cette fraude grandiose a été un travail considérable de générations d'écrivains [*auteurs*] et de « *stratèges* ».

Autant de savoir-faire, d'ingéniosité, d'esprit d'invention mis au service d'une industrie du faux : quoi de plus efficace de faire disparaître quelque chose si ce n'est de le fabriquer !

L'énorme dépense de travail pour concevoir, conceptualiser et concrétiser cette fraude la plus phénoménale de par sa taille, son importance, ses performances, son originalité et ses conséquences sur l'*Histoire de l'Humanité* a tout de même son « *talon d'Achille* » : ces théories [« *historiques* » et « *historiographiques* »] rendues aussi « *authentiques* » que possible sont devenues beaucoup plus improbables qu'une simple coïncidence.

Polydore Hochart [1831-1916][473] armateur et écrivain français, s'intéressa aux études littéraires, religieuses et historiques. Cet agrégé a écrit des livres, généralement sous le pseudonyme de H. Dacbert. Il a remis en cause, notamment, l'authenticité des « *Annales* » et des « *Histoires* » de l'*historien* et sénateur romain Tacite [58-120].

P. Hochart affirme que les deux œuvres de « *Tacite* » sont des faux. Elles ont été écrites par Le Pogge[474], humaniste italien du XVe siècle, remaniant l'historiographie

---

[473] POLYDORE HOCHART, « *Études sur la vie de Sénèque*, Paris, E. Leroux, 1885. - « *De l'Authenticité des Annales et des Histoires de Tacite*. Ouvrage accompagné de 5 pages des manuscrits de Florence et de 68 lettres de Poggio Bracciolini, Paris, E. Thorin, 1890. - « *Nouvelles considérations au sujet des Annales et des Histoires de Tacite*, Paris, Thorin et fils, 1894.

[474] GIAN FRANCESCO POGGIO BRACCIOLINI ou POGGIO BRACCIOLINI [1380-1459] écrivain, philosophe, humaniste et homme politique italien de la Renaissance. Il est chancelier de la République de Florence de 1453 à 1458. Le Pogge écrivait avec une rapidité exceptionnelle et avait développé une calligraphie appelée *lettera antica*, basée sur la *minuscule caroline* qui servie de modèle à l'imprimeur vénitien Alde Manuce [1449-1515]. Arrivé à Rome vers la fin de 1403, Poggio Bracciolini entre comme simple clerc dans une

évènementielle en faveur des chrétiens, notamment dans le cadre des « persécutions des Chrétiens » sous l'Empire romain. Ces travaux rejoignent ceux de 1878 de John Wilson Ross[475] [1818-1887][476]. P. Hochart a également réfuté l'authenticité des lettres de Pline le Jeune à Trajan concernant les chrétiens de Bithynie, en trouvant un peu plus d'écho.

Edwin Johnson [1842-1901] historien anglais est notamment connu pour sa critique radicale de l'historiographie chrétienne. Dans ses travaux[477], l'auteur examine un grand nombre de sources diverses relatives aux commencements du christianisme et « *extérieures à l'Écriture* », et il en arrive à la conclusion qu'il n'existe aucune preuve documentaire fiable capable d'établir l'existence de *Jésus-Christ* ou des *Apôtres*.

Dans un autre ouvrage[478], E. Johnson affirme que la totalité de ce qu'on appelle le Moyen-Âge entre 700 et 1400 n'a jamais eu lieu, mais a été inventé par des écrivains chrétiens qui ont créé des personnages et des événements imaginaires dont les Pères de l'Église, les Évangiles, saint Paul, les premiers textes chrétiens, ainsi que le christianisme en général[479]. Tout ceci est assimilé à de simples créations littéraires qu'il attribue à des

---

administration papale où travaillait une centaine de scribes. Grâce à ses talents, il devient dès l'année suivante l'un des six secrétaires de la *Curie* sous divers papes. Pogge est révoqué en 1415 et perd son poste. Il se rendit aux abbayes et monastères de Baden-Baden, Cluny et Saint-Gall, à la recherche de manuscrits anciens jusqu'en Angleterre où il occupe un poste de secrétaire chez le Cardinal de Winchester. En 1453, alors âgé de 73 ans, Le Pogge accepte le poste honorifique de chancelier de la *République de Florence*, poste qu'il occupera durant cinq ans avant de démissionner. Passionné de « *littérature latine* » et très conscient des *profits* que pouvait apporter la « *découverte* » d'anciens manuscrits, Pogge avait profité de son séjour à Constance pour visiter le monastère de Saint-Gall. Les « *découvertes* » qu'il y fit le décidèrent à explorer de façon systématique les anciens monastères dont l'Abbaye de Fulda. Il « *trouva* » divers manuscrits « *anciens*" : Cicéron, de Quintilien [*Institution oratoire*] qu'il recopie de sa main. Il met aussi « *au jour* » des livres de Stace, de Columelle, de Pétrone, de Tacite et de Plaute. Dans cette quête effrénée des textes du « *monde antique* » lancée par Pétrarque ou Francesco Petrarca [1304-1374] érudit, poète et humaniste italien au siècle précédent, Pogge Bracciolini est l'une des personnalités majeures de l'histoire de la pensée de ce début de la Renaissance, il apparaît comme l'un des grands « *découvreurs* » de manuscrits, ce qui lui donne actuellement, de la communauté des historiens, une place importante.

[475] J. WILSON ROSS, « *Tacitus and Bracciolini: The annals forged in the XVth century* », Londres, Disprose and Bateman, 1878.

[476] En 1871, un article de la plume de J.W. ROSS, sous le titre « *La doctrine de la Chorizontes* » démontre que l'Odyssée a été composé au moins trois siècles après l'Iliade pourtant attribué au même personnage Homère.

[477] E. JOHNSON « *Antiqua Mater: A Study of Christian Origins* », Londres, 1887, publication anonyme.

[478] E. JOHNSON, « *The Pauline Epistle: Re-studied and Explained* », *Londres,* 1894

[479] Le réformateur JEAN CALVIN (1509-1564) avait déjà observé les anachronismes, les impossibilités matérielles, en d'autres termes, l'imposture de l'Église romaine. De son époque, on n'ignorait pas que des

moines, surtout des *Bénédictins*, qui ont élaborés l'ensemble du mythe chrétien au début du XVIe siècle, pendant la Renaissance.

Wilhelm Kammeier [1889-1959][480] a débuté avec la critique de la Chronologie en 1926 en écrivant un livre qui ne trouva pas d'éditeur à l'époque. En 1956, il écrivit une falsification de l'histoire de l'Église chrétienne primitive. W. Kammeier, se posait la question de l'authenticité de l'Antiquité gréco-latine, à ses yeux trop « portée aux nues » par la Renaissance. Cela lui paraissait suspect. Les moines du Moyen-Âge reproduisaient des documents comportant plusieurs dates, laissant ainsi au lecteur le libre choix de l'interprétation.

L'auteur évoque une volonté générale de falsification au XVe siècle, la Renaissance. Dans ce plan de falsification universelle, tout semblait émaner du Vatican, et de celui qui le représente, le Pape, le chef d'orchestre de cette « *composition historique* ». Non seulement, il a fallu créer des faux, mais il a fallu aussi détruire les originaux… Pour cela, une « *opération d'envergure* » devait être effectuée et appuyée par une hiérarchie supranationale [qui est placée au-dessus des gouvernements, des institutions nationales], bien organisée, à travers toute la Chrétienté. La seule puissance ayant la capacité d'accomplir pareil exploit était l'Église catholique romaine.

Tous ces auteurs qu'ils soient anciens, par exemple, comme J. de Launoy [1603-1678][481] ou B. Germon [1683-1712][482] ou contemporains tels que R. Baldauf [fin

---

faux de circonstance avaient été émis, dont la fameuse *Donation de Constantin*, qui justifiait l'emprise de Rome [Vatican] sur d'immenses territoires, et sur leurs populations.

[480] **W.** KAMMEIER, « *Die universale Geschichtsfälschung* [La falsification de l'Histoire universelle] »

[481] JEAN DE LAUNOY fait des études religieuses et philosophiques à Paris où il reçut le titre de docteur en théologie au Collège de Navarre en 1634. Ordonné prêtre la même année, il voyage à Rome pour étudier l'antiquité ecclésiastique[481] [R. LENOBLE, « Histoire et physique. A propos des conseils de Mersenne aux historiens et de l'intervention de Jean de Launoy dans la querelle gassendiste », Revue d'histoire des sciences et de leurs applications, n°6-2, 1953]. Il s'installe à Paris où il tient des conférences historiques et théologiques. Esprit anticonformiste, il se rend célèbre en faisant la guerre aux légendes du martyrologue par une étude critique des hagiographies [branche de l'histoire religieuse qui étudie la vie et les actions des saints]. Il rédigea une trentaine de livres consacrés à la critique et à l'histoire ecclésiastiques. Il soutient aussi que la « *Somme théologique* » ou « *Summa theologica* » [traité théologique et philosophique en trois parties] n'est pas de Saint Thomas d'Aquin[481] [1224-1274], et s'attaque assez violemment à la *simonie* et aux privilèges des moines de son temps [Ch. DEBROZY et Th. BACHELET, « Dictionnaire Général de Biographie et d'Histoire », Edit. Delagrave, Paris, 1880]. Ses travaux sont condamnés par le Vatican et il est expulsé du Collège de Navarre en 1648. En 1656, il écrit contre le formulaire reconnaissant la condamnation par le pape Innocent X de l'Augustinus de Cornélius Jansénius, et se fait exclure de la Sorbonne pour avoir refusé de souscrire à la condamnation du janséniste Antoine Arnauld.

XIXe-début XXe siècle], P. Hochart [1832-1916], E. Johnson [1842-1901] et W. Kammeier [1889-1959, ont contribué aux mêmes résultats[483]. Pourtant, ils ne suscitaient qu'un intérêt limité et ont été vite oubliés ou écartés par l'*Histoire Orthodoxe*.

---

[482] BARTHELEMY GERMON, « *De veritibus haeriticis ecclesiaticorum codicum corruptoribus* », Parisiis, 1713.

[483] BRUNO BAUER [1809-1882] théologien, philosophe et historien, il est l'initiateur de la *critique radicale* de la Bible, il est l'auteur de la thèse mythiste de Jésus Christ. Il s'inscrit dans le même registe que E. Johnson. Parmi ses autres travaux critiques, ceux des Evangiles et une histoire de leur origine, « *Kritik der Evangelien und Geschichte ihres Ursprungs* [1850-1852], un livre sur les Actes des Apôtres, « *Apostelgeschichte* [1850] et une critique des Epîtres de Paul, « *Kritik der paulinischen Briefe* [1850-1852].

B - Schéma - Chronologie de la Culture de la Civilisation de l'Islam Classique [CCIC] en Occident

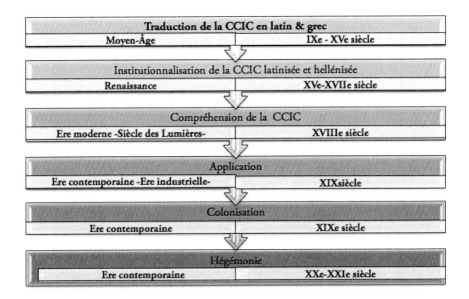

1 - Malédiction divine

Etant donné que le *hasard* n'existe pas, Dieu dans Son incomensurable sagesse a octroyé à la chrétienté d'Occident les Sciences et découvertes méthodiquement réalisées par le prodigieux exercice intellectuel des penseurs [fondateurs des Sciences] de cette longue période de la *Civilisation de l'Islam Classique* [CIC]. Cette somme considérable de *Savoir* [Sciences, techniques, arts, etc.] et de *Savoir-faire* [méthodologie scientifique] crée par les *musulmans* est un don divin accordé à toute l'Humanité pour les générations futures par l'intermédiaire des « *non-musulmans* » [Chrétiens]. En effet, ces derniers ont permis, d'une part, de conserver ce patrimoine civilisationnel universel [bien sûr en effaçant peu ou prou la source], échappant ainsi à l'*autodafé*[484] des Traditionnistes obscurantistes alliés du bras séculier [Calife, Vizir, Sultan, Généraux, etc.] ; d'autre part, de permettre à l'Humanité de progresser grâce à ces legs et de ne pas retourner aux âges ténèbreux de la *Préhistoire*. Enfin, de prouver que ce prodigieux apport culturel [Sciences, Connaissnce, Savoir] à la *Civilisation humaine* est le fruit

---

[484] *Autodafé*. Toute destruction par le feu faite de propos délibéré, en particulier les livres jugés dangereux.

d'hommes en quête du divin, animés par une fougue intellectuelle sans précédent qui est mise au « *Service de l'Humanité* » par amour de la Vérité.

Finalement, la *Malédiction de Dieu* ne s'est-elle pas manifestée lorsque les *Musulmans* se sont métamorphosés en « *Antésullmans* », qu'ils ont troqué l'*Islam* [*Coran*] au profit de la *Tradition* [*Hadiths*] ? Les voilà pataugeant dans les ténèbres del'Ignorance, de l'Obscurantisme et de l'Immobilisme…

En effet, ces assertions sont attestées non seulement par l'Histoire et l'historiographie, mais également par des évènements, ô combien innombrable, qui jalonnent notre époque contemporaine et qui occupent notre quotidien !

Si cela n'est pas une Malédiction divine, on se pose la question : qu'est-ce que cela peut-il bien être ?

Conclusion

Afin de masquer ou institutionnaliser ce qui avait été une falsification éhontée de l'Histoire pendant tout le Moyen-Âge [VIIIe siècle-XVe siècle], il fallait plus tard, au XVIe siècle [Renaissance] brouiller définitivement les pistes à l'occasion d'un changement de calendrier, à l'initiative du *Concile de Trente*. Les pontifes romains régneront ainsi toujours en Maîtres incontestés. Finalement, c'était une bonne action accomplie au nom de Dieu ! Ce qui était, au départ, une politique de falsification historiographique des stratèges [*monarques, notables, humanistes, Eglise*] devint un environnement propice à la falsification historique généralisée, une tradition socio-culturelle. Tout le monde a trouvé son compte. A ce stade, la falsification de l'Histoire n'est plus « *dirigée* », mais elle s'auto-alimente elle-même ! Chacun y trouve son compte, les *stratèges*, les tenants des arts et des sciences [artistes, écrivains, lettrés, etc.], les imprimeurs, les commerçants.

Que de manuscrits, de documents, d'écrits ont été fabriqués de toute pièce par le clergé -moines copistes-, les humanistes, etc. qu'ils ont rangés dans les casiers des armoires des bibliothèques [monastères, abbayes, etc.], des secrétaires [meubles] pour une utilisation ultérieure lorsque l'occasion se présentera, lors de « *découvertes* » miraculeuses.

Finalement, le Moyen-Âge est l'époque de la « Falsification textuelle » constituée par les abbés et les moines copistes et la Renaissance est l'ère de « l'Action textuelle » instituée et enrichie par les humanistes. L'époque moderne et celle de « l'Imposition textuelle » !

Une question de bon sens interpelle l'esprit : pourquoi tant d'incohérences, tant d'aberrations, d'énormités n'ont pas été décelées et mises en lumière ? Tout était dans l'ordre des choses, qui aurait l'idée de remettre en cause l'Histoire inculquée par les livres encyclopédiques, et celle des manuels scolaires ? Sûrement pas les fidèles et dociles historiens professionnels hautement spécialisés et hiérarchisés qui risquent leur carrière au cas où ils doutent de leurs paires.

Innombrables sont encore les professions qui gravitent dans et/ou autour de l'Histoire. Citons les bibliothécaires, les archéologues, les numismates, les « *chronologistes* » utilisateurs du radiocarbone, de la dendrochronologie, ou encore les spécialistes de la céramique, de la poterie, du textile, des métaux [fer, bronze, etc.] enfin, de l'histoire des religions ordinairement des théologiens.

Chaque historien *cuisine* son histoire selon sa discipline, ses projets, le budget mis à sa disposition, selon son « *Ecole* », selon ses tempéraments idéologiques, selon son crénau chronologique historique. Un consensus général est établi quant à la confiance mutuelle [*confrères, confrérie*] lors de l'établissement des évènements, des faits, des écrits, historique ou historiographique. Pour la chronologie, le soin est laissé aux techniciens des laboratoires isotopiques et s'il existe un désaccord, le choix se portera toujours sur celui qui est conforme à la ligne de conduite de la « *Maison* ». Par ce terme, il faut comprendre l'*Histoire Orthodoxe* ou l'*Histoire officielle*, cette *Institution* qui verse les traitements, qui permet les publications, qui octroie la notoriété, qui délivre les privilèges, etc. Tout ceci au nom de l'*Orthodoxie historique* !

Les historiens accordent une grande crédibilité à cette fabrication historique et historiographique de l'Antiquité classique, du Moyen-Âge, de la Renaissance, etc., du fait que ces « recueils » d'évènements, malgré leurs « défauts » sont les seuls documents couvrant ces périodes ambigus !

En effet, le leitmotiv des historiens est : « Il vaut mieux prendre quelque chose de faux plutôt que de ne rien prendre du tout » !

Index alphabétique

Table des matières

© 2015, Boutammina, Nas E.
Edition : Books on Demand, 12-14 rond-point des Champs Elysées, 75008 Paris
Impression : Books on Demand GmbH, Allemagne
ISBN : 9782322016518
Dépôt légal : avril 2015